U0916997

2012年度教育部人文社会科学研究项目（12YJA790199）

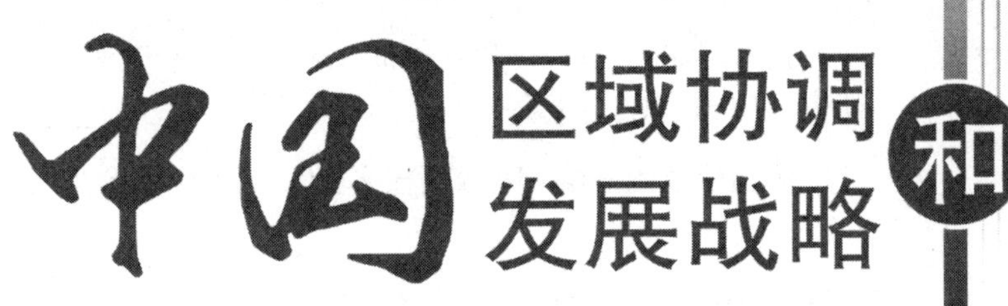

政策的增长趋同效应研究

STUDY ON GROWTH CONVERGENCE OF REGIONAL COORDINATED DEVELOPMENT STRATEGY AND POLICY IN CHINA

张晓青 著

山东人民出版社
国家一级出版社 全国百佳图书出版单位

图书在版编目(CIP)数据

中国区域协调发展战略和政策的增长趋同效应研究/张晓青著. —济南:山东人民出版社,2015. 8
ISBN 978 -7 -209 -09129 -9

Ⅰ. ①中… Ⅱ. ①张… Ⅲ. ①区域经济发展 - 研究 - 中国 Ⅳ. ①F127

中国版本图书馆 CIP 数据核字(2015)第 192548 号

中国区域协调发展战略和政策的增长趋同效应研究
张晓青 著

主管部门 山东出版传媒股份有限公司
出版发行 山东人民出版社
社　　址 济南市经九路胜利大街 39 号
邮　　编 250001
电　　话 总编室:(0531)82098914
　　　　 市场部:(0531)82098027
网　　址 http:// www. sd - book. com. cn
印　　装 山东省东营市新华印刷厂
经　　销 新华书店

规　　格 16 开(170mm ×240mm)
印　　张 14.5
字　　数 210 千字
版　　次 2015 年 8 月第 1 版
印　　次 2015 年 8 月第 1 次
ISBN 978 -7 -209 -09129 -9
定　　价 29.00 元

PREFACE

前言

中国学术界一直高度重视区域发展问题的研究，其中对区域协调发展战略和政策的研究始于20世纪90年代中期。在战略层面，学术界从西部大开发、东北振兴、中部崛起、东部率先发展、全国主体功能区划等角度对国家区域发展总体战略进行了深入研究；在政策层面，许多学者探讨了转移支付、税收、公共投资等区域经济政策以及国家战略性区域规划的实施成效。对区域协调发展战略和政策的实施效果进行科学评价，不仅有助于提高政策运行效率，对政策的制定者、实施者与援助接受者具有监督作用，而且能够为政策的及时调整以及制定行之有效的后续政策提供现实依据。

本书是2012年度教育部人文社会科学研究项目“我国区域协调发展战略和政策的增长趋同效应研究”（12YJA 790199）的最终成果。全书以中国区域发展总体战略作用的客体即四大区域板块为主要研究对象，遵循“理论分析及模型构建→区域政策梳理→区域发展格局演变的描述性分析→政策效应实证检验→科学预判→政策建议”的思路，从区域发展格局变动、区域差距变动的角度来解析区域协调发展战略和政策的增长趋同效应，并提出未来促进区域协调发展的政策取向。全书共分为7章。

第一章为绪论。在阐释区域发展战略、区域政策、区域协调发展等内涵的基础上，梳理国外区域政策评价、国内区域协调发展战略和政策评价等相关文献，并加以评述。

第二章主要阐述了经济增长理论对区域政策效应的解释以及区域协调发展战略和政策对中国区域经济增长的促进机制。由于不同经济增长学派关注的内容不同，对区域政策是否产生趋同效应持有不同的观点。新古典主义理论主要预测了国家或地区将在经济增长达到某一固定增速的平衡点出现趋同；内生增长理论认为公共政策不一定导致区域经济增长趋同现象的发生；新经济地理学理论则认为区域政策会产生区域附带效应、门槛效应、地区滞后效应、非线性效应、选择效应、协作效应等；马丁模型提出传统的转移支付政策面临着空间公平与总体经济效率间的权衡，而降低创新成本（障碍）的政策可以兼顾总体经济效率和空间公平；新制度经济学认为，政府干预区域经济的方式分为传统的自上而下发展理论和自下而上的政府干预理论，其中区域经济结构的差异是地方政府在一国制度环境下推动制度变迁的根本动力。在上述理论分析的基础上，进一步解析了中国区域协调发展战略和政策促进区域经济增长的作用机制，具体体现在推动基础设施在空间上合理配置，加速中西部地区资本形成，带动产业西进和东西部产业结构升级，促进中西部地区人力资本集聚，加快中西部地区制度变迁和制度创新，以及推进市场一体化进程等。

第三章回顾了自1999年以来中国实施的区域协调发展战略和政策，总结国家战略性区域规划的主要类型和特点，梳理东部地区率先发展、西部大开发、东北振兴、中部崛起等战略实施的主要区域政策并分析战略空间布局特点。自2005年6月至2014年10月，国家层面出台了百余项战略性区域规划，具有自东向西梯度推进、更加注重中小区域发展、强化区域合作、关注体制改革和内生驱动、关注产业转移、陆海统筹和生态经济、加大对老少边穷地区的支持力度、兼顾地方诉求等特点。东部地区率先发展战略共实施了39项区域发展规划和方案，战略空间布局具有“三大五小一海岛”、改革试验区呈点状分布等特点。国家为推进实施西部大开发战略，除制定实施一系列政策措施外，先后批复33项区域规划或指导性意见，战略空间布局显示出培育三大增长极、构筑西部沿边和内陆开发开放高地、构建跨省域合作高地等特点。自2003年国家正式启动东北地区等老工业基地振兴战略以来，共实施政策措施40项、区域规划14项，旨在重振东北地区经济并打造“二带三圈”的空间格局。2006年以来，国家制定多项政策措施和14项区域规划和方案以促进中部地区崛起，中部地区战略格局呈现“四带六圈”的“井”字型空间形态。

第四章全面分析了1990～2013年期间中国区域发展格局的演变，既包括经济整体运行、三次产业发展、投资、社会消费、对外开放、财政等经济发展格局的变动，也包括就业、城乡居民收入、基本公共服务等社会发展格局的变动。通过对一系列经济社会变量的描述性分析，发现自2003年以来四大区域板块间相对经济社会发展差距呈现缩小趋势，区域协调发展战略和政策成为重塑中国区域发展格局的重要驱动力。区域协调发展战略和政策缩小区际经济发展差距的传导机制表现为：区域协调发展战略和政策→提高落后地区转移支付和增加落后地区投资→扩大落后地区的市场规模→扩大落后地区的产业份额→增加落后地区的国民收入→扩大落后地区的消费份额→扩大落后地区的市场规模。其中政府在实践中主要通过实施多样化的转移支付政策，直接增加中西部及东北地区的消费份额；主要通过引进资金、技术、人才等外生途径，扩大中西部及东北地区的产业份额。

第五章运用差分内差分方法和系统动态面板数据模型，模拟区域协调发展战略和政策对经济增长趋同、收入增长趋同、基本公共服务增长趋同的影响。首先，中国省际经济差异呈现先增大后减小的倒“U”型变化，区域政策在促进区域经济收敛方面发挥了至关重要的作用；2002～2012年中西部及东北地区人均实际GDP年均增长率为11.8%，如果没有区域协调发展战略与政策的实施，中西部及东北地区的增速仅为10.17%，低于东部地区11.6%的增速。其作用机理表现在制度因素改善了中西部及东北地区的实物资本、基本设施建设等硬环境以及人力资本、政府行为、政府规模等软环境，从而提高了区域经济绩效，但是未能促进中西部及东北地区全要素生产率的提高。其次，区域协调发展战略和政策促使中西部及东北地区与东部地区不断扩大的收入差距有所缓解，2007～2012年期间中西部及东北地区农村居民收入增速比东部地区高2.42个百分点，从机理看主要是区域政策促使中西部及东北地区2007年以来工业化程度、对外开放程度等有所改善，从而促进农村居民收入增长更快。最后，基本公共服务整体水平出现趋同的时间（2008）迟于区域经济增长趋同（2002）和农村居民收入增长趋同（2007）时间，2008年以来区域协调发展战略和政策尚未发挥出促进基本公共服务增长趋同的重要作用。

第六章对未来地区发展差距的影响因素进行解析并预测其变动趋势。促使地区发展差距进一步缩小的因素主要有以下四个方面：东部地区率先进入经济增长新常态，中西部地区进入工业化和城镇化加速阶段，“一带一路”建设产生外溢效果和四大区域内动效果，长江经济带建设促进东中西部经济联动发展等；导致地区发展差距进一步扩大的潜在因素主要有东部地区在自然禀赋、制度变革、结构优化和要素升级等方面的比较优势明显，中西部地区在产业层次、市场空间、科技创新等方面的制约因素依旧显著，东北地区缺乏内生动力和发展活力等。通过 ARMA 模型和二次指数平滑模型预测 2014 年和 2015 年人均 GDP、农村收入和基本公共服务的省际差距，结果显示三者都将缓慢缩小，其中基本公共服务省际差距的缩减速率最为缓慢。

第七章借鉴国外促进区域协调发展的区域政策，提出完善与区域协调发展总体战略相适应的区域政策和区域管理体制。鉴于目前区域政策和区域管理体制还不能完全适应区域协调发展的总体战略要求，存在缺乏区域管理机构、缺乏细化区域、找出问题区域的程序和政策体系尚不健全、国家战略性区域规划过于强调政策优惠而忽视发展定位、缺乏有效的监督与评估机制等缺陷。为此，建议中国未来区域政策升级沿着以下方向调整，即区域政策体系化、规范化，区域政策精准化、有效化，政策机制市场化、多元化，政策协调机制化、长效化，以及其他政策配合协同实施等。

在课题研究及本书写作过程中，研究生王雅丽、赵而犇、张理娟、宋尚玲、黄彩虹、陈双双等同学协助收集整理数据、文字校对等，在此表示深深的感谢。尽管笔者做出了艰辛的努力，但是由于数据、研究方法等限制，书中存在诸多不足，有些问题有待今后在研究中进一步深化。笔者真诚地希望各位同仁提出宝贵的意见，共同推进该研究领域的不断深化。

张晓青

2015 年 1 月于山东省济南市

CONTENTS 目录

前　言 …… 1

第一章　绪论 …… 1

一、研究背景及意义 …… 1

二、概念内涵 …… 3

（一）区域发展战略和政策的科学内涵 …… 3

（二）区域协调发展的丰富内涵 …… 5

（三）国家规划纲要中关于区域协调发展战略的阐述 …… 6

三、国内外相关研究进展评述 …… 7

（一）国外区域政策评价研究 …… 8

（二）国内区域协调发展战略和政策评价研究 …… 14

第二章　区域政策影响效应的理论基础 …… 30

一、不同经济增长理论中的区域政策效应阐释 …… 30

（一）新古典增长和内生增长理论对区域政策影响的不同判断 …… 30

（二）新经济地理学模型中的区域政策效应 …… 31

（三）基于内生增长和 NEG 理论的马丁模型 …… 35

（四）新制度经济学对区域政策效应的解释 …… 37

二、区域协调发展战略和政策促进中国区域经济增长的作用机制 …… 39

（一）推动基础设施在空间上的合理配置 …… 40

（二）加速中西部地区资本形成 …… 41

（三）带动产业西进和东西部产业结构升级………………………………42
（四）促进中西部地区人力资本集聚………………………………………44
（五）加快中西部地区制度变迁和制度创新………………………………45
（六）推进市场一体化进程…………………………………………………45
三、中国区域协调发展战略和政策的增长趋同效应模型构建 ………………46

第三章　中国区域协调发展战略和政策的实施及空间格局 ……………51

一、国家战略性区域规划的类型和特点 ……………………………………51
（一）主要类型………………………………………………………………52
（二）主要特点………………………………………………………………54
二、鼓励东部地区率先发展的主要区域政策及战略空间布局 ……………57
（一）促进东部地区率先发展的区域规划和方案…………………………58
（二）战略空间布局…………………………………………………………63
三、推进西部大开发的主要区域政策及战略空间布局 ……………………64
（一）促进西部大开发的区域政策…………………………………………64
（二）促进西部大开发的区域规划和方案…………………………………65
（三）战略空间布局…………………………………………………………71
四、振兴东北的主要区域政策及战略空间布局 ……………………………72
（一）振兴东北经济的区域政策……………………………………………72
（二）促进东北振兴的区域规划和方案……………………………………73
（三）战略空间布局…………………………………………………………76
五、促进中部崛起的主要区域政策及战略空间布局 ………………………76
（一）促进中部崛起的区域政策……………………………………………77
（二）促进中部崛起的区域规划和方案……………………………………78
（三）战略空间布局…………………………………………………………80

第四章　区域协调发展战略和政策实施中的中国区域发展格局演变 ……84

一、区域经济增长及规模格局变动 …………………………………………86
（一）区域经济增长格局……………………………………………………86
（二）区域经济规模格局……………………………………………………90

二、三次产业发展格局变动及产业集聚与扩散 …… 93
（一）三次产业发展格局及对地区差异变动的贡献 …… 93
（二）产业集聚与产业扩散、转移 …… 98
三、投资、消费及对外开放格局变动 …… 107
（一）固定资产投资格局 …… 107
（二）消费格局 …… 108
（三）对外开放格局 …… 110
四、公共财政收支及转移支付格局变动 …… 112
（一）财政收支格局 …… 112
（二）转移支付格局 …… 117
五、就业增长和居民收入格局变动 …… 120
（一）就业增长及工资增长格局 …… 120
（二）城乡居民收入格局 …… 123
六、基本公共服务发展格局变动 …… 128
（一）基本公共服务的内涵及指标体系构建 …… 128
（二）基本生存服务格局 …… 130
（三）基本发展服务格局 …… 133
（四）基本环境服务格局 …… 137
七、主要结论与启示 …… 141

第五章 中国区域协调发展战略和政策对增长趋同的效应评估 …… 145

一、对区域经济增长趋同的效应评估 …… 145
（一）经济增长趋同判断 …… 145
（二）经济增长趋同的影响因素解析 …… 152
（三）区域协调发展战略和政策对经济增长趋同的效应估算 …… 158
二、对区域居民收入增长趋同的效应评估 …… 164
（一）城乡居民收入增长趋同判断 …… 164
（二）农村居民收入增长趋同的影响因素解析 …… 169
（三）区域协调发展战略和政策对农村居民收入增长趋同的效应测算 …… 173

三、对区域基本公共服务增长趋同的效应评估 …………………………… 177
（一）基本公共服务增长趋同判断 ………………………………………… 177
（二）区域基本公共服务增长趋同的影响因素解析 ……………………… 180
（三）区域协调发展战略和政策对基本公共服务增长趋同的
效应测算 ……………………………………………………………… 182

第六章　未来中国区域发展差距趋势预判 ………………………………… 189

一、影响未来区域差距变动的因素分析 ……………………………………… 189
（一）促进区域差距进一步缩小的主要因素 ……………………………… 189
（二）导致区域差距进一步扩大的潜在风险 ……………………………… 195
二、经济发展水平省际差距的趋势预判 ……………………………………… 198
（一）基于 ARMA 模型的人均 GDP 省际差距预测………………………… 199
（二）基于二次指数平滑法的人均 GDP 省际差距预测 …………………… 201
三、农村收入水平省际差距的趋势预判 ……………………………………… 203
（一）基于 ARMA 模型的农村居民收入省际差距预测 …………………… 203
（二）基于二次指数平滑法的农村居民收入省际差距预测 ……………… 204
四、基本公共服务水平省际差距的趋势预判 ………………………………… 205

第七章　进一步促进中国区域协调发展的政策取向 ………………………… 208

一、国外促进区域协调发展的区域政策 ……………………………………… 208
（一）欧盟区域政策与结构和凝聚基金 …………………………………… 208
（二）美国区域政策与问题区域导向 ……………………………………… 210
（三）英国区域政策与关注多重目标 ……………………………………… 211
（四）日本区域政策与解决“过密”“过疏”区域问题 ………………… 211
二、中国促进区域协调发展的政策取向 ……………………………………… 212
（一）区域政策体系化、规范化 …………………………………………… 213
（二）区域政策精准化、有效性 …………………………………………… 213
（三）政策机制市场化、多元化 …………………………………………… 214
（四）政策协调机制化、长效化 …………………………………………… 214
（五）其他政策配合协同实施 ……………………………………………… 215

第一章

绪 论

一、研究背景及意义

地域辽阔、人口众多、区域发展不平衡，是中国的基本国情特征。区域发展战略和政策因解决区域发展不平衡等区域问题而生，是国家为推动发展、促进协调、发挥地区比较优势而对不同区域所作出的政策安排。中国区域发展战略和政策随着社会经济现实的需求变化不断地调整着作用机制和作用方向。自1978年以来，区域发展战略从不平衡发展逐步走向协调发展，即1990年之前为向东倾斜的不平衡发展阶段、1991～1998年为开始关注中西部的区域协调发展战略启动阶段、1999年以后进入区域协调发展战略全面实施阶段（陈栋生，2005；王一鸣，2006；魏后凯，2008；肖金成，2008；李善同，2010），区域政策也随之经历了上述三个不同阶段的演变。特别是自1999年以来，国家先后实施了西部大开发（1999）、振兴东北地区等老工业基地（2003）和促进中部崛起战略（2004），并在财政、税收、金融、投资、土地等方面对贫困地区、民族地区、边境地区、资源枯竭城市和重要灾区给予积极支持；2005年以来，国家陆续出台百余项国家战略性区域规划文件或区域发展指导性意见，细化和落实中国区域发展总体战略和主体功能区战略，以期推动形成区域协调发展、良性互动的新格局。

宏观层面的区域发展战略及政策对区域差距变动的影响早已为诸多学者所认识。保罗·克鲁格曼（Krugman P，1995）指出，偶然事件（包括某种战略决策和制度安排）、产业集群和路径依赖（包括产业基础、区位和自然条件）是区域发展的三大影响要素；厉以宁（2000）、林毅夫和刘培林（2003）、陈秀山（2005）、高新才（2008）、陆大道（2009）等学者均指出中国梯度转移的非均衡战略的实施是东西部经济差距不断扩大的重要原因。那么，最近十余年来不断推进的区域协调发展战略是否有助于缩小区域发展差距？如果是，影响程度有多大？未来区域发展格局和区域差距又将怎样演进？对这些问题有待于做出全面、客观、科学地分析与评价。

区域政策评价是完善区域政策的重要环节，它不仅能够提高区域经济政策的运行效率，对区域政策的制定者、实施者与援助接受者具有监督作用，而且能够为区域经济政策的及时调整以及制定行之有效的后续政策提供现实依据。本书以中国区域发展总体战略作用的客体（四大区域板块）为研究对象，遵循“理论分析及模型构建→区域政策梳理→区域发展格局演变的描述性分析→政策效应实证检验→科学预判→政策建议”的研究思路，从四大区域发展格局及差距变动的角度对区域协调发展战略和政策效应进行系统评价，并探讨未来进一步促进区域协调发展的政策取向（见图 1－1）。首先，借鉴各种经济增长理论和新经济地理学理论，深入分析中国区域协调发展战略和政策对区域经济增长及发展差距的作用机制；接着，梳理 1999 年以来中国区域协调发展战略和政策的具体实施，客观性地描述区域发展格局演变；随后，借鉴经济增长学派的收入趋同理论学说，利用四大区域、省际单元的经济社会发展统计数据，建立动态面板数据模型模拟区域协调发展战略和政策对经济增长趋同、居民收入增长趋同、基本公共服务增长趋同的作用效果；第四，在考察未来区域差距变动的诸多影响因素的基础上，利用 ARMA模型和指数平滑模型科学预测省际区域差距的演变趋势；最后，借鉴西方促进区域协调发展的区域政策，指出我国当前区域政策的缺陷和未来取向。全书力求做到两个突破：一方面，从理论上扩大增长趋同的内涵，完善区域发展战略和政策效应评价的理论基础和定量研究；另一方面，从实践应用上力图成为客观评价区域协调发展战略和政策的主要依据，为制定行之有效的后续区域经济政策提供重要参考。

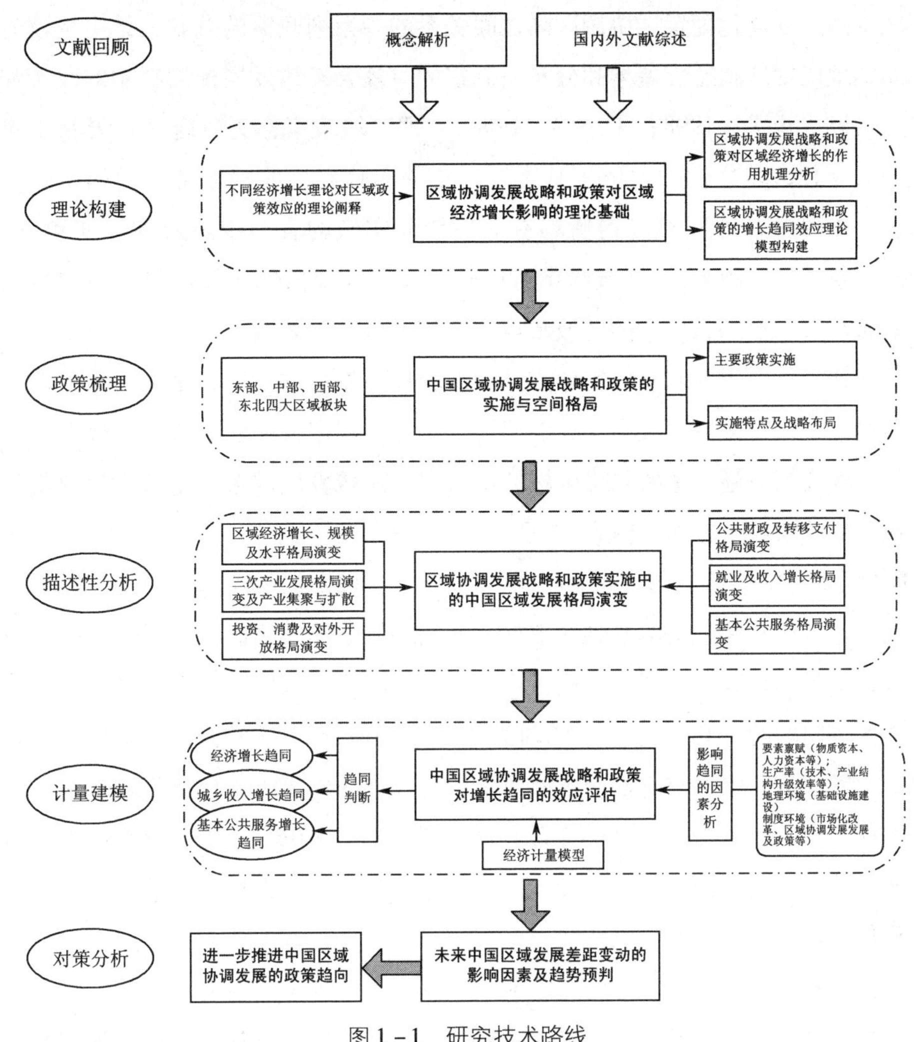

图 1－1　研究技术路线

二、概念内涵

（一）区域发展战略和政策的科学内涵

“区域发展战略”的内涵界定：区域发展战略是根据区域发展优势与条件、进一步发展要求和发展目标，对特定区域未来经济社会发展等方面所做的高层次、全局性的宏观谋划，它具有综合性、全局性、阶段性和地域性的特点（魏后凯，2006；聂华林，2006）。

“区域政策”的内涵界定：区域政策是政府根据区域差异而制定的促使资

源在空间上的优化配置、协调区际之间关系的一系列政策的总和，是中央政府为调整地区发展状态、差异和分布而制定的对社会经济发展施加影响的政策和措施（陆大道等，1998；王一鸣，1998），即区域政策作为政府（主要指中央政府）干预区域经济的重要工具之一，是一国政府为改善经济活动的空间分布，促进国内各地区经济均衡和有效发展而实施的各项措施总称（张可云，2005；魏后凯，2006）。区域政策可以分为超国家层次的区域政策、国家层次的区域政策和亚国家层次的区域政策；国家区域发展政策是国家在一定的经济发展时期，立足于国家总体发展方针和区域经济发展的态势，根据国家经济发展需要，并针对区域发展中存在的问题，设计、制定旨在促进各区域经济发展的一系列政策措施，主要包括区域补偿政策、区域发展政策、公共投资政策和产业布局政策四个方面的内容。

"区域发展战略"与"区域政策"辨析：区域发展战略侧重于空间格局的谋划，是区域政策制定的基础和依据；区域政策强调实施区域发展战略的手段实现，即过程机制；区域战略追求空间格局的优化，区域政策追求区域支持与解决区域问题的工具优化，即强调具体问题的解决（张可云，2005）。另外，也有学者认为，中央政府推动区域协调发展战略的作用方式包括区域政策、区域发展规划、区域管理、区域关系立法（姜文仙，2013），其中最常用的区域经济政策工具包括公共投资、转移支付、经济刺激、直接控制、政府采购和公共区位（陈耀，2000）。

"区域政策"与"区域发展规划"辨析：区域政策的主要功能是区域利益再分配，是实施区域发展规划的重要机制；区域发展规划是在一定的地理空间范围内对经济要素进行布局的制度性安排（肖金成，2006），是优化经济社会活动的空间安排，是国家进行空间管治的重要手段，是为解决特定区域的特定问题或达到区域内特定目标而制定和实施的某些战略、思路、布局方案和政策措施，近年来许多区域发展规划上升为"国家战略"，成为国家宏观调控在区域层面上落实的重要手段（侯永志，2011）。2006年以来，我国一系列区域政策文件的出台标志着区域政策进入新的阶段，这些区域政策大致分为国家级新区、改革试验区（示范区）和国家级区域规划（孙久文，2014）。可见，多数学者将区域发展规划纳入区域政策的范畴。

综上，区域发展战略侧重于宏观尺度的空间格局谋划，区域政策强调中观尺度的具体手段实现；根据区域政策是对经济运行空间上出现的问题所进行的干预，将国家层面批复的国家战略性区域规划归于区域政策范畴。

（二）区域协调发展的丰富内涵

自20世纪90年代以来，国内学者对中国区域协调发展的研究由浅入深，并形成一些代表性观点。其中国土开发与地区经济研究所课题组（2003）、陈栋生（2005）、范恒山（2008）、魏后凯（2010）、李善同（2010）、陈秀山（2013）等学者对区域协调发展内涵的界定基本接近，且得到广泛认同。他们认为，区域协调发展具有十分丰富的内涵，从科学发展的角度看，包含全面的协调发展、可持续的协调发展、新型的协调机制等多方面的含义。全面的协调发展不仅包括地区间经济、社会、文化和生态的协调发展，而且包括城乡协调发展、人与自然和谐发展、经济与社会协调发展等内容；可持续的协调发展是指促进地区间和区域内资源高效集约利用，推动形成生产、生活、生态协调发展的格局；新型的协调机制是利益相关群体共同参与、商讨解决生态补偿、基础设施、重大项目等跨地区问题的制度安排，是协调区域冲突的根本途径。

由于区域协调发展的内涵丰富，需要采用多元化的评判标准来评判区域发展是否协调，主要考虑以下标准：一是各地区优势能够得到充分有效的发挥，并形成合理分工、各具特色的产业结构，提升宏观（空间）经济效率；二是各地区发展规模、水平与自然基础和生态承载力之间实现耦合，形成人与自然和谐发展的局面；三是各地区人均居民收入差异逐步缩小，并保持在合理的范围内；四是各地区居民均能够享受到均等化的基本公共服务和等值化的生活质量；五是保持地区间人口、经济、资源、环境的协调发展，即地区人口、经济与资源、环境的协调发展，以及地区人口分布与经济布局相协调；六是保持国民经济的适度空间均衡，即从大区域的角度看，要防止出现经济过密与过疏问题，避免某些地区出现衰落和边缘化（见图1－2）。在这些诸多标准中，多数学者认为高度不平等对经济增长、社会稳定及增长的可持续性造成不利影响。因此，地区间居民收入差异的缩小和基本公共服务的均等化是最为关键的（陈耀，2006；魏后凯，2012；范恒山，2012；陈秀山，2012）。

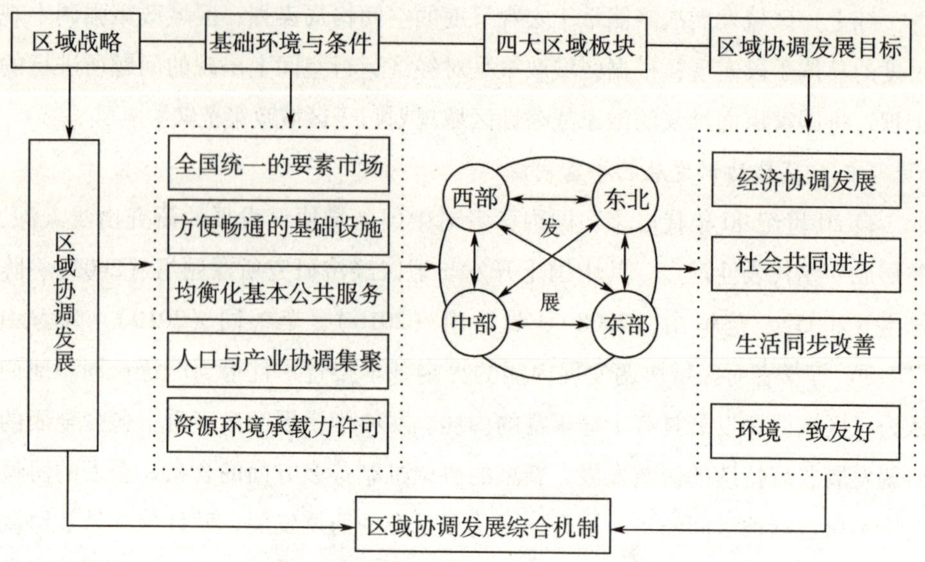

资料来源：魏后凯. 中国区域协调发展研究[M]. 北京：中国社会科学出版社，2012.

图 1－2　中国区域协调发展的基本框架（以四大区域为地域单元）

（三）国家规划纲要中关于区域协调发展战略的阐述

无论是发达国家，还是发展中国家，由于地理第一性（First Nature）和地理第二性（Second Nature）的作用，各区域之间的发展水平存在着不同程度的差异，最重要的表现就是空间不平等。作为一个发展中大国，中国各地区的自然、经济、社会条件差异显著，区域发展不平衡是基本国情，缩小地区差距、实现协调发展一直是理论界和政策制定者最为关注的问题之一。

关于区域协调发展战略的提出和促进区域协调发展的政策措施制定是一个逐步推进、逐渐清晰的过程。党的十六届三中全会（2003）明确了统筹区域发展的重大任务，提出要加强对区域发展的协调和指导。十六届五中全会（2005）第一次完整地阐述了促进区域协调发展的科学内涵，提出要推进西部大开发、振兴东北地区等老工业基地、促进中部地区崛起、鼓励东部地区率先发展，建立健全市场机制、合作机制、互助机制、扶持机制等区域协调互动机制。党的十七大（2007）把“城乡、区域协调互动发展机制和主体功能区布局基本形成”作为全面建设小康社会的一项重大任务，对推动区域协调发展提出了新的要求。

《中华人民共和国国民经济和社会发展第十个五年计划纲要》(2001)首次提出“实施西部大开发战略，促进地区协调发展”和“实施城镇化战略，促进城乡共同进步”，其中“促进地区协调发展”具体包括“推进西部大开发”、“加快中部地区发展”、“提高东部地区的发展水平”、“形成各具特色的区域经济”等。《中华人民共和国国民经济和社会发展第十一个五年计划纲要》(2006)首次提出“实施区域发展总体战略”、“推进形成主体功能区”和“促进城镇化健康发展”，其中包括“坚持实施推进西部大开发，振兴东北地区等老工业基地，促进中部地区崛起，鼓励东部地区率先发展的区域发展总体战略”以及“支持革命老区、民族地区和边疆地区发展”。《中华人民共和国国民经济和社会发展第十二个五年计划纲要》(2011)进一步提出“实施区域发展总体战略”、“实施主体功能区战略”、“积极稳妥推进城镇化”以“优化格局、促进区域协调发展和城镇化健康发展”。其中“实施区域发展总体战略”包括“推进新一轮西部大开发”、“全面振兴东北地区等老工业基地”、“大力促进中部地区崛起”、“积极支持东部地区率先发展”、“加大对革命老区、民族地区、边疆地区和贫困地区扶持力度”等五个方面。

可见，“十五”规划中沿用“西部、中部、东部”的区域格局表述，提出了不同区域发展战略和城镇化战略的萌芽。“十一五”规划第一次采用“西部、中部、东北、东部”四大区域发展战略的表述，并强调缩小区域差距、逐步形成区域协调发展格局，首次提出推进形成主体功能区。“十二五”规划在四大区域发展战略前冠以“新一轮”、“全面”、“大力”、“积极”等词语，表明继续深化区域总体发展战略。

三、国内外相关研究进展评述

国内外有关区域发展问题的研究，相当一部分都与区域协调发展相联系。多数国家或地区采取公共财政计划以缩小区域发展差距。一方面，区域差距不会自行消失，全球化和运输成本的下降导致生产过程的“碎片化”和经济活动的进一步集聚，国内人口迁移和外商投资又通常加剧上述过程；另一方面，持续存在的区域发展不平衡对社会稳定造成隐忧，因为每位公民应该享有平等的基本公共服务机会。此外，各国在增强竞争力、提高生产率、提升国际竞争力等效率目标以及消除国内贸易障碍、促进生产要素流动、加强公平竞争等方面也需要政策干预和措施实施。为此，许多国家实施了旨在实现效率与公平双赢的区域政策。比如，美国、日本、法国、意大利、巴西等国都制定了旨在缩小国内区域发展差异的政策，欧共体为了缩小因欧洲一体化扩大的国家间的收入不平等，其区域政策的预算超过了总预算支出的1/3，目的在于改善欧洲最贫困地区的公共基础设施。因此，综述世界范围内国家或超过国家层面的区域政策实施效果评价研究，总结其发展趋势和特点，对科学评估和完善中国区域总体发展战略和政策具有重要的借鉴和启示意义。

（一）国外区域政策评价研究

1. 欧盟区域政策实施绩效评价研究

西方学者普遍认为，不论在理论视角还是实践视角，评估区域政策预期影响都是非常困难的。大量文献在评估欧洲聚合与区域政策对区域经济增长的有效性时，将重点放在欧盟区域政策的主要工具，即结构基金（Structural Funds）上。并且，结构基金被视为影响最主要受援国家经济增长和趋同的主要因素。研究结论包括三种不同的观点。

首先，Fayolle 和 Lecuyer（2000）、Cappelen（2003）、Beugelsdijk 和 Eijffinger（2005）、Becker（2010）等学者的研究结果表明，关于结构基金具有重要的积极影响，对经济增长、投资拉动、基础设施建设、环境建设和生产率提高等方面均具有明显效应。Fayolle 和 Lecuyer（2000）认为贫困国家的富有地区从结构性援助中受益最多，其原因在于：一是援助贫困地区的结构基金产生的新需求是由该国家的富裕地区所提供，二是新建交通基础设施有助于富裕地区向贫困地区销售产品。Fayolle 和 Lecuyer（2000）也是首个解决共同筹资问题的学者，他们认为受援助地区有义务提供一部分的投资成本（比例在15%和85%之间不等，取决于项目），这在实践中能够减轻资金的再分配影响。Cappelen 等（2003）的研究结论与 Fayolle 和 Lecuyer（2000）是非常相似的，同样表明援助资金被分配到经济环境良好的区域是最高效的，比如低失业率、高研发能力的区域，通常也是最发达的接受区；相反，援助实施在最被需要的地方却往往是最低效的；援助需要在效率与公平之间做出权衡。Becker 等（2010）重点关注结构基金目标1的接受区（人均 GDP 在欧盟平均值75%以下的地区）

和那些有资格获得结构基金却没有得到的地区；他们并没有考虑分配给每个援助地区的资金数量，而是考虑一个地区是否应该为接受区；他们更专注于结构基金对与欧洲经济发展水平相似地区的影响。

其次，Fagerberg 和 Verspagen（1996）、Wolfgang Eggert（2007）、Dall'erba 和 Le Gallo（2008）等学者的研究结论是，结构基金对区域经济增长的影响无论显著与否，都是负面的。Wolfgang Eggert（2007）分析了欧盟结构基金对德国 1995～2004 年经济发展的影响，研究结果表明结构基金的区域转移支付在加速德国趋同的同时对德国长期经济增长产生负面效应[11]。Dall'erba 和 Le Gallo（2008）构建收敛空间经济计量模型来解释结构基金的非随机分配和区域收入的关系，将区间贸易、人口迁移、技术外部性等多个变量纳入初始溢出效应，并且系数估计是显著的；尽管这一研究综合考虑了所有形式的结构基金，但是他们也提出了应根据聚合目标将结构基金分解以研究各自对经济增长影响的方法。

第三，Ederveen 等（2002），Rodriguez-Pose 和 Fratesi（2004），Ederveen 等（2006），Dall'erba 和 Le Gallo（2007），Esposti 和 Bussoletti（2008），Bahr（2008），Mohl 和 Hagen（2010）等学者认为，关于结构基金对区域经济增长的影响应该持有更加缓和的结论。Ederveen（2002）最先强调在跨区域的资金分配中存在三个不利分配机制：当地方政府设计那些满足欧盟援助标准但不一定有效刺激经济增长的项目时，将发生寻租行为；当地方或区域当局将欧盟结构基金用于低产出项目和以此保持地区内凝聚力时，将发生道德风险；当欧盟援助抑制了地方/区域/国家政府自身对其贫困地区经济发展给予援助时，将产生挤出效应，如果欧盟援助降低了私营部门对本地投资的动机或者劳动力迁往更高产出的区域，替代效应也会发生。Rodriguez-Pose 和 Fratesi（2004）只关注了目标 1 区域，首次测量了某种类型援助项目对区域经济增长的影响，结论是从长期看援助基础设施建设和企业不具有明显的作用，在教育和人力资本方面的投资具有中期的积极作用，对农业的援助具有短期的积极影响。Dall'erba 和 Le Gallo（2007）也认为不同援助项目产生不同的影响，由于每个援助项目缺少数据，他们关注所有类型的结构基金和重视额外基金数量。Fayolle 和 Lecuyer（2000）的研究也类似，发现边缘地区更容易受到结构基金（目标 1、3、4 基金，社区计划）的显著影响，通过建立空间经济计量模型，得出援助边缘地区的相邻地区将会使边缘地区受到的影响更显著，特别是目标2、3和4基金或社区计划。Esposti 和 Bussoletti（2008）以及 Bahr（2008）的研究发现，结构基金本质上对区域经济增长具有负面影响；但是，如果将结构基金和研发投资或人力资本或权力分散等变量相互作用时，影响变为积极的、显著的。在空间面板模型框架中，Mohl 和 Hagen（2010）的结论是聚合目标易受其他因素的影响（见表1－1）。

表1－1　　公共投资对经济增长影响的空间经济计量模型研究总结

初始研究	研究区域	空间模型	解释变量	平均影响	最小影响	最大影响
Dall'erba 和 Le Gallo（2008）	欧盟	2SLS 空间滞后模型	人均结构基金总和（取对数）	－0.01（不显著）	－0.01（不显著）	0.002（不显著）
Dall'erba 和 Le Gallo（2007）	欧盟	空间误差模型	人均结构基金总和（取对数）	0.0005	－0.002	0.007
Mohl 和 Hagen（2010）	欧盟	空间面板滞后模型	人均结构基金（目标1，2，3区域；取对数）	0.0003	－0.0092	0.0114
Lall 和 Yilmaz（2001）	美国各州或县	空间交叉回归模型，仅人力资本滞后	公共投资（借鉴 Munnell 方法构建）	0.002	－0.017（仅公共投资）	0.036（公共投资和个人投资）不显著
Garrett 等（2007）	美国各州或县	空间滞后/空间误差模型	政府投资份额（取对数后的一阶差分）	－0.3154	－0.3207（空间滞后模型）	－0.3097（空间滞后和空间误差）
			当地财政税收份额（取对数后的一阶差分）	－0.0211	－0.0218（空间误差模型）	－0.0207（空间滞后和误差模型）
		仅空间滞后模型	政府投资份额（取对数后的一阶差分）	－0.3169	－0.3214（按照人口普查区）	－0.3149（按照人口普查区）
			当地财政税收份额（取对数后的一阶差分）	－0.0206	－0.0214（按照人口普查区）	－0.0207（按照人口普查区）
Dall'erba 和 Rosas（2012）	美国各州或县	空间杜宾模型	基础设施方面的公共投资	－0.077	－0.154（不显著）（无约束条件）	－0.067（不显著）（有约束条件）

资料来源：Manfred M. Fischer，Peter Nijkamp. Handbook of Economic Growth 2014.

2. 美国区域政策评价研究

虽然由于劳动力的自由流动和联邦税制调整机制促使美国的区域差异不如欧洲明显，但是也不可避免地受到区域发展不平衡的影响。2009年奥巴马政府实施的《美国复苏与再投资法案》(American Recovery and Reinvestment Act of 2009，ARRA）就是一个典型案例，它表明了评估过去成功的区域发展计划以制定未来正确策略的重要意义。

Z 在美国，最早的区域政策评价研究是 Aschauer（1989）分析公共投资对产出的作用，得出公共投资弹性为 0.39。Munnell（1990a）的研究结果与 Aschauer（1989）的结论有些相似，认为净军事开支来表征的公共投资的产出弹性在 0.31 ~0.37 之间。上述两个研究都采用了国家层面的数据。此后，更多的研究关注地方层面。

Munnell（1990b）设定了地区尺度的柯布——道格拉斯生产函数，测度公共投资在 48 个州的利益分享，进而计算得出在无约束下公共投资的产出弹性在 0.15 左右，在规模报酬不变约束下的公共投资弹性在 0.06 ~ 0.08 之间。Holtz-Eakin（1994）运用 1969 ~1986 年 48 个州的面板数据和 Munnell（1990b）计算的资本存量数据，研究发现公共投资弹性为 0.203；如果采用固定效应、工具变量、广义最小二乘法等更复杂的估算技术，弹性在统计上不显著。同样在 Munnell（1990b）计算的资本存量的基础上，Lall 和 Yilmaz（2001）构建了私人和公共资本存量，估计 48 个州在 1969 ~1994 年期间的 β - 收敛模型，其中控制经济周期作为时间虚拟变量；结果表明，在不引入各州或时间虚拟变量、引入各州虚拟变量两种情况下，滞后的公共投资对经济产出没有显著影响，若引入各州和时间虚拟变量、不引入人力资本变量，滞后的公共投资对经济产出具有显著的负面影响。Shioji（2001）根据 β - 趋同模型和美国各州 1973 ~1993 年面板数据衡量了公共投资对经济增长的影响；不考虑私人投资的作用，公共投资的弹性在 0.407 ~0.572 之间，若采用广义矩（GMM）、最小二乘虚拟变量（LSDV）等估计，则弹性在统计上不显著；将公共投资进一步分解为教育支出和基础设施支出，前者对经济增长的影响是消极的，后者的影响则是积极的。其他一些关于美国公共教育开支对经济增长影响的研究也得出类似结论，这表明了公共教育投资政策的反周期性质，也体现了美国劳动力的高度流动性（Garcia-Mila 等，1996）。

Garcia-Mila 和 McGuire（1992）、Garcia-Mila 等（1996）分别重点考察了美国本土 48 个州公共投资对收入的影响。Garcia-Mila 和 McGuire（1992）采用柯

布—道格拉斯生产函数和1969～1983年48个州的面板数据，把公共投资分为高速公路支出（由州和地方政府支付）和教育支出（州和地方用于K－12义务教育和高等教育的支出）两部分；研究发现高速公路支出对产出具有显著的积极影响，弹性为0.045，公共教育支出对产出的影响分别为0.165（不引入平均受教育年限变量）和0.072（引入平均受教育年限变量）；若考虑私人资本和将私人资本仅视为资本设备投入，产出弹性在0.373～0.449之间，若将私人资本视为资本结构，产出弹性在0.027～0.104之间。在随后的研究中，Garcia-Mila等（1996）综合考虑高速公路支出、水和污水公共支出对经济增长的影响，也运用了各种固定和随机效应来处理数据异质性的问题，主要研究结论包括：不控制各州的地方效应，高速公路支出、水和污水的公共支出对经济增长均具有显著的积极影响，弹性分别为0.37和0.069，这与Munnell（1990b）的研究结果是相似的；控制各州的地方效应，系数分别降至0.120和0.043；私人投资对经济增长的影响在0.289～0.348之间；所有的公共投资服务对经济增长可能产生显著的负面影响，这与Holtz-Eakin（1994）的结论不谋而合。

Nizalov和Loveridge（2005）更加注重区域政策的地方效应，以密歇根州为例衡量了经济发展政策、公路基础设施对密歇根州各县经济增长和就业增长的影响。他们定义了三种类型的公共支出：（1）密歇根州经济增长管理局（Michigan Economic Growth Authority，MEGA），实施了一项补助企业税收抵免8～20年和旨在鼓励投资和创造就业的项目；（2）复兴工业区（Renaissance Zone，RZ），为企业和经济贫困地区的居民个人提供当地税务豁免；（3）棕地发展管理局（Brownfield Development Authority，BDA），致力于衰败和功能陈旧地区、棕地、公路基础设施的污染区域等的重建。在充分考虑教育、制造业、政府、农业、企业集聚等因素的前提下，他们对上述三类公共支出的经济影响进行线性估计，结果发现公路基础设施投入对就业增长具有显著的积极影响，MEGA支出对收入具有显著的负面影响。

自2007年以来，美国区域政策评价融入新经济地理学的理论，并在实证分析中采用空间计量经济学以监测、建模和测度区域间外部性（见表1－1）。Garrett等（2007）提供了各州1977～2002年β－收敛的空间经济计量估计，研究发现，不论是否考虑溢出效应，地方政府支出对经济增长的影响显著为负，

弹性在 -0.3097 和 -0.327 之间，地方财政收入对经济增长的影响显著为负，弹性在 -0.0207和 -0.0218 之间；总体上，州级财政政策对相邻区域的收入增长具有显著的影响。Dall'erba 和 Llamosas-Rosas（2012）的研究也证实区域间溢出效应的存在，他们的研究结果显示公共投资的影响在统计学意义上不显著，而用于人力资本的公共投资对人均收入产生显著的负向影响，这与 Holtz-Eakin（1994）的结论是一致的。这也证实了 Kilkenny（2010）的研究成果，Kilkenny 认为政府在实施农村发展政策时通常忽略了农村人才流失的负反馈效应。此外，Dall'erba 还开发了基于 WebGIS 的区域经济影响模型，任何人都可以建立一个区域政策情景并可视化对区域经济增长的影响；模型中使用了 16 个解释变量和 3076 个县的数据库。

3. 评述

综合以上欧盟和美国区域政策实施效果的评价研究，可以发现，具有三大发展趋势和特点：

第一，理论基础趋向学派交融。尽管大量实证研究是基于 Solow（1956）的新古典增长模型，但是一些学者将经济增长理论的各种流派相互融合。以柯布—道格拉斯生产函数为基础，从技术进步角度解释增长的三个要素：在新古典经济学视角下，技术进步是所有企业共享、以外生的和固定常数增长的知识存量，内生增长理论将技术进步描述为存在的临近企业间的知识外部性，新经济地理学理论将技术进步解释为地方化的区域间知识外部性。多种理论模型的整合，有助于分析区域政策对地区经济增长的影响。

第二，研究方法日渐成熟。学者们逐步意识到经济体之间的空间相互依赖是影响区域经济增长趋同的关键机制，如果忽视这种空间效应关系将可能导致趋同模型的错误设定（Fingleton，2001）。因此，在传统新古典增长理论框架的基础上增加区域间溢出效应，不仅测量区域政策（如结构基金、公共投资）对所分配区域的影响，而且考虑对周边地区的影响；并且，越来越多的研究在估计经济影响时采用实际公共投资额而非替代变量，欧盟也正在创建一个“计算机检测系统和电子数据交换”网站和作为记录各种基金使用方式的唯一参考。此外，在区域发展研究中使用 WebGIS 技术以加强利益共享者与学术界之间的交流以及证明公共支出的透明度和问责性。

第三，实证分析结果存在显著差异。实践中，由于在一些国家区域发展战略的实施效果表现出互相冲突的现实证据，导致区域发展战略评估存在众多困难。不论是欧盟还是美国区域政策的评价，主要结论存在明显差异，其原因在于处理相同问题时存在很大的异质性，比如样本（只有目标1地区是欧盟所有区域）、时期（不同的商业周期）、估计过程（横截面还是面板，是否存在固定效应）、变量（利用实际公共投资额还是一些代替变量）等的选择，以及是否考虑空间相关性，都会影响到估计结果。因此，正如 Ederveen（2002）等学者所言，研究结论视趋同估计的类型而定。在绝对收敛的框架中，假定所有地区正向同一稳态水平趋同；然而，如果加入空间体制（俱乐部趋同）或者国家变量，欧盟各地区将达到不同的稳态水平。所以，两种预期存在显著差异，而后者假定区域不平衡现象将长期存在。另外，区域稳态的差异性判断也受制于模型中所使用的解释变量，欧盟和美国区域政策评价研究的文献中使用了不同的解释变量，比如欧盟研究中使用私人投资的统计数据，而美国各州却没有私人投资数据，往往使用代理变量；再如，不论欧盟或美国的实证研究，不同学者采用不同的替代变量来表征分配给各区域的真实公共支出；以上无疑都会影响估计的质量。

（二）国内区域协调发展战略和政策评价研究

作为政府调控经济活动的重要手段，区域政策对经济版图具有重要的塑造作用。国内关于区域政策和区域协调发展机制的研究大多存在于区域经济学领域，主要从区域发展不协调问题、区域协调发展理论基础、区域协调发展战略与政策等三个方面展开探讨。其中对区域协调发展战略与政策的研究，一部分学者从战略层面即西部大开发、东北振兴、中部崛起、东部率先发展以及国家战略性区域规划等角度进行深入研究，比如《中国区域协调发展战略》（孙尚清，1994）是中国这一领域第一部学术专著；另有一些学者则探讨不同类型区域经济政策或不同区域板块的特殊政策等对中国区域发展的影响，如王一鸣重点分析了区域补偿政策、地区发展政策、公共投资政策、产业布局政策以及重点开发地区和重点扶持地区政策，魏后凯、孙久文等学者侧重研究国家扶贫政策、西部开发政策、东北老工业基地政策、中部崛起政策以及民族地区政策等方面。以下主要综述了2010年以来国内区域协调发展战略和政策实施绩效的评价研究。

1. 区域总体发展战略评价

绝大多数学者认为中国区域总体发展格局正由不均衡、不协调发展向均衡、协调发展转变，同时仍然存在城乡区域差距较大，区域经济增长还主要依靠投资驱动，居民收入增长与经济增长不同步，资源与生态环境约束日益加大，空间无序开发等问题；区域政策的演变主要经历了向西推进的平衡发展阶段、向东倾斜的不平衡发展阶段、区域协调发展战略启动阶段以及协调发展战略全面实施阶段；区域经济发展战略并非区域经济发展不均衡的唯一影响因素。代表性的研究有：吉新峰（2012）运用二次差分法、面板数据模型等分析工具对中国区域协调发展政策效应进行评价，提出四大板块区域协调发展战略对各板块影响效应不一，其中西部大开发的实施有效地促进了中国及西部地区经济增长，东北等老工业基地振兴战略在较长时期内有效地促进了地区经济增长，中部崛起战略的实施虽然对中部地区经济增长起到了一定的积极推动作用，但与中国整体经济增长呈现明显的负相关关系，东部地区率先发展战略的实施有效地促进了中国整体经济增长，同时有利于中国区域经济差距的缩小。李爱民（2014）提出基本公共服务均等化直接提升区域效用水平和成为促使区域格局由聚集到分散的重要力量，中国区域发展总体格局遵循“集中与分散并存，动态演进至全国均衡”的演进机制，并沿着类似“8”的区域发展总体格局演变路径，最终实现区域均衡、协调发展。对于未来区域协调发展战略的实施，魏后凯（2010）认为需要构建市场机制、补偿机制、扶持机制、合作机制、参与机制、共享机制等方面的长效新型协调机制，合理引导企业、政府、居民和利益相关者群体行为，共同推进区域协调发展目标的实现；魏后凯（2012）进一步提出当前应建立完善促进基本公共服务均等化的财政转移支付体系、促进产业转移的支持政策体系、差别化的国家区域援助政策体系和以都市圈为中心的国土开发政策体系，以全面促进区域协调发展。

2. 公共投资、区域税收和区域援助政策评价

孙久文、魏后凯等学者评价了区域税收政策、区域援助政策、公共投资政策等，指出政策效果、存在问题并提出建议。魏后凯（2011）认为税收政策的主要效果是减轻了企业税收负担、改善了投资环境、引导了投资方向、增加了

地方财力等，主要问题是税收支持的区域目标导向不够明确、对落后地区的税收支持力度不够、没有较好体现分类指导的思想、税收优惠方式有待进一步完善、税收优惠门槛过高和范围较窄等。邬晓霞（2011）提出中央政府应该从援助政策评价、援助对象识别、援助政策目标、援助政策工具和援助政策实施的制度保障五个方面建立全国统一的国家区域援助政策体系，并且根据不同类型的关键问题区域实施差别化的国家援助政策。魏后凯（2011）认为当前中央扶持老区发展政策还存在着欠缺规范性和监督、扶持对象和标准不明确、目标缺乏约束性等问题，并从政策体系规范化、扶持对象差别化、政策机制长效化等方面指出老区扶持政策的基本导向。孙久文等（2012）认为区域公共投资在促进区域经济增长、缩小区域经济差距、增进社会福利水平等方面发挥重要作用；“十二五”期间，区域公共投资应兼顾经济发展、社会和谐、生态良好“三位一体”的发展目标，并与主体功能区战略以及区域发展战略规划相适应，有针对性、分重点、有步骤地实行差异化的区域公共投资政策。李爱民（2013）提出将城镇化和代际扶贫作为新时期扶贫开发的重点，建立融开发式扶贫、保障式扶贫和社会扶贫“三位一体”的综合扶贫体系。

3. 西部大开发战略实施绩效评价

（1）整体实施绩效评价

首先，陈栋生、刘生龙、刘卫东、魏后凯、徐绍史、陆张维、樊继达、李子彬、刘姝君等学者认为西部大开发的政策效果主要表现在经济高速增长、综合实力显著增强、基础设施和生态环境改善等方面，但仍然面临着生态环境脆弱、基础设施薄弱、民生改善缓慢等问题。洛林（2003）最早对西部大开发的进展和效果进行了评价，认为西部大开发在基础设施和环境建设方面取得了较大成效，然而在吸引民间投资、软环境建设和对外开放等方面进展缓慢。陈栋生（2010）认为西部地区应突出基础设施建设、生态环境建设和科技教育发展，夯实长远发展基础，实现城乡居民普遍受惠。刘卫东（2010）等提出推进西部开发战略转型需要从“打基础”阶段逐渐转向“巩固基础”和以“富民”为核心持续促进经济发展阶段，从总体性政策转向更加明晰的差异化区域政策。魏后凯（2010，2012，2014）认为西部大开发战略实施以来地区经济高速增长、地区工业化快速推进、居民生活水平明显提高，但仍面临着基础设施薄弱、软环境有待改善、发展层次低、产业配套不完善、基本公共服务均等化推进缓慢等问题。樊继达（2012）的调查显示，西部地区最满意的是基础设施得到改善及扶贫开发成果显著，最不满意的是内生发展能力不足和民生改善缓慢。徐绍史（2013）指出西部大开发战略的实施存在经济持续健康增长的基础仍不稳固、基础设施建设和生态环境瓶颈制约依然突出、提高城乡居民生产生活水平的任务艰巨等问题。靳科（2013）对西部五省19个地市（州）53个国家级贫困县综合发展情况的调查显示，仍存在综合实力较弱、资金短缺、粗放发展、城乡发展不平衡、交通制约和金融生态环境有待强化等制约因素。

在西部大开发是否缩小东西部差距方面，学者们的研究结论存在差异。谢燮（2005）通过分析新经济地理学模型的政策含义，提出政策介入的地区滞后效应可能使西部大开发战略的实施效果降低。因为在沿海地区形成自我强化的优势后，只有更为强劲的政策介入才可能消除现实的差异以及由沿海地区增长的内生优势；然而，国家对西部大开发的支持主要体现在基础设施建设、特色产业以及生态保护上。刘生龙（2009）应用差分内差分方法评估西部大开发对促进西部地区经济增长及中国区域经济收敛的作用，结果表明，促使西部地区2000年以来的年均经济增长率提高了约1.5个百分点。淦未宇（2011）认为东西部之间区域经济发展不均衡的系统格局并未改观，反而呈现进一步恶化趋势。陆张维（2013）的研究发现，西部大开发战略实施后区域社会经济发展不均衡的格局有所改善和东西部居民生活水平差距进一步拉大。

（2）税收政策和财政政策评价

刘军（2006）、魏后凯（2010）、徐志明（2013）等学者评价了西部大开发战略实施中的税收政策，认为税收优惠政策对西部经济增长和产业结构优化发挥了重要的作用，仍然存在税负较重、时限较短、促进作用随时间推移而降低等突出问题，建议进一步延长税收优惠时限、对税收优惠政策进行结构性调整以及建立对关键区域、问题区域的特别税收优惠制度等。苏明（2012）对财政政策实施效果进行了评价，认为财政政策的实施矫正了区域间过大的基本公共服务差距，加强了西部地区的基础设施、生态保护及重要产业扶持，促进少数民族和边远等落后地区经济发展。

(3) 其他方面

一些学者从对外开放和人口迁移方面对西部大开发战略进行了评价。刘世庆（2013）认为向西开放已成为中国全方位对外开放战略的新方向和重要组成部分，在西部基础设施、经济基础、外部环境等对外开放条件发生较大变化的背景下，加快向西开放步伐是中国新一轮西部大开发的重点与突破。姜惠敏（2014）分析了西部大开发战略实施前后西部地区省际人口迁移的基本特点，提出与没有开发战略实施的中部地区相比而言，西部地区的人口东移和吸引力下降趋势并不十分强烈，进而证明西部大开发战略的实施确实对西部地区的发展起到了正面的作用，对减小东部地区发展所带来的负外部性具有积极意义。

4. 中部崛起战略实施绩效评价

(1) 整体实施绩效评价

汪瑾、昝国江、周宏亮、范恒山等学者研究认为中部崛起政策的实施效果明显，但同时仍然存在一些亟待解决的问题。汪瑾（2011）指出中部崛起战略实施以来中部经济发展过程中存在的主要问题和不足包括：产业结构有待升级，科技对经济增长的带动能力不强；基础设施建设亟待加强，对高技术人才吸引力低；外向型经济发展不足，产业优势没有充分发挥。昝国江（2011）认为“十一五”以来中部崛起政策效果明显，“十二五”期间中部区域经济发展的总体思路及重点领域是大力推进城市化进程、搞好承接产业转移示范性基地建设、全面推进“两型社会”建设、推进“两横两纵”特色产业带加快发展以及促进经济空间布局优化。周宏亮（2012）以中部崛起战略的功能定位为导向和出发点，提出资源补偿机制、金融带动机制、开放合作机制、政府——市场联动推进机制等机制的建设，开展动力培育、市场培育、产业培育、创新能力培育、生态体系培育等专项行动。范恒山（2013）认为国家实施促进中部地区崛起战略，促进中部地区自我创造能力和自主创新能力明显增强、发展活力竞相迸发、发展质量和水平显著提高，开放合作已成为影响中部地区崛起的核心因素。操美玉（2013）运用份额转移分析方法，比较分析中部六省经济增长、产业结构及区位竞争力状况，提出中部崛起战略对中部六省产业结构与经济增长产生了积极的影响。罗序斌（2013）从经济发展、环境保护、科教文化、民生保障等方面构建中部崛起测度指标体系和综合评价中部六省的崛起指数，结果显示，从高到低依次是湖北、湖南、山西、安徽、江西、河南。

（2）对投资政策、财政政策、产业发展等的评价

对中部崛起的各项政策评价主要集中在2010年之前，2010年之后文献相对较少。魏丽华（2011）基于柯布—道格拉斯生产函数的视角分析了区域性战略投资者在中部崛起进程中的作用。董新平（2012）建立绩效评价指标和运用AHP评价模型，评价得出中部现代装备制造及高技术产业基地与东北、东部典型地区差距在进一步扩大、中部基地建设内部发展不平衡、除“现代装备制造业发展支撑能力”指标外其他指标均相对滞后。郭亚伟（2013）认为农业基础薄弱，“三农”问题是中部区域经济发展的主要问题，从经济层面，兼顾社会、环境、制度等方面建立指标体系对中部发展潜力进行了评价，从财政政策角度提出政策建议。

5. 东北振兴战略实施绩效评价

（1）整体性评价

金凤君、冯贵盛、杨东亮、董宝奇、魏后凯等学者总结了东北振兴政策的实施效果和存在问题，提出东北振兴政策在经济发展、结构调整、社会效益和体制创新等方面取得显著成效。金凤君（2010）回顾了东北振兴战略实施以来中国对东北地区实施的区域政策，提出时间上政策出台年际波动性较大、空间上以面向全区政策为主、区域政策在经济发展、结构调整、社会效益和体制创新等方面取得明显成效等结论。冯贵盛（2012）认为辽吉黑三省把握中央实施振兴东北等老工业基地战略决策的历史机遇，按照新体制、新机制、新方式，转方式、调结构，突出特色，破解发展症结和难题，初步实现结构转型升级，促进经济跨越式发展。董宝奇（2013）分析了东北老工业基地在改革开放与东北振兴战略实施两个历史阶段的社会发展变动状况，指出东北老工业基地与东部发达地区的差距在缩小和逐步接近全国平均发展水平。也有学者提出相反的看法，如魏后凯（2010）等提出东北振兴政策中存在识别标准不明确、缺乏分类指导、政策“泛化”和“覆盖不全”及法律法规与政策有待完善和细化等问题，指出中国老工业基地振兴政策调整应明确国家支持的对象和标准、实行差别化的支持政策、建立和完善老工业基地振兴政策等。杨东亮（2011）利用马奎斯特（DEA-Malmquist）

指数计算得到中国各省的全要素生产率增长及其构成，对比分析发现2003～2007年中国东北振兴政策实践未达到理想效果，未来东北振兴政策的一个重点指向是对技术研发与创新、资源节约和生产要素高效利用进行大力支持。

（2）对产业发展、交通基础设施建设、政府绩效等的评价

张国俊（2013）对东北振兴十年金融业发展情况进行了分析，分析表明东北银行业资产质量和资金规模不断提高，证券业步入规范化运行轨道，保险业的保障能力日益增强；同时指出东北地区金融业发展存在的主要问题和改革的重点方向。李茜（2013）总结了东北振兴十年交通基础设施建设成就和产生的经济社会效应，表现在保障客货运输需求、缓解交通瓶颈制约、促进区域融合发展、支持国际客货交流、产生投资拉动效应以及增强外资吸引效应等方面。郭铁（2013）分析了政府绩效评估在东北振兴中的作用，认为实施政府绩效评估加速推进了政府管理体制改革、推进了市场竞争环境构建、推进了政府转型进程、加快了构建和谐社会进程等。

6. 国家战略性区域规划实施评价

区域发展规划与区域政策都是政府实施区域管理的重要手段，具有很强的关联性。“十一五”时期以来，中国区域政策逐步系统化、体系化，区域发展规划成为推动经济社会发展的重要方式。学者们陆续开展了区域规划评价研究。

（1）评估方法

郭垚（2012）认为区域规划评估经历了从“当作终极蓝图的规划编制成果”到“整个决策到实施的过程”的转向，结合评估价值观的演变，归纳了规划方案、规划实施效果、规划实施过程的评估方法以及影响规划实施效果的因素。吴殿廷（2012）在论述区域规划评估内容和方法的基础上，结合国家“十一五”规划实施情况的评估，反思了区域规划本身在目标制定、重点确定及其在规划实施中的调整问题。

（2）整体实施绩效评估

学者们在肯定国家战略性区域规划整体实施绩效的同时，也指出存在的各种问题，并从不同角度提出政策建议。方大春（2011）借用引力模型，分析表明全方位区域规划有利于加快区域空间一体化进程。魏冠明（2012）认为战略

性区域规划是国家培育经济增长极，寻求宏观经济持续、协调发展，实现包容性增长的重要举措。温国政（2013）探讨了中国现有的区域制度规划，认为中国区域经济转变方向应该因地制宜并坚持可持续发展，注重全局意识。刘云中（2013）全面总结了一系列国家战略性区域规划的作用和存在问题，其中成效方面表现在带动了区域经济增长，培育了一大批经济增长极，以及提高了区域内外一体化的程度，不足方面主要在于缺乏统筹考虑、规划内容趋同、重政府轻市场、多头管理、法律地位不明确、方法欠科学和实施机制缺失等，应进一步加强中央政府与地方政府及独立机构的互动、增强规划编制程序的规范化和透明化、更加重视发展理念的转变和制度创新、加强国家战略性区域规划体系的建设和各规划间的协调、加快相关立法工作步伐等。

（3）单项规划实施效果评价

个别学者评价某项国家战略性区域规划的实施效果。高伯文（2012）认为东部率先发展战略为海峡西岸经济区带来了机遇，海峡西岸经济区发展的路径选择应充分利用东部率先发展政策，加快培育海西区域新的增长极，同时加强与东部其他区域的互动合作，促进东部地区经济一体化，推动东部地区与台湾的深度交流与合作。郭垚（2013）以《江苏省沿江开发总体规划》为例，从经济、社会、环境三方面构建了区域规划实施结果评估指标体系，认为区域规划在引导产业定位与布局、基础设施建设等方面发挥了积极作用，提高了区域竞争力、减小了区域内部差异；但在资源集约利用与生态保护方面的作用较弱，较弱的规划协调利益冲突能力以及实施保障机制是影响规划作用发挥的重要因素。

7. 评述

随着区域协调发展战略的逐步实施，越来越多的学者关注实施效果评价，分析对实施区域（西部、中部、东北、东部、国家战略性区域）经济社会发展的影响以及对区域差异变动的影响。综上，可以看出以下特点和不足：

第一，大量研究集中于客观描述区域协调发展战略实施效果的特征性事实，与国外研究相比较，仅少数学者对政策效应开展严谨的计量检验。由于西部大开发战略实施时间较长，因此，对西部大开发战略的有效性评价的文献相对较多。多数学者认为，区域协调发展和政策的实施对区域经济增长产生积极的影响。不论是西部、中部还是东北战略评价的文献，基本上认同在经济增长和综合实力方面取得了显著成效；但对于是否缩小了与东部的差距，看法不尽一致。

第二，在地区划分、数据处理等方面存在争论，并且影响结论判断。现有研究大多数集中于三大地带、四大区域或省际差异，对地级、县级地区等空间尺度的研究相对较少。世界银行（1995）曾指出，中国三大地带地域范围过大，不适宜做政策分析。但是，受数据获取的影响，学者们通常以省际差异和四大区域为地域单元来探讨区域政策的实施效果。

第三，从制定中国区域协调发展政策的角度讲，地区差距的形成机理和地区增长趋同的影响因素是最为重要的决策基础，然而这也是目前理论研究和实证研究最为困难和薄弱的环节。尽管许多研究提出自从西部大开发战略实施以后，西部地区的经济增长明显加速。但是，在多大程度上是由西部大开发战略带来的呢？中国自 2002 年开始进入新一轮的高速经济增长阶段，如果不考虑这种大环境，仅仅根据西部地区经济增长在 2000 年前后的变化来评价西部大开发的效果有可能影响结论的判定；而要从影响西部经济增长的若干因素中解析西部大开发战略的作用，恐怕需要建立恰当的模型和数值模拟。另外，区域协调发展战略促进区域经济增长趋同的动力机制有哪些？以上都需要深入研究，以便为中国未来区域政策的制定提供科学的理论依据。

主要参考文献

[1] 操美玉，彭潇潇. 中部崛起战略对中部六省经济增长的影响[J]. 合作经济与科技，2013(17)：6－7.

[2] 陈栋生. 西部大开发十年回顾与展望[J]. 西部论坛，2010(1)：1－6.

[3] 陈秀山. 区域协调发展：目标·路径·评价[M]. 北京：商务印书馆，2013.

[4] 陈耀. 国家中西部发展政策研究[M]. 北京：经济管理出版社，2000.

[5] 陈耀. 推动我国区域协调发展的新思路[M]. 中国社会科学院院报，2006(22)：33－37.

[6] 董宝奇. 东北地区的经济振兴与社会发展及政策建议[J]. 今日中国论坛，2013(19)：177－184＋187.

[7] 董新平,叶彩鸿,林承亮.面向"中部崛起"战略的中部现代装备制造及高技术产业基地建设绩效评价[J].科技管理研究,2012(7):45-48+83.

[8] 樊继达.转方式视角下的西部大开发:成效、瓶颈与出路——基于百名厅局级领导干部的问卷调查[J].经济研究参考,2012(64):21-26.

[9] 范恒山.区域政策与区域经济发展[J].全球化,2013(2):75-82+127.

[10] 范恒山.区域政策走向深化细化实化[N].经济日报,2014-01-02,007版.

[11] 范恒山.推进公共服务均等化是区域协调发展的"头等大事"[N].中国经济导报,2011-06-18,B01版.

[12] 方大春.引力模型视角下中国全方位国家级区域规划的思考[J].当代财经,2011(10):101-107.

[13] 冯贵盛.突出特色,破解症结,推动振兴——东北振兴十年的思考与启示[J].辽宁经济,2012(9):23-27.

[14] 淦未宇,徐细雄,易娟.中国西部大开发战略实施效果的阶段性评价与改进对策[J].经济地理,2011(1):40-46.

[15] 高伯文.海峡西岸区科学发展与东部率先发展的动态关系研究[J].福建论坛:人文社会科学版,2012(8):150-155.

[16] 高新才.中国经济改革30年:区域经济卷(1978-2008)[M].重庆大学出版社,2008.

[17] 郭铁.试析东北振兴中政府绩效评估的作用[J].管理观察,2013(22):87-88.

[18] 郭垚,陈雯.区域规划评估理论与方法研究进展[J].地理科学进展,2012(6):768-776.

[19] 郭垚,陈晓.区域规划实施结果评估——以《江苏省沿江开发总体规划》为例[J].长江流域资源与环境,2013(04):405-411.

[20] 哈威·阿姆斯特朗,吉姆·泰勒.区域经济学与区域政策(中译本)[M].上海:上海人民出版社,2007.

[21] 吉新峰.中国区域协调发展战略效应评价——基于区域差距的分析[M].北京:经济管理出版社,2012.

[22] 姜惠敏,潘泽瀚.西部大开发战略实施前后的西部地区省际人口迁移状况

[J]. 中国外资,2014(4):224－225.

[23] 金凤君,陈明星."东北振兴"以来东北地区区域政策评价研究[J]. 经济地理,2010(8):1259－1265.

[24] 靳科. 西部大开发背景下国家贫困县综合发展成效与制约因素实证分析——基于西北五省 53 个国家贫困县的典型调查[J]. 科技信息,2013(26):166－167.

[25] 李爱民,孙久文. 基于新经济地理学的区域发展总体格局演变研究[J]. 江淮论坛,2014(01):65－71.

[26] 李爱民,孙久文. 新时期扶贫开发总体思路研究[J]. 中国物价,2013(12):66－69.

[27] 李平,陈耀,郝寿义. 中国区域经济学前沿:2010/2011:"十二五"区域规划与政策研究[M]. 北京:经济管理出版社,2011.

[28] 李茜. 东北振兴十年综合交通运输发展评价[J]. 综合运输,2013(11):59－64.

[29] 李善同,侯永志等. 中国区域协调发展与市场一体化[M]. 北京:经济科学出版社,2008.

[30] 李善同,吴三忙."十二五"时期中国区域政策的分析[J]. 水利发展研究,2010(8):16－20.

[31] 李子彬. 开局良好基础坚实——西部大开发 10 年成就回顾[J]. 资源环境与发展,2013(2):16,17－18.

[32] 刘生龙,王亚华,胡鞍钢. 西部大开发成效与中国区域经济收敛[J]. 经济研究,2009(9):94－104.

[33] 刘世庆,许英明. 向西开放:中国新一轮西部大开发的重点与突破[J]. 经济与管理评论,2013(3):128－134.

[34] 刘姝君. 国家重大战略与区域经济发展——以西部大开发为例[J]. 企业导报,2013(5):177.

[35] 刘卫东,王蓓,余金艳等. 深入推进西部开发的战略思路研究[J]. 经济地理,2010,30(4):553－557.

[36] 刘云中,侯永志,兰宗敏. 中国"国家战略性"区域规划的实施效果、存在问题和改进建议[J]. 重庆理工大学学报(社会科学),2013(6):1－5.

[37] 刘云中,侯永志,兰宗敏. 中国“国家战略性”区域规划的主要特点[J]. 中国发展评论,2013(1):23－28.

[38] 陆大道,刘毅,樊杰. 我国区域政策实施效果与区域发展的基本态势[J]. 地理学报,1999(6):496－508.

[39] 陆大道. 中国区域发展的理论与实践[M]. 北京:科学出版社,2003.

[40] 陆张维,徐丽华,吴次芳等. 西部大开发战略对于中国区域均衡发展的绩效评价[J]. 自然资源学报,2013(3):361－371.

[41] 罗序斌,周绍森. 中部崛起指数的测度研究[J]. 南昌大学学报(人文社会科学版),2013(4):79－84.

[42] 聂华林. 区域发展战略学[M]. 北京:中国社会科学出版社,2006.

[43] 苏明. 实施西部大开发战略的财政政策定位与建议[J]. 财政研究,2012(10):26－33.

[44] 孙尚清. 中国区域协调发展战略[M]. 北京:中国经济出版社,1994.

[45] 王一鸣. 中国区域经济政策研究[M]. 北京:中国计划出版社,1998.

[46] 魏冠明. 中国经济战略性区域规划现状、问题与对策[J]. 山东行政学院学报,2012(5):69－72.

[47] 魏后凯,高春亮. 中国区域协调发展态势与政策调整思路[J]. 河南社会科学,2012(1):73－81,107－108.

[48] 魏后凯,张燕,谢先树. 中国区域发展战略转型与税收政策调整[J]. 税务研究,2011(7):3－8.

[49] 魏后凯. “十二五”时期中国区域政策的基本框架. 经济与管理研究,2010(12):30－48.

[50] 魏后凯. 中国区域协调发展研究[M]. 北京:中国社会科学出版社,2012.

[51] 魏后凯. 中国西部大开发的成效、问题及思路[J]. 西南金融,2010(1):4－5.

[52] 魏丽华,冷宣荣. 中部崛起背景下的区域性战略投资者作用分析——基于柯布道格拉斯生产函数的视角[J]. 江淮论坛,2011(4):20－25.

[53] 温国政,温铂,肖艳. 国家战略性区域规划中区域经济的战略转向及制度构建[J]. 商业时代,2013(30):132－133.

[54] 邬晓霞,魏后凯. 实施差别化国家区域援助政策的科学基础与基本思路[J]. 江海学刊,2011(3):84－89,238－239.

[55] 吴殿廷,李瑞,吴昊. 区域规划实施的评估与反馈调整——以国家"十一五"规划为例[J]. 开发研究,2012(3):1-5.

[56] 武汉大学中国中部发展研究院. 中部崛起战略的成效与不足[N]. 光明日报,2011-05-24,第11版.

[57] 肖金成. 区域规划促进区域经济科学发展[J]. 决策要参,2010(6):18-21.

[58] 谢燮,杨开忠. 新经济地理学模型的政策含义及其对中国的启示[J]. 地理与地理信息科学,2005,21(3):60-64.

[59] 徐绍史. 国务院关于深入实施西部大开发战略情况的报告——2013年10月22日在第十二届全国人民代表大会常务委员会第五次会议上[J]. 中华人民共和国全国人民代表大会常务委员会公报,2013(6):806-811.

[60] 徐志明,林颖,汤凯晴. 西部大开发税收政策效应评估与调整策略[J]. 税收征纳,2013(9):6-8.

[61] 杨东亮. 东北振兴政策实践效果评价与政策启示——基于全要素生产率增长的全国比较[J]. 东北亚论坛,2011(5):99-108.

[62] 昝国江,安树伟. "十二五"时期中部崛起政策调整研究[J]. 经济体制改革,2011(5):35-39.

[63] 张国俊. 东北振兴十年金融业发展回顾与展望[J]. 经济纵横,2013(10):79-85.

[64] 张军扩,侯永志. 中国区域政策与区域发展[M]. 北京:中国发展出版社,2010.

[65] 张可云. 区域经济政策[M]. 北京:商务印书馆,2005.

[66] 周宏亮. 中部崛起战略的功能定位与行动部署[J]. 科技创业月刊,2012(5):1-4.

[67] Aschauer D. Is Public Infrastructure Productive? [J]. Journal of Monetary Economics,1989,23(2):177-200.

[68] Bahr C. How Does Sub-National Autonomy Affect the Effectiveness of Structural Funds? [J]. Kyklos,2008,61(1):3-18.

[69] Baldwin R, Forslid R, Martin P, Ottaviano G and Robert-Nicoud F. Economic Geography and Public Policy[M]. Princeton University Press,2003.

[70] Berg, Andrew, and Jonathan D. Ostry. Inequality and Unsustainable Growth:

Two Sides of the Same Coin? IMF Staff Discussion Note 11/08 (Washington: International Monetary Fund),2011.

[71] Cappelen A, Castellacci F, Fagerberg J, Verspagen B. The Impact of EU Regional Support on Growth and Convergence in the European Union[J]. Journal of Common Market Study, 2003,41(4):621 - 644.

[72] Dall'erba S, Le Gallo J. Regional Convergence and the Impact of Structural Funds over 1989 - 1999: A spatial Econometric Analysis[J]. Papers in Regional Science,2008,87(2):219 - 244.

[73] Dall'erba S, Le Gallo J. The Impact of EU Regional Support on Growth and Employment[J]. Czech J Economic Financ,2007,57(7 - 8):325 - 340.

[74] Dall'erba S, Llamosas-Rosas I. The Impact of Private, Public and Human Capital on the US States Economies: Theory, Extensions and Evidence. In: Karlsson C, Andersson M (eds) Handbook of Research Methods and Applications in Economic Geography. Edward Elgar, London, 2012.

[75] Dupont V, Martin P. Subsidies to Poor Regions and Inequalities: Some Unpleasant Arithmetic[J]. Journal of Economic Geography,2006,(6):223 - 240.

[76] Ederveen S, Gorter J, de Mooij R, Nahuis R. Funds and Games: the Economics of European Cohesion Policy[J]. CPB Working Paper, 2002.

[77] Esposti R, Bussoletti S. Impact of Objective 1 Funds on Regional Growth Convergence in the European Union: a Panel-data Approach[J]. Regional Study, 2008,42(2):159 - 173

[78] Fayolle J, Lecuyer A. Regional Growth, National Membership and European Structural Funds: An Empirical Appraisal[J]. La Revue de l'OFCE,2000(2): 1 - 31.

[79] Fingleton B. Equilibrium and Economic Growth : Spatial Econometric Models and Simulations[J]. Journal of Regional Science, 2001(41):117 - 148.

[80] Fujita M, Krugman P, Venables AJ. The Spatial Economy[M]. MIT Press, Cambridge, 1999.

[81] Garcia-Mila T, McGuire TJ, Porter RH. The Effect of Public Capital in State-Level Production Function Reconsidered[J]. Review of Economics and Statis-

tics,1996,78(1):177 - 180.

[82] Garcia-Mila T, McGuire TJ. The Contribution of Publicly Provided Inputs to states' economies[J]. Regional Science and Urban Economics ,1992,22(2):229 - 241.

[83] Garofalo GA, Yamarik S. Regional Convergence: Evidence from a New State-by-State Capital Stock Series[J]. The Review of Economics and Statistics,2002,84(2):316 - 323.

[84] Garrett TA, Wagner GA, Wheelock DC. Regional Disparities in the Spatial Correlation of State Income Growth, 1977 - 2002[J]. Annual Regional Science,2007,41(3):601 - 618.

[85] Holtz-Eakin D. Public-Sector Capital and the Productivity Puzzle[J]. Review of Economics and Statistics,1994,76(1):12 - 21.

[86] Kilkenny M. Urban/Regional Economics and Rural Development[J]. Regional Science,2010,50(1):449 - 470.

[87] Lall SV, Yilmaz S. Regional Economic Convergence: Do Policy Instruments Make a Difference? [J]. The Annals of Regional Science,2001,35(1):153 - 166.

[88] Mohl P, Hagen T. Do EU Structural Funds Promote Regional Growth? New Evidence from Various Panel Data Approaches[J]. Regional Sciences and Urban Economics,2010 ,40(5):353 - 365.

[89] Munnell AH. Why has Productivity Growth Declined? Productivity and Public Investment[J]. New England Economic Review,1990,1/2:3 - 22.

[90] Munnell AH. How Does Public Infrastructure Affect Regional Economic Performance? [J]. New England Economic Review,1990,September/October:11 - 32.

[91] Nizalov D, Loveridge S. Regional Policies and Economic Growth: One Size Does not Fit All[J]. Review of Regional Studies,2005,35(3):266 - 290.

[92] Rodriguez-Pose A, Fratesi U. Between Development and Social Policies: the Impact of European Structural Funds in Objective 1 Regions[J]. Regional Study,2004 ,38(1):97 - 113.

[93] Sandy Dall'erba, Irving Llamosas-Rosas. Spatial Policy for Growth and Equity. In: Manfred M. Fischer, Peter Nijkamp. Handbook of Regional Science,2014.

[94] Sascha O. Becker, Peter H. Egger, Maximilian van Ehrlic. Going NUTS: the Effect of EU Structural Funds on Regional Performance[J]. Journal of Public Economics, 2010, 94(9-10): 578-590.

[95] Shioji E. Public Capital and Economic Growth: A Convergence Approach[J]. Journal of Economic Growth, 2001, 6(3): 205-227.

[96] Solow R. A Contribution to the Theory of Economic Growth[J]. The Quarterly Journal of Economics, 1956, 70(1): 65-94.

[97] Vickerman R, Spiekermann K, Wegener M. Accessibility and Economic Development in Europe[J]. Regional Study, 1999, 33(1): 1-15.

[98] Wolfgang Eggert, Maximilian von Ehrlich, Robert Fenge. Convergence and Growth Effects of the European Regional Policy in Germany[J]. Perspektiven der Wirtschaftspolitik, Verein für Socialpolitik, 2007, 8(2): 130-146.

第二章

区域政策影响效应的理论基础

由于不同经济增长学派关注的内容不同，各学派对区域政策是否产生趋同效应持有不同观点（Dall'erba and Le Gallo，2008）。本章借鉴新古典增长理论、内生增长理论、新经济地理学模型、新制度经济学等对区域政策效应的不同解释，阐述区域协调发展战略和政策对中国区域经济增长的促进机制，并尝试构建中国区域协调发展战略和政策的增长趋同效应理论模型。

一、不同经济增长理论中的区域政策效应阐释

（一）新古典增长和内生增长理论对区域政策影响的不同判断

1. 新古典增长理论

根据Solow（1956）的新古典主义框架，用于每个工人的物质资本投入将产生更高的稳态收入。然而，由于资本边际效率递减，投资率必然降至人均资本存量为常数的稳态收入，并且其中的增长部分完全取决于技术。因此，针对落后地区的区域政策，可能刺激落后地区短期内增长高于以往稳态水平，但是，仅为一个过渡期，不可能长期提升其稳态收入。比如，政府在基础设施方面的支出增加可以降低企业生产成本，挤入私人投资，进而带动经济增长（Tanzi and Zee，1996；Kelly，1997）；但是，政府在一些非基础设施类方面的投资增加会通过利率增加而对私人投资具有挤出效应（Ekpo，1994）。最有代表性的成果是 Barro（1995）、Barro 和 Sala-i-Martin（1995）以及 Mankiw 等

（1992）基于 Solow-Swan 经济增长理论模型建立的实证经验模型。这些新古典主义模型主要预测了国家或地区将在经济增长达到某一固定增速（通常指稳态水平）的平衡点时出现趋同。不过，也存在许多变量和更多从根本上偏离新古典主义原则的力量，这些将导致非收敛的结果。

2. 内生增长理论

内生增长理论拒绝边际效益递减的新古典假设，认为公共政策对经济长期增长具有核心作用；将公共基础设施视为生产函数的一种投入，公共基础设施的出现将增加私人资本的边际产量，从而促进资本积累和经济增长。然而，在生产函数中公共投资的额外增加，又使得区域政策对企业选址的影响变得不明确。现实中，企业选择或者重新选择区位，不仅仅随着一项区域政策的实施而出现购买力向落后地区转移，而且还要考虑布局在落后地区的资本回报率和区域内外的交易成本。因此，根据内生增长理论，公共政策不一定导致区域经济增长趋同现象的发生。

（二）新经济地理学模型中的区域政策效应

从理论上分析区域政策对经济增长的影响，新经济地理学理论（New Economic Geography，NEG）是最为合适的。区域政策实施的目标是改变经济活动的空间分布进而改变福利的空间分布，以达到政策决策者的愿望。新经济地理学的核心是考察在不同经济结构和交易背景下经济活动的空间分布，而经济活动的最终空间分布取决于经济内在的集聚与分散力量的交互作用。因此，集聚与分散的条件很自然地就与政策分析相联系。总体而言，新经济地理学模型中累积循环过程的内在机制是市场扩张效应与市场拥挤效应的相互作用。对生产厂商而言，其区位选择面临着接近市场以节约运输成本亦或集中生产以获得规模经济的两难抉择。因此，政策的实施如果直接或间接地推动上述力量的此消彼长，则必然对经济活动的空间分布产生影响。

1. 区域附带效应

区域附带效应是指各种非区域的政策可能具有区域政策的功能，因为其可能影响市场扩张效应和市场拥挤效应的力量对比。例如，地区间贸易保护主义的实施缩减了贸易自由度。根据新经济地理学模型，这一政策将导致市场拥挤效应和市场扩张效应的加强，但市场拥挤效应更强，当贸易成本趋于零时，最终使经济活动在空间上分布得更为均衡。因此，地方贸易政策产生区域附带效应。

2. 门槛效应

门槛效应是指政策的强度需要达到某个门槛值，才可能取得预期的效果。图2－1反映的是贸易自由度与经济集聚的关系，图中实线是均衡的结果。如果经济起始于均衡点E1，该处贸易自由度为ϕ^0。当贸易自由度增加到ϕ'时，相应的均衡点到达E2，此时贸易自由化对产业的区位没有影响。如果贸易自由度从ϕ'增加到ϕ''对称均衡变得不再稳定，产业会向某一区域集聚，假定E3是均衡点，这时小的政策变化可以产生重要作用结果。该现象被藤田等称作油灰粘土地理（Putty Clay Geography）现象：经济活动集聚于哪一区域有很大的灵活性，一旦空间差异形成，将变得十分刚性。油灰粘土地理表明轻微的政策介入可能不会产生什么结果，只有当这种介入超过了某个门槛值，经济表现才会改变，而一旦改变，结果便难以逆转。因此，政策介入的门槛特性对政策微调提出了质疑。比如，对区域之间交通基础设施的投资援助政策将降低交通成本，进而影响产业区位选择过程和集聚过程；但是，资助落后地区完善交通基础设施的项目也未必保证落后地区突然具有吸引力，因为项目所产生的溢出效应可能太小，难以平衡富裕地区已经出现的集聚进程。此外，可达性并不是落后地区唯一应对的挑战，常常伴随着各类基础设施缺乏、劳动力数量较少且低效以及受教育程度较低、缺乏地方投入产出联系等问题。如果再考虑区域间的工资差异，最落后的地区往往难以具备吸引企业布局或重新布局的有利条件。正如许多新经济地理学者等所提出的：在核心—边缘模型中，一旦达到贸易成本的临界值，区域政策缩小差异的可能性将受到限制（Baldwin，2003）；通过对边缘地区的指向性投资或企业补贴来抵抗核心—边缘结构的出现是不可能的（Martin and Rogers，1995；Dupont and Martin，2006）。

3. 地区滞后效应

当经济的门槛值有多个时，情况将变得更为复杂。在新经济地理学模型中存在两个特殊点：持续点ϕ^S和破裂点ϕ^B（见图2－1）。持续点ϕ^S指经济由集聚转向对称均衡所对应的贸易自由度，破裂点ϕ^B指经济由对称均衡转向集聚所对应的贸易自由度，二者并不重合。ϕ^B和ϕ^S对于政策分析很重要。贸易自

由度从 ϕ''降回到 ϕ'，这时均衡点将从 E3 变化到 E4，而不会回到 E2。在此情况下，称经济遭受了地区性滞后，即撤销政策并不会导致以前政策结果的消失。要回到 E1，经济必须要有更低的自由度（低于 ϕ^S，然后再回到 ϕ^0），这种特性在物理上叫做滞后。这一过程体现了历史事件的重要性。历史上失败的政策，尽管其作用时间是短暂的，也可能具有长期持久的效应。此外，要消除这种效应很困难，需要更为强劲的政策介入。

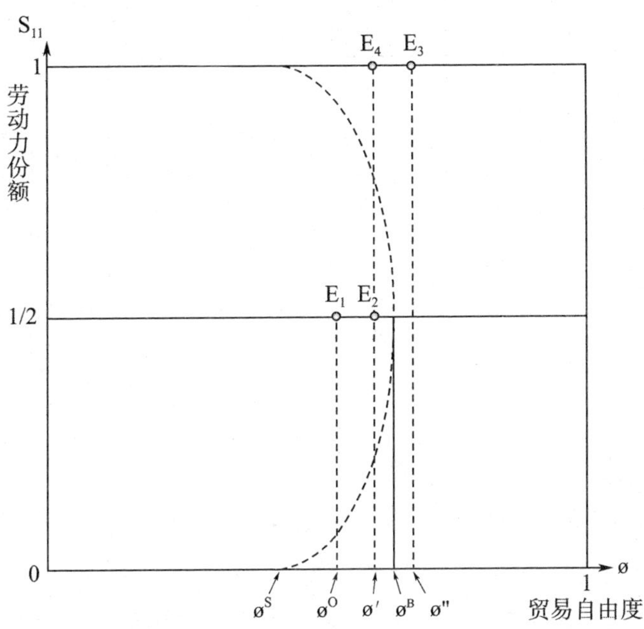

图 2－1　劳动力份额与贸易自由度的关系

4. 非线性效应

同样的政策介入在第一次和第二次具有不同的效应。政府税收等于税率乘以税基，提高税率可能导致税基的损失（劳动力迁移出本区域）。经济起始于均衡点 E（见图 2－2），如果北方税率提高 Δt，则打破了稳定的对称均衡，可移动要素从北方向南方迁移，直至北方可移动要素的真实收入 ω 减去税收等于南方要素的真实收入 ω^*。图 2－2 中均衡点从点 E 移动到点 A，表明北方失去了部分可移动要素，失去的量为 1/2－n′。税率导致的税收增加量可能大于因劳动力迁移导致的税收减少量，所以北方总税收将上升。假设现在北方政府将税率再增加 Δt，这时新的均衡点移动到点 B，劳动力损失加大（即 n′-n″），其导致的税收减少超过了税率增长导致的税收增加，所以北方总税收下降了。可见，同样的政策介入却产生了不同的政策结果，体现了政策介入的非线性效应。

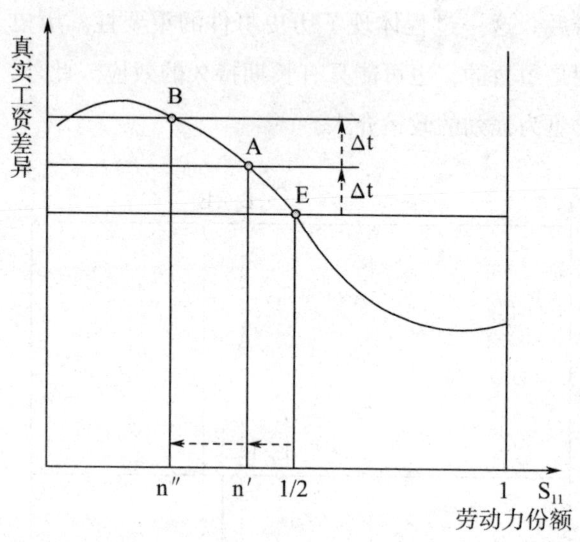

图 2-2　政策介入的非线性

5. 选择效应

新经济地理学的另一重要特征是参数值在某一区间多重均衡的存在。如图 2-1 中在 ϕ^B 和 $\phi=1$ 之间的两个均衡。在此区间，政策对均衡具有选择效应。例如，假设从一对称均衡开始，允许贸易自由度增长超过 ϕ^B，产业的重新分布将会发生。只要有一个小小的扰动，将产生完全的集聚过程，然而模型没有说明哪个区域会被选择。在此情况下，很小的政策都可能具有很大的效应，将此定义为选择效应。比如一个直接的补贴政策可能产生决定性的力量并导致该区域成为集聚中心。相反，一些不利于本地的政策则可能导致本地完全失去发展的机会。

6. 协作效应（预期实现效应）

该效应与前向预期行为相关。如前讨论，在区间 $\phi^S<\phi<\phi^B$，分散和集聚都是潜在的长期均衡结果，则新经济地理学模型显示预期而不是历史决定哪种空间结果最终出现。原因在于预期变成了自我完成的过程：由厂商的理性选择来决定定位在其它厂商也会定位的地方。这样，即使在其他环境参数不变的情况下，预期的冲击对经济发展的路径仍具有足够大的效应。自我完成的预期为

政策介入的选择效应提供了新的视角。特别是公共部门可以通过调整厂商的预期来调整经济的路径，即使在没有任何政策实施的情况下也可能产生效果。其政策含义是，某区域吸引投资的方法可以采用对某种优惠政策的宣传，这足以使厂商集聚于此。这样，一个地区的自我宣传与营销同样会对经济活动的空间分布产生影响。“区域营销”战略找到了理论基础。

（三）基于内生增长和NEG理论的马丁模型

由于新古典增长理论和内生增长理论对增长趋同的判断不一，菲利普·马丁（Philippe Martin，1999）综合内生增长理论和新经济地理学理论，提出了一种新的模型以分析地区政策的有效性问题。马丁模型中假定存在富裕和落后两个区域；借用新经济地理学理论，假定区域内部和区域之间存在交易成本，交易成本主要由贸易政策和社会差异所引起，并且还受到公共基础设施政策的影响；假定有简单（无差异）和复杂（有差异）两种商品，并且后者的生产存在垄断竞争和规模经济。根据以上假定，得出以下结论：

第一，地区收入差距与经济集聚程度存在正相关关系。经济的空间结构是两种相反力量作用的结果。一方面，NEG模型描述了不完全竞争、规模报酬递增、要素流动等条件下存在强烈的经济活动空间集中（集聚）向心力。另一方面，各种离心过程，即高额交通成本和限制要素流、市场拥挤和地方堵塞效应等，刺激了企业和工人发生离心行为。当交通成本和区域间交易成本变得很高时，商品和一些服务的提供距离就变得很昂贵，因此，需要这些商品和服务提供的地方化，企业因此发生空间扩散和靠近不可流动的市场。当交通成本和区域间交易成本很低时，在一定距离内不可流动性的市场被有效（廉价）地提供，故允许企业空间集聚以获得各种规模经济和集聚外部性。在该模型中，集聚趋向于控制空间离心力。当集聚程度增加，区域差距增加；反过来进一步刺激了集聚，因为企业期望布局在市场需求和收入均最高、企业间联系最广的地点，工人也将受到不断增加的工作机会的吸引（即所谓的“母市场效应”Home Market Effect）[①]。这样，集聚和地区差距表现为正相关关系（见图2-3

① 区域经济一体化取消了内部贸易壁垒之后，国家与国家之间的贸易成本与投资成本下降。由于在经济发达地区存在众多技术创新型企业、大量的高素质工人以及巨大的消费市场，许多落后地区的企业纷纷迁往富裕地区，导致了地区收入差异的进一步扩大，与此同时整体经济集聚的程度也得到加强。

中的曲线“AA”)。

第二，空间集聚将刺激全国范围内的经济增长。根据内生增长理论，当正溢出效应在各地区出现时，经济活动的空间集聚将推动技术创新活动的开展；创新活动的增加，提高了集聚中的企业劳动生产率和刺激产出增长。因此，国家经济的空间集聚度（经济活动的空间集中程度）和经济增长率表现出正相关关系（见图 2-3 中的曲线“SS”)，有时将此称为地方溢出效应。

第三，创新程度的增加，将导致更多新企业进入市场，因此与孵化公司的竞争将降低利润率（即所谓的竞争效应）。当富裕地区的垄断公司数量远远多于落后地区时，其利润将下降，从而降低地区收入差距。与此同时，如果落后地区的企业被吸引至富裕地区，将刺激富裕地区进一步集聚，集聚程度超过某一点并产生各种拥挤效应和相关的负外部性时，将降低地区收入差距（见图 2-3 中的曲线“RR”)

第四，在所有 NEG 模型中，关注的是均衡结果的推导。即集聚程度—地区差距的关系（曲线 AA）和集聚—竞争拥挤关系（曲线 RR）的交点。图 2-3 给出了集聚度、地区差距和国家经济增长的均衡点，分别表示为 A^*、r^*、g^*。以下行为将自动发生：如果政策决策者通过实施经济活动的积极再分配和扩散以远离空间集聚点等干预措施，或者通过实施重新分配的货币和财政措施，从而寻求降低区域差距，这时曲线 RR 将向内移动至曲线 RR_1，空间集聚度将随之减少为 A_1，地区差距随之降低为 r_1。这主要是因为购买力向落后地区转移，刺激落后地区的市场需求和吸引企业进入。但是，空间集聚度的下降不利于溢出效应和创新，因此，全国范围内的经济增长将降至 g_1。因此，需要在地区差距和国家增长之间做出权衡。

第五，技术创新和转移可以避免在效率和公平之间做出权衡。区域内经济活动的空间集聚程度上升，刺激该区域经济增长。事实上，所有讨论的焦点停留在集聚地区的假设上，那些国家范围内经济活动高度集中的集聚地区将比其他地区增长得更快；其重要含义就是，阻止空间集聚或寻求降低集聚程度的政策，虽然在试图缩小区间或区内经济差距方面有一定作用，但是在国家范围内是经济低效的。但是，改善落后地区创新程度的政策是一个例外，这一政策将刺激曲线 SS 向上移动至 SS_1。知识溢出既促进经济增长又刺激经济活动扩散

(Baldwin, 2006), 因为落后地区从溢出和创新中获益, 这就在不降低富裕地区经济增长的情况下促进落后地区经济增长, 从而实现全国范围的经济增长 (见图2-3中的 g^*)。这一效应就是在降低了空间集聚度和减少地区差距的同时获得了全国范围内的经济增长, 避免了在公平与效率之间做出权衡。比如, 采取改善通讯和IT基础设施等政策措施, 促进富裕地区向落后地区的技术转移和溢出。正如Baldwin (2003) 所指出的, 可以多考虑那些有利于思想观念交流而非商品贸易的政策; Lackenbauer和Meyer (2006) 同样认同降低创新成本 (比如研发补贴) 将可能获得全国范围内经济增长和降低地区差距的双赢。

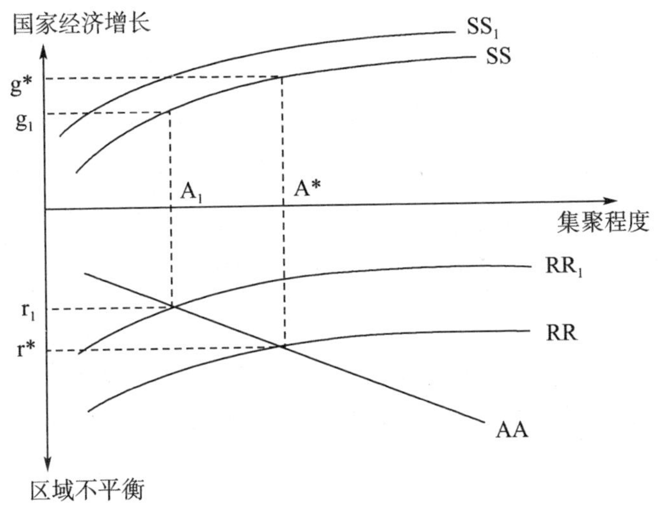

资料来源:Martin,1999;Baldwin et al. ,2003;Lackenbauce and Meyer,2006.

图2-3 产业集聚、增长和地区差距

综上, 马丁模型第一次在一个统一的框架下分析区域政策的作用。模型对政策的分析表明, 传统的转移支付政策或单纯改善区际 (区内) 交易成本的政策, 面临着空间公平与总体经济效率间的权衡, 要缩小区域发展差异, 就必须牺牲效率。要实现总体经济的高速增长, 就必然承受区域发展差异的扩大。但是, 降低创新成本 (障碍) 的政策, 如给企业R&D补贴, 鼓励市场竞争, 改善教育基础设施等, 可以兼顾总体经济效率和空间公平。

(四) 新制度经济学对区域政策效应的解释

新古典增长模型把区域经济增长看作是劳动力 (L)、资本 (K) 和技术进步（T）的作用，新增长理论通过人力资本（H）概念的引入把外生的技术进步内化了，新制度经济学继续向前走了一步，把外生性制度内生化，将制度作为经济增长的内生要素，与资本、劳动力、技术一起成为能够影响经济绩效的关键环节。正如诺斯（North，1992）所言，新古典增长模型把收益激增（Romer，1986）或物质资本和人力资本的积累（Lucas，1988）看作是经济增长的核心因素，这是把承担发动机作用的激励机制当作是既定的事实；但是，在试图解释发达经济、计划经济与不发达经济的不同发展经验时，或者解释它们之间不同的经济绩效时，如果不把制度所决定的激励机制作为重要的决定因素来考虑，将是毫无成果的。

尽管地理条件、自然资源禀赋以及初始经济发展状况同样会影响区域经济差异的现状，但是上述条件是客观存在或已沉淀的事实而无法改变，制度却可以通过强制性或诱致性的变迁而实现创新，从而促进经济增长进程、促进区域经济的协调发展。学术界一般认为将影响增长绩效的制度分为正式制度及非正式制度。正式制度又可以分为经济制度、政治制度及政治力量。经济制度为参与经济活动的主体提供了行为激励；政治力量由法律上的和事实上的政治权力组成。法律上的政治权力是由一个社会的政治制度衍生而来的权力；而政治制度，与经济制度一样，决定了对主要行为者所施加的限制和产生的激励，只不过是其体现在政治领域中。从非正式制度对于经济增长的影响来看，非正式制度主要通过降低交易成本来提升效率。制度在区域层面对经济增长的影响主要体现在其对区域劳动力、资本、技术三大生产要素的结构性影响上，制度通过将其他生产要素有结构地组织起来，从而构成经济长期增长的根本动力。

新制度经济学将制度变迁方式分为政府主导的强制性制度变迁和需求诱致性的制度变迁（林毅夫，1994）。在分析强制性制度变迁时，把经济人的假设引入对国家行为的考察，但是由于将强制性制度变迁视为弥补诱致性制度变迁不足的需要，使得国家行为又具有了非经济人的特征。区域经济政策制定者将政府干预区域经济的方式选择，分为传统的自上而下区域发展理论和在批评这一理论基础上提出的自下而上的政府干预理论，即中央政府可能主要扮演非经济人的角色，而地方政府则扮演了经济人的角色。自上而下区域发展理论认为：由于外部需求和企业集群是发展的动力，因此基于企业集群会对其他区域产生“渗透效应”的原因，政府强制进行投资，以促使利益扩散到其他区域。但是这种单方向的政策供给，无法解释回流效应——资本流动与政府的规划意图常常相反的事实，于是基于不同区域条件差异（自然资源、价值观念、地方法规等）的区域自我发展和管理的自下而上的理论应运而生。自下而上的政府干预理论实际上是一种对区域经济自组织的认识，区域经济结构的差异是导致地方政府在一国制度环境下推动制度变迁的根本动力。地方政府为了推动区域经济结构的变迁，往往有更强烈的冲动去提供强制性的制度创新。效率主导的地方政府不仅会加剧区域冲突，还可能基于地方利益的最大化而与上一级政府进行制度博弈。随着层级的提高，交易成本加大；中央政府为协调区域发展的制度成本，最终将促成政府自身的组织变革和演进。

二、区域协调发展战略和政策促进中国区域经济增长的作用机制

一方面，区域经济增长受多种因素相互作用，其中资本作为一种相对稀缺的生产要素，资本形成和积累是区域经济增长的必要条件和重要因素（魏后凯，2006）。另一方面，经济增长理论以及跨国经济增长的实证研究都认为，各个国家经济增长率和收入水平差异很大程度上源于全要素生产率（TFP）的差异（Caselli and Gennaioli，2005；Hsieh and Klenow，2010）；而全要素生产率的提高最主要来源于两个方面，一是企业由研发投入或技术引进带来的微观生产技术的进步，二是改善资源配置（即生产要素由生产率低的企业、部门或地区流向生产率高的企业、部门或地区）带来的效率提高。在中国的现实条件下，TFP 主要来源于两个方面，一是企业生产技术的进步，二是市场化改革带来的资源配置效率的改善，以及通过激励机制改变导致的微观效率提高。此外，人力资本的溢出效应、良好的基础设施条件、城市化以及对外开放都对生产率的提高具有正的贡献（王小鲁等，2009）。上述两方面强调了投资、内生增长对缩小区域差距的重要性。这也正如哈维·阿姆斯特朗（2000）所言，长期持续存在的区域经济差距（如失业率和人均收入等方面）对国家经济的正常有效运行存在危害性，政府干预区域失业差距可以采用三种办法，即引导投资进入高失业区域、刺激高失业区域的内生增长、通过生态经济方面的基础设施公共投资来振兴失业区域。

中国区域协调发展战略和政策的实施，正是通过促进基础设施合理配置、促进中西部地区投资增长、承接产业转移与促进产业集聚、吸纳人力资本集聚和劳动力回流、促进市场一体化进程以及制度变迁等，推动了中西部地区资本形成、全要素生产率提高，从而使得中西部经济增长明显加快和缩小了与东部差距，重塑中国经济空间格局（见图2－4）。

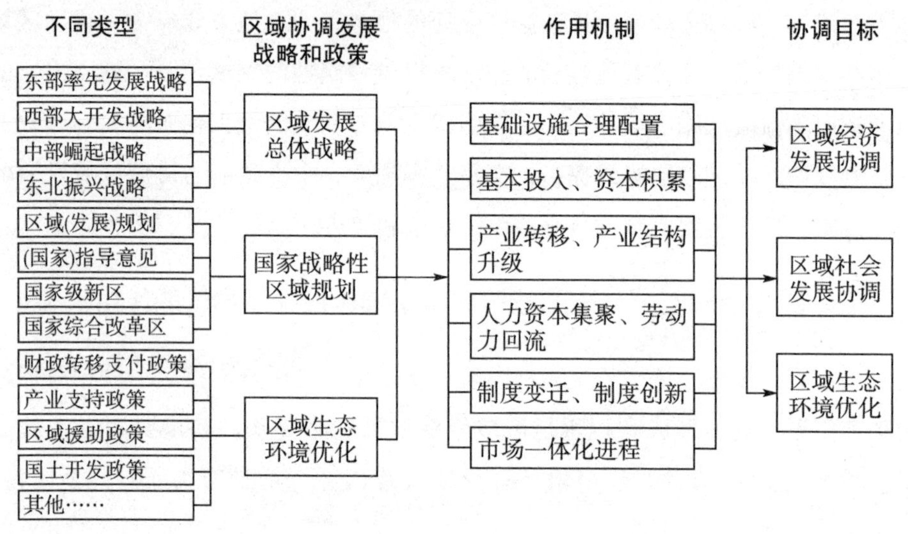

图2－4　区域协调发展战略和政策促进区域经济增长的作用机制

（一）推动基础设施在空间上的合理配置

基础设施的区域配置是各个地区经济发展的基础。基础设施的空间配置途径常常是通过决策和投资的过程影响一国不同地区经济增长速度最显著的方法。世界各国基础设施区域配置途径可以归纳为三种：在空间上的分散投资配置、集中于增长区域进行投资配置、努力促进落后地区发展的投资配置。针对中西部地区与东部地区在基础设施规模、结构以及与资源开发的适应状况等方面的明显差距，中国实施南水北调、西气东送、西电东输、青藏铁路、高速铁路等重大工程以及与上述大工程相配套的各地基础设施的投资配置，极大地改善了“西部基础设施落后”、“基础设施东西不畅”、“基础设施空间配置与资源分布错位”等状况，显著地促进基础设施区域配置的协调。西部地区之所以能够积极承接产业转移、大力发展特色优势产业以及出口额大幅度增加等，在很大程度上得益于基础设施在全国区域的合理配置。同样，东北地区高速公路网络的建设、统一智能电网的建设、生态保护和生态治理合作，也明显地促进了东北地区区域经济协调发展。

基础设施在空间上的合理配置将扩大市场范围，增加市场容量，提高市场交换能力，奠定区域贸易发展的物质基础。基础设施的空间配置从三个方面影响投资、促进或阻碍资本区内或区际的流动。首先，基础设施的空间配置通过对运输成本的影响而影响区域的经济活动，比如单位运输成本的减少会为更大规模的专业化生产提供契机，进一步促使市场一体化程度的提升，进一步扩大国内市场和由此产生的规模经济，促进整体经济的增长。其次，基础设施的空间配置通过对经济活动赖以展开的市场范围而影响产品的市场需求，进而影响获利水平，达到改变区域间或区域内的资本流动的目的。再次，从宏观经济角度看，假定单位产品的工资成本和运输成本是既定的，利润是可以预期的，那么作为新工业区形成的首要条件将是资本的来源，即工业区能否吸引到足够的外来资本。新工业区基础设施的完善程度是能否吸引足够外来资本的条件之一，新工业区吸引外来资本的大小与基础设施的综合服务能力是密切相关的。因此，基础设施建设既可以通过投资直接促进本省的经济增长，又可以通过其他省域的经济增长对本省的溢出效应来间接地促进本省的经济增长（Charles et al.，2006）。

总体上，随着西部大开发的不断推进，西部地区交通基础设施和信息通信网络不断完善，有效地降低了运输、物流成本，降低了交易成本，极大地改善了西部地区的发展环境，为增强西部的自我发展能力创造了条件，吸引了大批紧缺人才及大量的外部投资。另外，改善西部地区的基础设施，还有利于增进西部地区居民的社会福利水平。基础设施可以进入消费者的效用函数，直接增加消费者的效用，也可以通过提高私人资本生产率来增加消费者的收入，从而间接增加消费者的福利，进而提高整个社会的福利水平。

（二）加速中西部地区资本形成

长期以来，中国经济呈现出粗放型增长方式的特点，主要表现为经济增长由大量资本、能源和原材料以及劳动力投入推动（王小鲁等，2009），资本形成成为支撑中国经济高速增长的最重要的因素之一。我国各区域间经济发展不均衡，很大程度上由资本积累的数量和效率的差异所致。中西部经济落后地区由于收入水平低、自身积累水平有限，同时发展基础薄弱，吸引外来资金的能力较差，因而要实现工业化、城镇化、现代化，必然会遇到资本匮乏的难题。根据迈克尔·波特的经济发展阶段理论，国家的经济发展划分为要素驱动、投资驱动、创新驱动和财富驱动四个阶段；从总体发展趋势来看，伴随着人均GDP的增长和发展条件的改变，国家的经济发展必然呈现从要素向投资、向创新以及财富驱动的变化过程；按照上述四个阶段划分，以长三角、珠三角为代表的东部地区已经进入创新驱动阶段，而中西部地区仍处于投资驱动阶段。

区域协调发展战略和政策的实施，比如国家级新区、综合改革区的设立以及区域规划的批复等都直接带来了一些重大项目的落实。尤其对于中西部地区来说，在自身经济增长尚不足以吸引大量投资时，国家的大量投资和重大项目投资都是支撑中西部地区经济发展的重要力量。中西部地区物质资本存量水平的提高，不仅有助于工业结构由劳动密集型向资本密集型转化，而且有助于技术引进水平的提高，促进物质有形资本与无形资本产生重要的互补效应，推动较快实现经济收敛。因此，无论是在促进区域经济增长、缩小区域经济差距，还是在增进社会福利水平方面，引导向中西部落后地区的投资都具有至关重要的作用。

（三）带动产业西进和东西部产业结构升级

梯度转移理论认为，随着时间的推移及产业生命周期阶段的变化，生产活动逐渐从高梯度地区向低梯度地区转移，因此在区域发展策略方面要加快发达地区发展，然后通过产业和要素向较发达地区和欠发达地区转移，最终实现均衡发展。新经济地理学模型强调集聚与分散对区域经济增长的影响，在集聚发展的背景下，产业转移是政府促进区域协调发展最为常见的政策工具。欧盟、日本、印度和巴西等国家和地区都把大量的资金用于推动企业向欠发达地区转移（杨本建，2014）。近年来，中国各级政府也纷纷出台产业转移政策，吸引企业向落后地区转移，以期实现均衡发展。2006年商务部实施了“万商西进”工程，鼓励沿海外资企业、加工贸易和开发区西进。财政部和国家税务总局于2007年颁布《关于企业政策性搬迁收入有关企业所得税处理问题的通知》，对企业政策性搬迁收入和企业所得税处理方式做出明确规定。2010年国务院出台了《关于中西部地区承接产业转移的指导意见》，提出“引导和支持产业有序转移和科学承接，在财税、金融、投资、土地等方面给予必要的政策支持”；随后，相继在中西部地区规划建设皖江城市带、广西桂东、重庆沿江、宁夏银川、湖南湘南、湖北荆州、黄河金三角、甘肃兰白、江西赣南、四川广安、宁夏银川——石嘴山等11个承接产业转移示范区，商务部等部门确定了3个批次的“加工贸易梯度转移重点承接地”，工业与信息化部也发布了《产业转移指导目录》。可见，推动东部沿海地区产业加速向中西部地区梯度转移，已经成为国家重大战略举措。

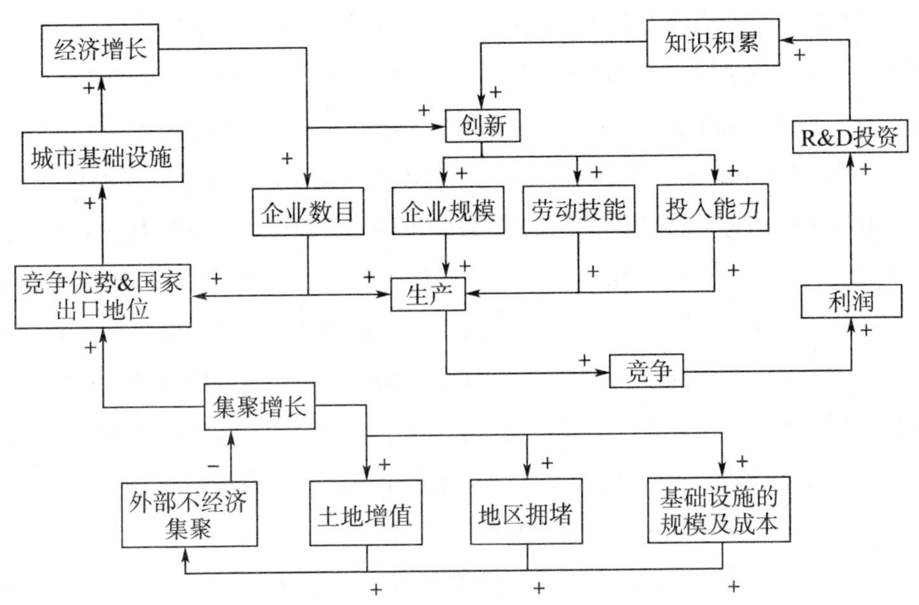

注释：图中“+”表示促进作用，“-”表示抑制作用

资料来源：Buendia F. Towards a System Dynamic-Based Theory of Industrial Clusters.

图2-5　产业集群的经济增长效应

从发挥资源禀赋和区位优势来看，通过产业转移和重点产业布局调整，能够进一步发展地区优势产业。中西部地区具备资源丰富、要素成本低、市场潜力大的优势。通过有序推进西部煤炭和现代煤化工、西南水电、北方风电、沿海造船等基地建设，能有效发挥中西部地区的比较优势，吸引国内外更多产业向中西部地区转移和聚集，从而形成产业集群效应和促进区域经济发展（见图2-5）。通过产业转移和重点产业布局调整，也将深化区域合作，促进要素自由流动。这一方面有利于实现东中西部地区良性互动，逐步形成分工合理、特色鲜明、优势互补的现代产业体系，不断增强中西部地区自我发展能力；另一方面将直接带动贫困地区脱贫致富，支持老少边穷地区人才队伍建设。另外，国家和中央企业、东部企业的西进在扩大中西部投资规模、强化基础设施投入、完善地方产业配套的同时，广东、江苏、浙江、山东等东部发达省域纷纷加大强制性产业转型升级的力度。因此，产业西进还有助于东部地区加快产业结构调整速度，推动区域协调发展的全面深化。

不过，西方学者研究认为，政府的产业转移政策具有选择效应，即政策通常会选择低生产率的企业进入指定的区域（Baldwin and Okubo，2006）。这是因为，当集聚带来的竞争加剧时，低生产率企业迁移到小市场的机会成本要低于高生产率企业。在这种情况下，产业转移政策不仅不能缩小，反而会扩大地区之间的生产率差距。Baldwin and Okubo（2009）从税收政策的角度，通过模型推导发现，税收政策的变动对不同规模企业选址的影响不同，在面对高税收时大企业相对于小企业更容易发生迁移。Okubo（2012）则认为产业转移政策对高、低生产率的影响取决于不同的补贴方式，基于企业利润的比例补贴会导致高生产率的企业迁移到指定地区，而免费赠予或低价给予土地、给予固定奖励等固定成本补贴，会导致低生产率的企业进入指定区域。因此，由于政府的产业转移政策具有选择效应，产业转移对地区间生产率差距变动可能产生不确定性的影响。

（四）促进中西部地区人力资本集聚

人力资本是促进区域经济发展的重要因素。根据内生增长理论，人力资本积累对物质资本积累具有正的外部性，可以抵消生产函数中收益边际递减效应，教育投资能够使实物资本得到更加有效的利用和促进新知识的传播。对于中国尤其是西部地区这样的非技术前沿地区，技术进步主要依赖于对世界前沿技术及发达地区先进技术的吸收和模仿，而这些技术的吸收和模仿需要接受过良好教育的人力资本作为其主要实行者（彭国华，2007）。有研究表明，人力资本短缺的现实使得在西部地区的外来投资减少了一半（魏后凯，2006）；比较不同层次教育水平对中国及西部经济增长的效应，可以发现，接受过大专及以上教育的从业人员对经济增长具有明显的促进作用，并有利于西部地区与其他地区的经济收敛（吉新峰，2012）。

区域协调发展战略和政策的实施，促使中西部地区教育水平得到较大幅度的提高。比如，国家通过组织实施大学生村官、“三支一扶”计划、西部计划等基层服务项目，以优惠政策引导高校毕业生到西部、基层就业，2011

年和2012年到中西部地区就业的大学生已超过了东部。中西部地区的高层次人才集聚，有利于承接产业转移和利用经济增长的后发优势，进一步增强就业的吸引力；与此同时，东部沿海地区工资水平吸引力趋于下降，中西部地区劳动力回流现象日益显著，中西部地区正在成为容纳就业的新高地，2013年东部地区农民工数量比2012年减少了0.2%，中部、西部地区则分别增长了9.4%、3.3%。

（五）加快中西部地区制度变迁和制度创新

新制度经济学认为，制度影响经济绩效，对于具有不同制度环境的国家，经济增长的路径并不会自动出现趋同。技术进步和资本积累的速度和方式都受制于制度规则。实证研究表明，中国自改革开放以来渐进式体制转轨过程中制度变迁（即从计划经济体制向市场经济体制转型）具有明显的空间不平衡性，表现在中西部地区在制度供给速度上落后于东部地区、在制度变迁方式上以强制型外生性制度变迁较多、制度实际利用效率远远低于东部地区等方面，东部发达地区往往利用中央政府的制度与政策优先安排获得“区域租金”而形成先发优势。这种体制转轨的空间不平衡性是造成改革开放以来中国地区差异扩大和区域发展不协调的重要原因，即中西部地区与东部地区制度上的差距直接带来了经济上的差距。

制度创新的成本递增效应、配置效率改进的扩散效应以及制度模仿过程中的赶超效应，是促使地区增长收敛的关键力量（吴利学，2010）。区域协调发展战略的逐步实施，一方面能够鼓励中西部地区实现“跨越式”制度变迁，特别是支持优先进行综合配套改革试验，提高地方政府制度创新的积极性，逐步缩小与东部地区的制度差异；另一方面通过更大力度地支持中西部落后地区基础设施和基本公共服务建设，能够提高中西部地区制度变迁的实际效果。由于制度与政策具有可复制性与溢出性，中西部落后地区采取东部地区的制度和政策复制方式并与其资源、劳动力、资本有效结合，可以形成区域后发优势，促进东部先发优势地区“区域租金”不断减少甚至逐步丧失，从而在四大区域板块形成趋同发展态势。

（六）推进市场一体化进程

区域市场一体化是指一国各地区之间产品和要素自由流动障碍的清除和无

歧视，是区际市场不断融合的过程。市场一体化是推动区域经济一体化发展的动因之一，它有效地为区域生产要素顺畅流通以及经济一体化进程提供重要保障。区域市场一体化的提倡者认为区域市场的融合将带来更广范围的分工效应、规模经济、竞争效应、技术创新等方面的好处，最终促进区域的经济增长。反对者认为，相对发达的经济体在区域市场一体化过程中可以获得更多的利益，因为他们具有技术优势，分工的占优有利于他们发展资本密集型和技术密集型产业，相对落后地区只能在区域分工中发展劳动密集型产业，或通过学习相对发达地区的技术和经验，导致他们与相对发达地区的差距将在长期进一步扩大。

实践证明，市场机制是实现区域协调发展的根本途径，区域市场一体化的提高对于国家整体福利水平和经济效益改善而言都是有利的。世界银行（2004）建议，为了达到经济增长和收入均等的目的，中国需要推进国内市场一体化并增强市场灵活度，其原因在于：虽然出口会持续快速增长，但到2007年中国生产的产品70%以上仍会是在国内市场销售；阻碍劳动力和资本的高效率配置和限制竞争会减慢技术升级的速度，削弱中国在全球经济中的竞争力；扩大市场一体化和灵活度可以缓解结构调整的痛苦，促进工业化的雁阵模式；国内结构调整如果能与扩大市场机制协调进行，其结果从长期看会更加持久可行；在收入差距方面，劳动力流动对于缩小农业与非农业工资差距尤为重要。因此，建立一个有效的、灵活的国内统一市场，将东部沿海地区部分制造业有选择地转移到中部地区是十分必要的，只有这样，才能让经济增长果实惠及中西部地区，实现中国经济的可持续增长。

区域协调发展战略和区域政策的实施，打破了传统的行政区界限，加大了中西部地区的开放程度，鼓励东部地区向中西部地区进行产业转移，区域间经济贸易联系得到加强，促进区域之间要素市场的统一，为提升资源配置效率和实现空间最优提供重要的保证。

三、中国区域协调发展战略和政策的增长趋同效应模型构建

经济学家格雷戈里在《比较经济体制学》一书中提出了经济政策效应函数。若将影响政策效应的诸因素作为自变量，而将政策效应作为因变量，则以

函数关系来表示的影响政策效应的因素与政策效应之间的政策函数就是：

$$P = F(ES, EI, ENV, M)$$

其中，P 表示经济政策效应（Policy Effect）；ES 表示经济体制（Economic System）；EI 表示经济制度（Economic Institution）；ENV 表示环境因素（Environment）；M 表示管理因素（Management）。

如果使用格雷戈里的上述函数关系来解释区域经济政策效应，则经济体制（计划的还是市场的、开放的还是封闭的）、经济制度（比如产权制度）、环境因素（包括劳动、资本投入、自然资源禀赋、历史文化背景等）及管理因素（如政策执行过程中的监督检查等控制手段）等均会对区域经济政策发挥作用，而区域经济政策的效应则体现在当地的经济增长、收入和就业增长、产业集聚及产业结构合理化、与其他区域间的协调发展乃至新一轮的制度创新等方面（见图 2－6）。

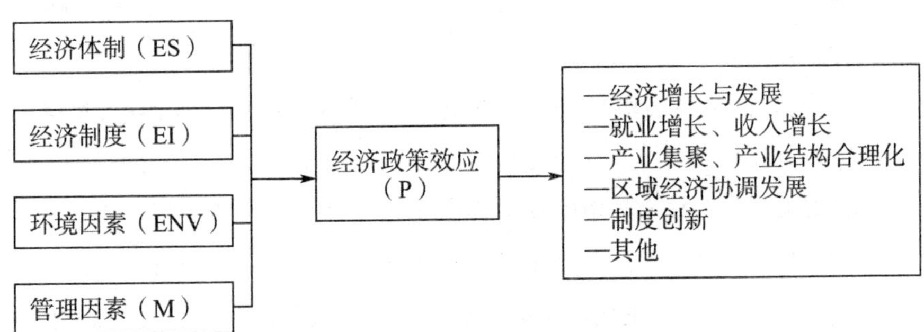

图 2－6　经济政策效应的理论模型

以我国改革开放以来的优先发展区域经济战略为例，东部沿海地区在中央放松计划性管制、以市场作为主要调节手段的政策工具下，借助有利的沿海地理优势充分吸纳外国直接投资，积极参与到国际贸易活动中，在短时间内区域经济飞速增长，地区专业化程度提高，并催生出新的制度变迁需求，成为中国大陆地区经济发展大型实验室的先驱。但是由于这些影响区域经济政策效应的因素互相之间较少的抵消，特别是强烈的政治驱动力，优先发展战略的背后是被急剧加大的区域经济差异、地方政府间的恶性竞争，以及地方保护主义等现象。这一负面政策效应所驱动的直接制度变迁需求就是 1999 年协调区域经济发展政策的实施。

主要参考文献

[1] 安树伟,王彦飞. 国外城市与区域政策效应评估的研究动态及展望[J]. 区域经济评论,2013(1):35-41.

[2] 陈钊,陆铭. 在集聚中走向平衡——中国城乡与区域经济协调发展的实证研究[M]. 北京:北京大学出版社,2009.

[3] 樊士德,姜德波. 劳动力流动、产业转移与区域协调发展——基于文献研究的视角[J]. 产业经济研究,2014(4):103-110.

[4] 范剑勇. 产业集聚与中国地区差距研究[M]. 上海:上海人民出版社,2008.

[5] 格雷戈里等. 比较经济体制学[M]. 上海:上海三联书店,1988.

[6] 哈维·阿姆斯特朗. 刘乃全(译). 区域经济学与区域政策[M]. 上海:上海人民出版社,2007.

[7] 胡军. 新制度经济学对区域政策理论的指导作用[J]. 探索与争鸣,2005(9):40-43.

[8] 贾善铭. 区域经济增长空间均衡研究述评[J]. 区域经济评论,2014(1):124-128.

[9] 林毅夫. 制度、技术与中国农业发展[M]. 上海:上海三联书店,1994.

[10] 刘卫东等(译). 牛津经济地理学手册[M]. 北京:商务印书馆,2005.

[11] 陆大道,刘卫东. 论我国区域发展与区域政策的地学基础[J]. 地理科学,2000(6):487-493.

[12] 陆大道,刘毅,樊杰. 我国区域政策实施效果与区域发展的基本态势[J]. 地理学报,1999(6):496-508.

[13] 彭国华. 我国地区全要素生产率与人力资本形成[J]. 中国工业经济,2007(2):52-59.

[14] 盛斌,王岚. 新经济地理、产业布局与国际分工:一个文献综述[J]. 东南大学学报,2011(6):30-34.

[15] 世界银行. 中国:推动公平的经济增长[M]. 北京:清华大学出版社,2004.

[16] 唐建新,杨军. 基础设施与经济发展——理论与政策[M]. 武汉:武汉大学出版社,2003.

[17] 王金营. 区域人力资本积聚和开发机制研究[M]. 北京:人民出版社,2013.

[18] 魏后凯. 现代区域经济学[M]. 北京:经济管理出版社,2006.

[19] 沃尔特·艾萨德. 区域与空间经济[M]. 北京:北京大学出版社,2011.

[20] 谢燮,杨开忠. 新经济地理学模型的政策含义及其对中国的启示[J]. 地理与地理信息科学,2005(21)3:60-64.

[21] 徐现祥,李郇. 市场一体化与区域协调发展[J]. 经济研究,2005(12):57-67.

[22] 徐现祥,王贤彬,高元骅. 中国区域发展的政治经济学[J]. 世界经济文汇,2011(3):26-58.

[23] 张军. 制度与经济发展:中国的经验贡献了什么? [M]. 上海:上海人民出版社,2008.

[24] 吉新峰. 中国区域协调发展战略效应评价——基于区域差距的分析[M]. 北京:经济管理出版社,2012.

[25] 吴利学. 中国地区增长收敛研究:基于内生制度变迁增长模型的理论解释与实证分析[M]. 北京:经济管理出版社,2010.

[26] 蔡昉,王德文. 外商直接投资与就业——一个人力资本分析框架[J]. 财经论丛,2004(1):1-14.

[27] 杨本建,毛艳华. 产业转移政策与企业迁移行为——基于广东产业转移的调查数据[J]. 南方经济,2014(3):1-20.

[28] 朱希伟,陶永亮. 经济集聚与区域协调[J]. 世界经济文汇,2011(3):1-25.

[29] 樊纲,王小鲁,马光荣. 中国市场化进程对经济增长的贡献[J]. 经济研究,2011(9):4-16.

[30] 王小鲁,樊纲,刘鹏. 中国经济增长方式转换和增长可持续性[J]. 经济研究,2009(1):4-16.

[31] 王永钦,张晏,章元等. 中国的大国发展道路——论分权式改革的得失[J]. 经济研究,2007(1):4-16.

[32] Aghion P, Bolton P. A Theory of Trickle-Down Growth and Development[J]. The Review of Economic Studies, 1997, 64(2):151-172.

[33] Baldwin R., O kubo T. Heterogenous Firms, Agglomeration and Economic Geography: Spatial Selection and Sorting[J]. Journal of Economic Geography, 2006(6):323-346.

[34] Buendia F. Towards a System Dynamic-Based Theory of Industrial Clusters[A]. In

Karlsson C, Johansson B and Stough R R(eds) Industrial Clusters and Inter-Firm Networks[C]. Chehenhmn and Northampton: Edward Elgar, 2005: 83 - 106.

[35] Charles, R. H., Esra, B., and Sylaja, S. Infrastructure, Externalities, and Economic Development: A Study of the India Manufacturing Industry[J]. World Bank Economic Review, 2006, 20(2): 291 - 308.

[36] Dallerba S., Le Gallo, J. Regional Convergence and the Impact of European Structural Funds 1989 ~ 1999: A Spatial Econometric Analysis[J]. Papers in Regional Science, 2008(82): 219 - 244.

[37] Demurger, S. Infrastructure and Economic Growth: An Explanation for Regional Disparities in China [J]. Journal of Comparative Economics, 2001, 29(1): 95 - 117.

[38] Okubo T., Eiichi T. Industrial Relocation Policy, Productivity and Heterogeneous P1ants: Evidence from Japan[J]. Regional Science and Urban Economics, 2012 (42): 230 - 239.

[39] Okubo, T. Anti-agglomeration Subsidies with Heterogeneous Firms[J]. Journal of Regional Science, 2012(52): 285 - 299.

[40] Ottaviano, Gianmarco I. P. 'New' Economic Geography: Firm Heterogeneity and Agglomeration Economies [J]. Journal of Economic Geography, 2011 (11): 231 - 240.

[41] Young, A. The Razor's Edge: Distributions and Incremental Reform in the People's Republic China. Quarterly Journal of Economics, 2000 (115): 1091 - 1136.

第三章

中国区域协调发展战略和政策的实施及空间格局

2005年10月中国区域发展总体战略格局基本形成，其重要标志是党的十六届五中全会通过的《中共中央关于制定“十一五”规划的建议》，明确将促进中部地区崛起纳入国家区域发展总体战略。“十二五”期间，区域发展继续贯彻落实区域发展总体战略和主体功能区战略，构建起全国区域协调发展“总领加支撑”的基本框架。回顾和梳理上述战略和政策的实施内容、实施过程，是评价其实施绩效的重要前提和基础，有助于进一步改善区域发展战略、政策和制定安排，提高区域政策的针对性和有效性，更好地促进区域经济协调发展。

一、国家战略性区域规划的类型和特点

前已述及，国家战略性区域规划属于区域政策，是指那些上升到国家战略层面、由代表国家的相关部门批准的跨区域经济社会发展规划。国家战略性区域规划具有三个方面的标志：一是由国家出台，即由国务院批复、发文或讨论通过，亦即常说的“国家战略”；二是具有典型的经济区域导向特征，是针对特定类型地区的规划，而不是针对全国的整体规划；三是区域发展规划，而不同于原有的国民经济社会发展五年规划、城市（城乡）规划和国土规划。根据这三个标志，从2005年6月21日国务院正式批准上海浦东新区综合配套改革试点开始，截止到2014年10月底，共有百余项区域规划及相关政策文件上升

至“国家战略”。这些国家战略性区域规划不仅包括跨越四大板块的经济区域规划，也包括针对典型经济区域、大区域（如东北、中部、西部等）、省域（如新疆、西藏、青海、广西等）的战略或指导意见。

（一）主要类型

1. 按照编制、批准和实施执行主体的类型划分

依照区域规划的编制、批准和实施执行主体不同，可将国家战略性区域规划分为三类：第一类是由国家级有关部门（主要是国家发展和改革委员会）主导编制、批准和执行规划政策而成形的区域规划，如北部湾、珠三角、西部大开发、东北老工业基地、图们江、关中——天水等区域规划；第二类是国家仅制定区域性政策的区域规划，如长三角、海峡西岸经济区、天津滨海新区等；最后是地方主导规划编制、实施，国务院仅承担批准工作的综合配套改革试验区，如上海浦东、武汉、长株潭、西咸、舟山新区等。这三类区域规划都需要最终获得国务院批复，但国家在政策、资源、投入等方面的支持程度相差很大。

2. 按照空间尺度和范围的类型划分

按照空间尺度和范围，可将国家战略性区域规划分为大区域（东部、中部、西部、东北）、省际、省内城际和重要城市四个类别。其中大区域规划有东北振兴、中部崛起 2 项；省际区域规划主要指规划范围涉及不同省域单元的区域规划，包括长江经济带、长三角、珠三角、关中一天水、大小兴安岭林区、海峡西岸、青藏、成渝、武陵山片区、陕甘宁革命老区、滇桂黔石漠化片区和东北地区等，其中涉及东中西省域的 1 项、西部 6 项、东部 3 项、东北 2 项；省内城际规划，东部 7 项，东北 3 项，西部和中部各 6 项；重要城市规划大多集中在东部，东部 14 项，东北 1 项，西部 3 项。

3. 按照批复文件性质的类型划分

根据批复文件性质，可将国家战略性区域规划分为一般性区域发展规划、（国家）指导意见、国家综合改革区（包括综合配套改革试验区和综合改革试验区）、国家级新区四大类。首先，最常见的形式是一般性区域发展规划，包括专业性的环保规划（如青藏高原区域生态建设与环境保护规划）、攻坚扶贫规划、边疆地区开发开放规划（试验区）、发展示范区/试验区和建

设方案等。其次，（国家）指导意见，如促进广西省经济社会发展、推进长江三角洲地区改革开放和经济社会发展、推进海南国际旅游岛建设发展、上海建设国际金融中心和国际航运中心的意见、福建省加快建设海峡西岸经济区的若干意见等。第三，国家综合改革区，截止到2014年10月底，批复的国家级综合改革区已经有19个。这些试验区从主题上划分为开发开放试验区（6个）、统筹城乡型试验区（2个）、金融试验区（6个）、“两型”社会建设试验区（2个）、新型工业化道路探索试验区（1个）、农业现代化试验区（1个）、资源型经济转型试验区（1个）。第四，国家级新区，截止到2014年10月底，批复的国家级新区已有11个，其中6个新区分布在东部，5个新区分布在西部。

4. 按照规划目标的类型划分

按照规划的主要目标，可将国家战略性区域规划分为建设国际竞争力区域、推进重点地区发展和转型、推动欠发达地区可持续发展、深化区域合作与对外开放、探索发展改革试点等五种类型。（1）提升国际竞争力的区域规划，主要包括浦东、滨海新区、长三角、珠三角、深圳、中关村等6个规划，都是东部发展基础较好、具备参与国际竞争实力的地区。（2）推进重点地区发展和转型的区域规划，主要有曹妃甸循环经济示范区规划、海峡西岸经济区规划等13个区域规划，是数量最多的一类，此类区域大多是发展潜力较大、特色鲜明的地区，侧重点是推动地区产业和人口集聚，形成新的区域经济增长极。（3）推动欠发达地区可持续发展类型，主要集中在中西部经济相对不发达、生态敏感脆弱、矛盾问题突出的地区，核心目标是突破制约地方发展的瓶颈，通过发展生态和循环经济、对特困地区扶贫攻坚等推动落后地区的发展。包括燕山—太行山区等14个集中连片特殊贫困地区，共719个县，以及中央苏区和革命老区。（4）深化区域合作和对外开放类型，主要包括广西北部湾、黑瞎子岛、横琴岛、图们江等，都集中在边疆地区，重点通过加强与周边国家地区之间的交流合作，构建中国开发开放的大格局。（5）探索发展改革试点的规划，主要有成渝、武汉与长株潭城市群、沈阳、山西、浙江温州等，都是以建立综合配套改革试验区的形式，探索城乡统筹、资源环境、新型工业化、资源经济转型和金融改革等领域的先行先试政策。

（二）主要特点

1. 由东向西，沿江河和陆路交通干线，推进梯度发展

纵观各种类型国家战略性区域规划出台的时间，具有自东向西、自南向北、自沿海向内陆空间不断推进的特点，近期又谋划沿大江大河和陆路交通干线的跨区域格局。2006～2011年，区域规划集中于东部地区和“面向大海”，2012年则明显集中于中西部地区。主要原因在于：一方面，改革开放始于东部地区，经过30多年快速发展，东部绝大部分地区已经或即将进入产业结构与产业布局调整期，根据区域经济发展周期规律，东部沿海地区若不明确合理发展方向和适时进行产业结构调整升级，就可能因膨胀而沦为萧条区域；另一方面，东部沿海地区经济总量依然占据全国的“半壁江山”，其萧条或衰退对整个中国的发展都会产生极大的负面影响。因此，区域发展规划需要从东至西、从南至北、从沿海至内陆、沿江河及经济带等逐步覆盖和推进，并与区域协调发展战略形成良好的呼应。

2. 空间尺度不断细化，更加注重中小区域的发展

针对四大板块划分的区域发展总体战略，为以后区域政策的空间划分奠定了基本格局。2005年以来密集出台的一系列更加精细的国家战略性区域规划，将区域政策的空间划分从板块层面缩小到跨省域层面，进一步缩小到省级和省内的层面。比如，加快发展成渝经济区、中原经济区、武汉城市圈、长株潭城市群、太原城市群、黔中地区、滇中地区、藏中南地区、兰州——西宁地区、天山北坡地区等，旨在培育中西部新的经济增长点；选择天津滨海新区、厦门等一些具备条件的地区，围绕促进区域发展或推动改革开放的一系列重大任务进行试点试验示范；针对制约区域发展的相对贫困地区和特殊区域，制定针对性很强的政策文件来推动其加快发展。可见，区域管理和调控更有针对性，更好地体现出区域政策分类指导和差异化的原则。

3. 强化区域合作和支持跨区域发展

随着经济全球化和区域经济一体化进程加快，东部、中部、西部、东北四大区域经济板块内部分工更加深化，区域合作层次逐渐提高，合作机制更加完善以及合作领域更加广泛，区域合作从政府主导向企业主导转变，区域合作更加注重区域利益联合体的构建和区域优势的互补与共享。丝绸之路经济带、21

世纪海上丝绸之路经济带、京津冀协同发展区、长江经济带等是2014年区域经济一体化快速推进的集中表现。强化合作的区域，既有省内的经济一体化区域，也有跨省的经济一体化区域；既有自然形成的经济一体化区域，也有政府推动的经济一体化区域。

4. 关注体制改革和内生驱动

纵观改革开放以来的经济发展历程，基本规律是以开放促改革。这一方面带动了经济的迅速发展并融入世界；另一方面，高度依赖开放和外需的经济增长方式造成了经济内外失衡、内需不足和发展模式不可持续的困境。体制改革和内生驱动则成为新世纪以来区域经济发展的必然选择。为此，区域政策在坚持对外开放的同时更加关注体制改革和挖掘内生增长动力，最突出的标志就是一系列改革试验区的设立。这些以制度创新为主要内容、以内生增长为主要动力的试验区的设立标志着区域经济政策更加注重体制机制创新，比如上海自由贸易试验区、义乌国际贸易综合改革试点以及滇桂延边金融综合改革试验区的设立等，都将对外开放推向更高水平。

5. 关注产业转移、陆海统筹和生态经济

首先，随着产业发展和城镇化进程推进，区际产业转移问题成为区域政策着力解决的重要问题，“移业就民”成为区域经济发展的明显趋势。自2010年以来，相继设立安徽皖江城市带、广西桂东、重庆沿江等11个承接产业转移示范区。其次，海洋经济和陆海统筹成为区域政策的新亮点，2011年以来相继出台了山东、浙江、广东和福建海洋经济区发展规划，并颁布了《全国海洋功能区划(2011～2020年)》和各个沿海省域的海洋功能区划。这一系列规划将我国区域政策扩展到海洋领域，陆海统筹问题成为区域政策的重要着力点。第三，将生态经济和资源环境问题纳入区域政策体系，在促进区域经济增长的基础上，更加重视发展社会、生态、资源环境维度，提高区域发展的包容性和可持续性。比如，2011年发布《全国主体功能区规划》，根据各地区资源环境承载力和开发潜力将全国分为重点开发区域、优化开发区域、限制开发区域和禁止开发区域，生态环境维度被引入国土空间开发进程；2009年以来相继出台黄河三角洲高效生态经济区、鄱阳湖生态经济区、甘肃省循环经济、青海省柴达木循环经济试验区等规划，均强调在促进经济发展的同时注重保护生态环境。

6. 加大对边疆地区、民族地区、贫困地区、革命老区的支持力度

由于东部地区已经基本实现了国家战略的全覆盖，2011 年以来中西部地区成为国家战略区域规划的主要分布区域，国家不断加大对中西部集中连片特困地区、重点生态功能区、资源枯竭型城市（地区）、边疆地区等的支持力度。2011 年末，我国颁布实施了《中国农村扶贫开发纲要（2011 ~ 2020 年）》，提出把 14 个集中连片特困地区作为今后扶贫攻坚的主战场（见图 3 – 1）。党的十八大把生态文明建设放在突出地位，明确提出中央财政要逐年加大对重点生态功能区特别是中西部重点生态功能区的转移支付力度，增强其基本公共服务和生态环境保护能力。2008 年、2009 年、2011 年，国家通过设立资源型城市吸纳就业、资源综合利用、发展接续替代产业和多元化产业体系培育等中央预算内投资专项，给予 69 个资源枯竭型城市（县、区）和大小兴安岭林区 9 个县（市、旗、区）财力性转移支付资金支持，增强其公共保障能力。此外，2010 年以来国家陆续批复吉林、黑龙江、内蒙古、新疆、云南、广西等省域的沿边开放与合作的区域规划或试验区。

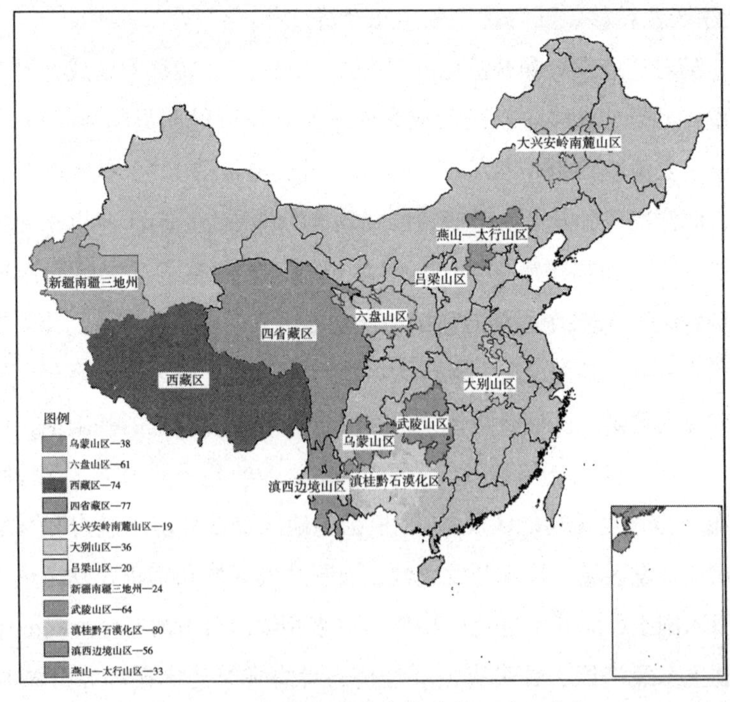

图 3 – 1　中国 14 个集中连片特困地区分布

7. 保障整体利益最大化的同时兼顾地方诉求

区域政策作为一种公共干预，首先体现国家意志，同时必须兼顾地方利益诉求。国家战略性区域规划批复的流程是由地方政府制定，然后上报至中央政府，中央政府批复并酌情纳入国家发展战略。这种“自下而上”的区域发展规划确立流程体现了中央政府和地方政府的互动，中央在政策制定过程中发挥了审批和监督的作用，既保证国家战略意图得到很好地落实，同时区域政策也更加兼顾地方的利益诉求，成为中央政府推动区域协调发展战略的“合意”工具。这样，在体现国家意志和保障整体利益最大化的同时调动了地方实施区域政策的主动性和积极性。

8. 对同一地区的重复规划现象突出

区域政策叠加现象是指同一个区域在某段时期内同时享受到上级政府给予的多项区域政策优惠待遇的现象。比如，重庆市享受“西部大开发”、“成渝经济圈”、“长江经济带”三重政策优惠；对中西部集中连片特困地区、重点生态功能区、资源枯竭型城市（地区）、边疆地区等四类问题的支持，也导致出现一个区域享受多项区域政策优惠待遇的现象。

二、鼓励东部地区率先发展的主要区域政策及战略空间布局

东部地区包括北京、天津、河北、山东、江苏、上海、浙江、福建、广东、海南等10个省域，土地面积占全国的10%；2013年人口合计5.18亿，占全国总人口的37.6%。东部地区率先发展战略的首次明确提出是在2006年，当年3月发布的《中华人民共和国国民经济和社会发展第十一个五年规划纲要》对鼓励东部地区率先发展做出了明确的战略部署：“东部地区要率先提高自主创新能力，率先实现经济结构优化升级和增长方式转变，率先完善社会主义市场经济体制，在率先发展和改革中带动帮助中西部地区发展”。东部率先发展的目的是促进其在发展、转型、改革、转轨等方面走在前面，为全面深化改革发挥先行先试、搭桥铺路的作用，同时也具有支持中西部地区加快发展的责任和作用。2005年以来国家陆续出台若干区域规划和政策以支持东部地区率先发展。

（一）促进东部地区率先发展的区域规划和方案

自2005年1月至2014年10月，国家先后批准39项促进东部地区率先发展的区域发展规划和方案，涉及37个区域（见表3－1）。首先，批复四种类型的区域发展规划：（1）3项城市群发展规划：珠江三角洲地区、长江三角洲地区、京津冀协同发展地区；（2）5项产业发展规划：曹妃甸循环经济示范区、上海建设国际金融中心和国际航运中心、海南国际旅游岛、横琴岛、中关村；（3）7项陆海统筹型区域发展规划：江苏沿海地区、辽宁沿海经济带、山东半岛蓝色经济区、浙江海洋经济发展示范区、河北沿海地区、海峡西岸经济区、广东海洋经济综合试验区；（4）1项生态经济型区域发展规划：黄河三角洲高效生态经济区。其次，先后批准了五类改革试验区，给予各类试验区改革先行先试权：（1）全面型配套改革试验区：上海浦东新区、天津滨海新区、深圳市、浙江舟山群岛新区、福建平潭、广州南沙新区、青岛西海岸新区；（2）专题性配套改革试验区：厦门市、汕头市、南通市；（3）国际贸易综合改革试验区：浙江省义乌市；（4）金融综合改革试验区：浙江省温州市、珠海前海、广东省珠江三角洲、福建省泉州市、山东省青岛市；（5）区域性自由贸易园区：上海自由贸易试验区。此外，东部地区还先后批准两大扶贫政策性区域，一是福建省原中央苏区、革命老区和少数民族地区，二是山东沂蒙革命老区。

表3－1　国家促进东部地区率先发展的区域规划和方案

时间	区域振兴计划和规划	战略定位和任务
2005年6月21日	国务院批准浦东新区进行综合配套改革试点	根据转变政府职能、转变经济运行方式、改变城乡二元结构三个方面的要求，进行全方位改革试点
2006年5月；2008年3月13日	国务院《关于推进天津滨海新区开发开放有关问题的意见》；《国务院关于天津滨海新区综合配套改革试验总体方案的批复》（国函〔2008〕26号）	以建立综合配套改革试验区为契机，探索新的区域发展模式，为全国发展改革提供经验和示范；在企业改革、科技体制、涉外经济体制、金融创新、土地管理体制、城乡规划管理体制等方面先行试验重大的改革开放措施

续表

时间	区域振兴计划和规划	战略定位和任务
2008 年 1 月 25 日	国务院批准《曹妃甸循环经济示范区产业发展总体规划》	能源、矿石等大宗货物的集疏港；新型工业化基地；商业性能源储备基地；国家级循环经济示范区
2008 年 9 月 7 日；2010 年 6 月 7 日	《国务院关于进一步推进长江三角洲地区改革开放和经济社会发展的指导意见》（国发〔2008〕）；《国务院关于长江三角洲地区区域规划的批复》（国函〔2010〕38 号）	建设成为亚太地区重要的国际门户、全球重要的先进制造业基地、具有较强国际竞争力的世界级城市群
2009 年 1 月 8 日	《国家发展改革委关于印发珠三角区域改革发展规划纲要（2008～2020）》（发改地区〔2009〕29 号）	探索科学发展模式试验区；深化改革先行区；世界先进制造业和现代服务业基地；全国重要的经济中心
2009 年 4 月 14 日	《国务院关于推进上海加快发展现代服务业和先进制造业建设国际金融中心和国际航运中心的意见》（国发〔2009〕19 号）	国际金融中心，国际航运中心
2009 年 5 月 6 日；2011 年 3 月 8 日	《国务院关于支持福建省加快建设海峡西岸经济区的若干意见》（国发〔2009〕24 号）；《国务院关于海峡西岸经济区发展规划的批复》（国函〔2011〕23 号）	两岸人民交流合作先行先试区域；对外开放综合通道；东部沿海地区先进制造业的重要基地；重要的自然和文化旅游中心
2009 年 6 月 10 日	《国务院关于江苏沿海地区发展规划的批复》（国函〔2009〕83 号）	区域性国际航运中心；新能源和临港产业基地；农业和海洋特色产业基地；重要的旅游和生态功能区
2009 年 7 月	《国务院关于辽宁沿海经济带发展规划的批复》（国函〔2009〕104 号）	东北地区对外开放的重要平台，东北亚重要的国际航运中心，具有国际竞争力的临港产业带，生态环境优美和人民生活富足的宜居区
2010 年 4 月	国家发展改革委办公厅关于福建省原中央苏区、革命老区和少数民族地区范围有关问题的复函（发改办地区〔2010〕152 号）	20 个原中央苏区县（市、区），在安排中央预算内投资时参照执行西部地区政策；32 个革命老区县（市、区），在安排中央预算内投资时参照执行中部地区的有关政策

续表

时间	区域振兴计划和规划	战略定位和任务
2009 年 8 月； 2011 年 7 月 14 日	《国务院关于横琴总体发展规划的批复》（国函〔2009〕95 号）；《国务院关于横琴开发有关政策的批复》（国函〔2011〕85 号）	“一国两制”下探索粤港澳合作新模式的示范区；深化改革开放和科技创新的先行区；促进珠江口西岸地区产业升级发展的新平台
2009 年 5 月 6 日	《国务院关于深圳市综合配套改革总体方案的批复》（国函〔2009〕56 号）	推进深圳市的行政管理体制、经济体制、社会领域、自主创新体制机制、对外开放和区域合作的体制机制、资源节约环境友好的体制机制等六大方面的改革创新
2009 年 12 月 2 日	《国家发展改革委关于印发黄河三角洲高效生态经济区发展规划的通知》（发改地区〔2009〕3027 号）	全省重要的现代农业经济区、现代物流区、技术创新示范区和全国重要的高效生态经济区
2009 年 12 月 31 日	《关于推进海南国际旅游岛建设发展的若干意见》国发〔2009〕44 号	我国旅游业改革创新的试验区、世界一流的海岛休闲度假旅游目的地、全国生态文明建设示范区、国际经济合作和文化交流的重要平台、南海资源开发和服务基地、国家热带现代农业基地
2011 年 1 月 4 日	《关于山东半岛蓝色经济区发展规划的批复》（国函〔2011〕1 号）	黄河流域出海大通道的经济引擎、环渤海经济圈的南部隆起带、联贯东北老工业基地与长三角经济区的纽带、中日韩自由贸易先行区
2011 年 1 月 7 日	《国务院关于中关村国家自主创新示范区发展规划纲要（2011～2020 年）的批复》（国函〔2011〕12 号）	深化改革先行区；开放创新引领区；高端要素聚合区；创新创业集聚地；战略产业策源地
2011 年 2 月 25 日	《国务院关于浙江海洋经济发展示范区规划的批复》（国函〔2011〕19 号）	我国重要的大宗商品国际物流中心、我国海洋海岛开发开放改革示范区、我国现代海洋产业发展示范区、我国海陆协调发展示范区、我国海洋生态文明和清洁能源示范区

续表

时间	区域振兴计划和规划	战略定位和任务
2011 年 3 月 4 日	《浙江省义乌市国际贸易综合改革试点总体方案》（国函〔2011〕22 号）	提升义乌在国际贸易中的战略地位，使义乌成为转变外贸发展方式示范区、带动产业转型升级的重要基地、世界领先的国际小商品贸易中心和宜商宜居宜游的国际商贸名城
2011 年 7 月 29 日	《国务院关于广东海洋经济综合试验区发展规划的批复》（国函〔2011〕81 号）	提升我国海洋经济国际竞争力的核心区，促进海洋科技创新和成果高效转化的集聚区，加强海洋生态文明建设的示范区，推进海洋综合管理的先行区
2011 年 6 月 30 日；2013 年 1 月	《国务院关于同意设立浙江舟山群岛新区的批复》（国函〔2011〕77 号）；《国务院关于浙江舟山群岛新区发展规划的批复》（国函〔2013〕15 号）	浙江海洋经济发展先导区，海洋综合开发试验区，长江三角洲地区经济发展重要增长极
2011 年 9 月 17 日	《国务院办公厅关于山东沂蒙革命老区参照执行中部地区有关政策的通知》（国办函〔2011〕100 号）	对沂蒙革命老区 18 个县市区，在安排中央预算内投资等资金时，参照执行国家扶持中部地区的有关政策；在农业农村、基础设施、扶贫开发等方面，中央预算内资金、中央转移支付以及其他相关资金将加大扶持力度
2011 年 11 月 27 日	《国务院关于河北沿海地区发展规划的批复》（国函〔2011〕133 号）	环渤海地区新兴增长；区域京津城市功能拓展和产业转移的重要承接地；全国重要的新型工业化基地；我国开放合作的新高地；我国北方沿海生态良好的宜居区
2011 年 11 月 18 日	《国务院关于平潭综合实验区总体发展规划的批复》（国函〔2011〕142 号）	两岸交流合作的先行区；体制机制改革创新的示范区；两岸同胞共同生活的宜居区；海峡西岸科学发展的先导区
2011 年 12 月 11 日	《国务院关于厦门市深化两岸交流合作综合配套改革试验总体方案的批复》（国函〔2011〕157 号）	在推动科学发展和深化两岸交流合作的重点领域和关键环节率先试验，创新体制机制，构建两岸交流合作先行区

续表

时间	区域振兴计划和规划	战略定位和任务
2012 年 3 月	国务院批准实施《浙江省温州市金融综合改革试验区总体方案》	中小企业金融服务中心；民间财富管理中心
2012 年 6 月 27 日	《国务院关于支持深圳前海深港现代服务业合作区开发开放有关政策的批复》（国函〔2012〕58 号）	实行更加特殊的先行先试政策，打造现代服务业体制机制创新区、现代服务业发展集聚区、香港与内地紧密合作的先导区、珠三角地区产业升级的引领区
2012 年 7 月 3 日	国务院批准实施《广东省建设珠江三角洲金融改革创新综合试验区总体方案》	广州市建立现代金融体系和金融服务业高端集聚功能区；深圳市建设金融产品创新中心、创业投融资中心，建设粤港金融合作核心区；佛山市聚集发展金融后台服务产业；中山市开展城乡金融服务一体化创新试点；推动区域内金融监管一体化
2012 年 9 月 12 日	《国务院关于广州南沙新区发展规划的批复》（国函〔2012〕128 号）	粤港澳优质生活圈；新型城市化典范；以生产性服务业为主导的现代产业新高地；具有世界先进水平的综合服务枢纽；社会管理服务创新试验区
2012 年 10 月 10 日	《国务院关于河北省海洋功能区划（2011～2020 年）的批复》（国函〔2012〕160 号）	重要的综合交通物流枢纽，具有国际影响力的临港产业基地，京津城市拓展和产业转移的重要承接地，滨海休闲度假旅游目的地，重要的海洋生态文明和现代海洋牧场示范区
2012 年 12 月 21 日	《福建省泉州市金融服务实体经济综合改革试验区总体方案》	建立健全服务实体经济的多元化金融组织体系；加大对小微企业及民生的金融支持力度；提升农村金融服务能力；加强泉台港澳侨金融合作；扩大直接融资规模；完善金融风险防控机制
2013 年 9 月	国务院关于印发中国（上海）自由贸易试验区总体方案的通知（国发〔2013〕38 号）	扩大投资领域的开放，暂停或取消投资者资质要求、股比限制、经营范围限制等准入限制措施；扩大服务业开放，选择金融服务、航运服务、商贸服务、专业服务、文化服务以及社会服务领域扩大开放

续表

时间	区域振兴计划和规划	战略定位和任务
2014 年 2 月 10 日	《关于印发青岛市财富管理金融综合改革试验区总体方案的通知》（银发〔2014〕38 号）	探索形成财富管理的新模式和新途径，构建具有中国特色的财富管理体系，力争将青岛市建设成为面向国际的财富管理中心城市
2014 年 2 月 26 日	习近平专题听取京津冀协同发展汇报	面向未来打造新的首都经济圈；探索完善城市群布局和形态；探索生态文明建设有效路径；实现京津冀优势互补、促进环渤海经济区发展、带动北方腹地发展
2014 年 6 月 3 日	《国务院关于同意设立青岛西海岸新区的批复》（国函〔2014〕71 号）	海洋科技自主创新领航区；深远海开发战略保障基地；军民融合创新示范区；海洋经济国际合作先导区；陆海统筹发展试验区
2014 年 6 月 23 日	《国务院关于同意设立大连金普新区的批复》（国函〔2014〕76 号）	引领辽宁沿海经济带加速发展，带动东北地区振兴发展，进一步深化与东北亚各国各领域的合作

资料来源：根据国家各部委网站整理；2007～2013 年《中国区域经济发展年鉴》。

（二）战略空间布局

1. 形成“三大五小一海岛”的沿海发展格局

随着国家战略性区域规划的逐步批复，东部区域经济开发已连成一片，形成了“三大五小一海岛”的开发格局，即珠三角、长三角、京津冀、辽宁沿海经济带、山东半岛蓝黄两区、江苏沿海、海峡西岸、广西北部湾、海南国际旅游岛。从纵向空间看，中国正出现一个真正贯通南北的沿海经济带，沿海经济完成由“点”到“带”的转换。

2. 各具特色的改革试验区呈点状分布

国家综合试验区是改革开放以来继经济特区之后产生的一种新的区域发展模式。由于主要依赖外商外资，经济特区往往位于东部沿海地区；同样，国家级各类改革试验区需要具备特殊的区位条件、较强的经济实力、改革开放基础、体制条件（如政府的执政能力）等，目前也主要集中于东部地区。不过，此次改革试验区依据当地发展特色而设定，允许那些在转变经济发展方式、自主创新、调整经济结构等方面走在全国前列的城市先行先试。比如2011年被批准为国际贸易综合改革试点的浙江省义乌市，是全国首个由国务院批准的县级市综合改革试点，源于义乌拥有中国最大的小商品市场与是重要的国际贸易窗口。温州、珠三角、泉州、青岛金融实验区依赖于原有的金融发展基础，具有各自的定位和功能，分别在金融综合改革、城乡金融改革创新、金融服务实体经济、财富管理等方面先行先试。因此，各类改革试验区呈点状散布在东部地区。

三、推进西部大开发的主要区域政策及战略空间布局

西部地区地处广大内陆地区，地势复杂，幅员辽阔、物产丰富，包括内蒙古、广西、重庆、四川、贵州、云南、西藏、陕西、甘肃、青海、宁夏、新疆等12个省域，土地面积占全国的71%；2013年人口达到3.76亿，占全国的27.3%。西部地区是中国相对落后的区域，面临着经济、技术水平低的问题，即“落后病”，表现为地区经济发展乏力、空间结构更倾向于中心城市和区域，扩散效应不明显。西部大开发无论从经济上还是从政治上均具有重大的战略意义，区域政策不仅要解决落后地区的发展问题及缩小与东部地区经济发展的差距，而且涉及生态环境的可持续发展以及边疆稳定问题，其中重大基础设施建设包括四大工程（青藏铁路、南水北调、西气东输、西电东送）、西部交通基础设施、西部生态保障项目等。

（一）促进西部大开发的区域政策

为推进实施西部大开发战略，国务院及有关部门先后制定实施了一系列政策措施，包括《国务院关于实施西部大开发若干政策措施的通知》（2000年10月）、《西部地区人才开发十年规划》（2002年2月）、《国务院关于进一步完善退耕还林政策措施的若干意见》（2002年4月）、《“十五”西部开发总体规划》（2002年2月）、《国务院关于进一步推进西部大开发的若干意见》（2004年3月）、《2004~2010年西部地区教育事业发展规划》（2004年9月）、《关于促进西部地区特色优势产业发展的意见》（2006年5月）、《关于加强东西互动深入推进西部大开发的意见》（2007年8月）、《关于应对国际金融危机保持西部地区经济平稳较快发展的意见》（2009年8月）、《西部大开发“十一五”规划》（2007年2月）、《西部大开发“十二五”规划》（2012年2月）等。在新

一轮西部大开发中，国家把深入实施西部大开发战略放在区域发展总体战略优先位置，给予特殊优惠政策支持，对西部地区实施了财政、税收、产业、土地、人才等10个方面的55条差别化优惠政策，出台了一系列政策实施细则和配套措施，优惠政策主要包括：(1) 税收政策，原油、天然气等资源税改革在全国率先实施；财政部、税务总局出台税收政策细则文件，明确在2011~2020年期间继续对设在西部地区的鼓励类产业企业按减15%的税率征收企业所得税；(2) 产业政策，支持西部地区发展特色优势产业和承接产业转移；(3) 土地政策，实施差别化土地政策，土地利用计划指标继续向西部地区适当倾斜，全力保障西部大开发重点建设项目用地；(4) 帮扶政策，推进对口援疆、援藏、援青，启动实施对口帮扶贵州困难地州工作，实施“东部城市对口支持西部地区人才培训工作”、《扶持人口较少民族发展规划(2011~2015年)》、《兴边富民行动规划(2011~2015年)》等；(5) 生态补偿政策，有关政策性文件已基本成熟，编制实施《西部大开发水利发展“十二五”规划》等一批专项规划；(6) 投资政策，2000~2012年，中央财政对西部地区财政转移支付累计达8.5万亿元，中央预算内投资安排西部地区累计超过1万亿元，分别占全国总量的40%左右，先后开工建设了青藏铁路、西气东输、西电东送等187项西部大开发重点工程，投资总规模约3.7万亿元①。

(二) 促进西部大开发的区域规划和方案

为促进西部大开发，在实施的区域政策中，坚持以线串点、以点带面的空间发展模式，截止到2014年10月底，已陆续批复33项区域规划或指导性意见，涉及33个区域(见表3-2)。首先，10项规划或意见支持西部地区建设更具活力的开放型经济体系，国务院先后设立了广西钦州保税港区、重庆两江新区两路寸滩保税港区，批复宁夏建设内陆开放型经济试验区，批复重庆、成都开展统筹城乡综合配套改革试验，批复山西省建设国家资源型经济转型综合配套改革试验区，同意设立重庆两江新区、甘肃兰州新区、陕西西咸新区、贵安新区、四川天府新区等5个国家级新区。其次，3项指导性意见推动沿边地

① 以上数据源自《国务院关于深入实施西部大开发战略情况的报告——2013年10月22日在第十二届全国人民代表大会常务委员会第五次会议》。

区面向周边国家深化全方位交流与合作，国务院批准同意对新疆霍尔果斯、喀什两大经济开发区实施特殊经济政策，设立广西东兴、云南瑞丽、内蒙古满洲里重点开发开放试验区，稳步推进中巴经济走廊、孟中印缅经济走廊、中哈毗邻地区合作等工作。第三，11 项区域发展规划以推动重点地区发展，国务院先后批准广西北部湾经济区、关中——天水经济区、成渝经济区、呼包银榆经济区、天山北坡经济带、黔中经济区等重点经济区规划；批复促进青海等省藏区经济社会发展、支持甘肃经济社会发展、支持云南省加快建设面向西南开放重要桥头堡、促进内蒙古经济社会又好又快发展、促进贵州省经济社会又好又快发展等指导意见。第四，7 项规划以推动特殊困难地区，国务院先后批复实施武陵山区、乌蒙山、六盘山、滇桂黔石漠化、秦巴山、燕山—太行山等片区区域发展与扶贫攻坚规划以及陕甘宁革命老区振兴发展规划。第五，长江经济带横跨我国东中西三大区域，具有独特优势和巨大发展潜力，2014 年 9 月底国务院出台《依托黄金水道推动长江经济带发展的指导意见》，打造中国经济新支撑带。另外，“丝绸之路经济带”和“21 世纪海上丝绸之路”战略构想正在进一步落实和深化。“两带一路”的建设，以铁路、水运等交通基础设施为依托，旨在更好地辐射和带动中西部地区协调发展。

表 3－2　“十一五”以来国家促进西部大开发的区域规划和方案

时间	区域振兴计划和规划	战略定位和任务
2007 年 6 月 7 日	《国家发展改革委关于批准重庆市和成都市设立全国统筹城乡综合配套改革试验区的通知》（发改经体〔2007〕1248 号）	建设成为西部地区的重要增长极、长江上游地区的经济中心和城乡统筹发展的直辖市
		建设成为西南物流和商贸中心、金融中心、科技中心及交通枢纽、通信枢纽；把成都建设成为中国重要的高新技术产业基地、现代制造业基地、现代服务业基地和现代农业基地
2008 年 1 月 16 日	《国家发改委关于印发广西北部经济区发展规划的通知》（发改地区〔2008〕144 号）	建成中国——东盟开放合作的物流基地、商贸基地、加工制造基地和信息交流中心，带动支撑西部大开发的战略高地，重要国际区域经济合作区

续表

时间	区域振兴计划和规划	战略定位和任务
2008 年 5 月 29 日	国务院批准设立广西钦州保税港区	作为广西北部湾经济区开放开发的核心平台，是中国——东盟合作以及面向国际开放开发的区域性国际航运中心、物流中心和出口加工基地
2008 年 10 月 16 日	《国务院关于进一步促进青海等省藏区经济社会发展的若干意见》（国发〔2008〕34 号）	强化生态保护和建设，加大扶贫开发力度，大力发展社会事业，加强基础设施建设，促进优势特色产业发展
2008 年 11 月 12 日	国务院批准设立重庆两路寸滩保税港区	水港功能区致力于发挥保税仓储、物流和商品展示交易等功能，空港功能区发挥保税加工、物流等功能，吸引高端电子产业企业落户
2009 年 6 月 10 日	《国家发展改革委关于印发关中——天水经济区发展规划的通知》（发改西部〔2009〕1500 号）	全国内陆型经济开发开放战略高地，统筹科技资源改革示范基地，全国先进制造业重要基地，全国现代农业高技术产业基地，彰显华夏文明的历史文化基地
2010 年 5 月 2 日	国务院办公厅关于进一步支持甘肃经济社会发展的若干意见（国办发〔2010〕29 号）	连接欧亚大陆桥的战略通道和沟通西南、西北的交通枢纽；西北乃至全国的重要生态安全屏障；全国重要的新能源基地；有色冶金新材料基地和特色农产品生产与加工基地；中华民族重要的文化资源宝库；促进各民族共同团结奋斗、共同繁荣发展的示范区
2010 年 5 月 7 日	《国务院关于同意设立重庆两江新区的批复》（国函〔2010〕36 号）	在重庆建设内陆开放高地中发挥核心和引擎作用，努力建成具有国际影响力和中国内陆开放示范效应的新区
2011 年 4 月 24 日	《国务院关于成渝经济区区域规划的批复》（国函〔2011〕48 号）	西部重要的经济中心、全国重要的现代产业基地、深化内陆开放的试验区、统筹城乡发展的示范区、长江上游生态安全的保障区
2011 年 5 月 6 日；2013 年 1 月	《关于支持云南省加快建设面向西南开放重要桥头堡的意见》（国发〔2011〕11 号）；《云南省加快建设面向西南开放重要桥头堡总体规划（2012～2020 年）》	我国向西南开放的重要门户；我国沿边开放的试验区和西部地区实施“走出去”战略的先行区；西部地区重要的外向型特色优势产业基地；我国重要的生物多样性宝库和西南生态安全屏障；我国民族团结进步、边疆繁荣稳定的示范区

续表

时间	区域振兴计划和规划	战略定位和任务
2011年6月26日	《国务院关于进一步促进内蒙古经济社会又好又快发展的若干意见》（国发〔2011〕21号）	我国北方重要的生态安全屏障；国家重要的能源基地、新型化工基地、有色金属生产加工基地和绿色农畜产品生产加工基地；我国向北开放的重要桥头堡；团结繁荣文明稳定的民族自治区
2011年9月30日	《国务院关于支持喀什霍尔果斯经济开发区建设的若干意见》（国发〔2011〕33号）	把喀什、霍尔果斯经济开发区建设成为我国向西开放的重要窗口，推动形成我国“陆上开放”与“海上开放”并重的对外开放新格局；将喀什、霍尔果斯经济开发区建设成为推动新疆跨越式发展新的经济增长点
2011年10月22日	《国务院关于武陵山片区区域发展与扶贫攻坚规划（2011~2020年）的批复》（国函〔2011〕125号）	扶贫攻坚示范区跨省协作创新区；民族团结模范区；国际知名生态文化旅游区；长江流域重要生态安全屏障
2012年1月12日	《关于进一步促进贵州经济社会又好又快发展的若干意见》（国发〔2012〕2号）	全国重要的能源基地、资源深加工基地、特色轻工业基地、以航空航天为重点的装备制造基地和西南重要陆路交通枢纽；扶贫开发攻坚示范区；文化旅游发展创新区；长江、珠江上游重要生态安全屏障；民族团结进步繁荣发展示范区
2012年3月2日	《国务院关于陕甘宁革命老区振兴规划的批复》（国函〔2012〕16号）	黄土高原生态文明示范区；国家重要能源化工基地；国家重点红色旅游区；现代旱作农业示范区；基本公共服务均等化试点区
2012年3月5日	《国务院关于乌蒙山片区区域发展与扶贫攻坚规划（2011~2020年）的批复》（国函〔2012〕10号）	扶贫、生态与人口统筹发展创新区、国家重要能源基地面向西南开放的重要通道、民族团结进步示范区、长江上游重要生态安全屏障
2012年5月22日	《国务院关于秦巴山片区区域发展与扶贫攻坚规划（2011~2020年）的批复》（国函〔2012〕35号）	区域交通重要通道；循环经济创新发展区；科技扶贫示范区；知名生态文化旅游区；国家重要生态安全屏障

续表

时间	区域振兴计划和规划	战略定位和任务
2012 年 7 月 9 日	《国务院办公厅关于同意广西东兴、云南瑞丽、内蒙古满洲里重点开发开放试验区建设方案的函》	建设成为深化我国与东盟战略合作的重要平台、沿边地区重要的经济增长极、通往东南亚国际通道重要枢纽和睦邻安邻富邻示范区
		建设成为中缅边境经济贸易中心、西南开放重要国际陆港、国际文化交流窗口、沿边统筹城乡发展示范区、和睦邻安邻富邻示范区
		建设成为沿边开发开放的排头兵、欧亚陆路大通道重要的综合性枢纽、沿边地区重要的经济增长极、边疆民族地区和谐进步的示范区
2012 年 7 月 12 日	《国务院关于滇桂黔石漠化片区区域发展与扶贫攻坚规划（2011～2020 年）的批复》（国函〔2012〕57 号）	扶贫攻坚与石漠化综合治理相结合重点区；重要能源和矿产资源深加工基地；国际知名喀斯特山水与文化旅游目的地；民族团结进步和边境繁荣稳定模范区；珠江流域重要生态安全屏障
2012 年 8 月 12 日	《国家发展改革委关于黔中经济区发展规划的批复》（发改西部〔2012〕2446 号）	国家重要能源资源深加工、特色轻工业基地和西部地区装备制造业、战略性新兴产业基地；国家文化旅游发展创新区；全国山地新型城镇化试验区；东西互动合作示范区；区域性商贸物流中心
2012 年 8 月 20 日	《关于同意设立兰州新区的批复》（国函〔2012〕104 号）	西北地区重要的经济增长极；国家重要的产业基地；向西开放的重要战略平台；承接产业转移示范区
2012 年 8 月 31 日	《国务院关于六盘山片区区域发展与扶贫攻坚规划（2011～2020 年）的批复》（国函〔2012〕94 号）	现代旱作农业示范区；循环经济创新区；文化旅游重要目的地；国家向西开放重要枢纽；黄河流域生态修复重点区；民族团结进步示范区
2012 年 11 月 23 日	国务院批复《呼包银榆经济区发展规划（2012～2020 年）》	国家综合能源基地；全国节水型社会建设示范区；国家重要的生态安全保障区；国家向北开放的重要门户

续表

时间	区域振兴计划和规划	战略定位和任务
2012年11月22日	国务院批复《天山北坡经济带发展规划》	我国面向中亚、西亚地区对外开放的陆路交通枢纽和重要门户；全国重要的能源基地；我国进口资源的国际大通道；西北地区重要的国际商贸中心、物流中心和对外合作加工基地；石油天然气化工、煤电、煤化工、机电工业及纺织工业基地
2013年9月8日	《国务院关于宁夏内陆开放型经济试验区规划的批复》（国函〔2012〕130）	国家向西开放的战略高地；国家重要的能源化工基地；重要的清真食品和穆斯林用品产品集聚区；承接产业转移的示范区
2012年11月28日	《国务院关于燕山——太行山片区区域发展与扶贫攻坚规划（2011～2020年）的批复》（国函〔2012〕179号）	京津地区重要生态安全屏障和水源保护区；文化旅游胜地与京津地区休闲度假目的地；国家战略运输通道与重要物流基地；绿色农副产品生产加工基地；京津地区产业转移重要承接地
2012年11月13日	《国务院关于滇西边境片区区域发展与扶贫攻坚规划（2011～2020年）的批复》（国函〔2012〕125号）	我国面向西南开放重要门户；国家重要清洁能源基地；国际知名旅游目的地；优势特色农产品生产加工基地；我国重要的生物多样性宝库和西南生态安全屏障；边境稳定和民族团结模范区；人力资源开发扶贫示范区
2013年11月26日	中国人民银行等11个部委印发《云南省广西壮族自治区沿边金融综合改革试验区总体方案》	初步建立与试验区经济社会发展水平相匹配的多元化现代金融体系
2014年1月6日	《关于同意设立陕西西咸新区的批复》（国函〔2014〕2号）	建设丝绸之路经济带重要支点，建设成为我国向西开放的重要枢纽、西部大开发的新引擎和中国特色新型城镇化的范例
2014年1月6日	《国务院关于同意设立贵州贵安新区的批复》（国函〔2014〕3号）	推进体制机制创新，探索欠发达地区城市发展建设新模式，建设成为经济繁荣、社会文明、环境优美的西部地区重要的经济增长极、内陆开放型经济新高地和生态文明示范区

续表

时间	区域振兴计划和规划	战略定位和任务
2014年9月22日	《国务院关于依托黄金水道推动长江经济带发展的指导意见》（国发〔2014〕39号）	具有全球影响力的内河经济带、东中西互动合作的协调发展带、沿海沿江沿边全面推进的对内对外开放带、生态文明建设的先行示范带
2014年10月2日	《国务院关于同意设立四川天府新区的批复》（国函〔2014〕133号）	以现代制造业为主的国际化现代新区，内陆开放经济高地、宜业宜商宜居城市、现代高端产业集聚区、统筹城乡一体化发展示范区

资料来源：根据国家各部委网站整理；2007～2013年《中国区域经济发展年鉴》。

（三）战略空间布局

1. 构筑最具发展前景的三大战略高地

成渝、关中—天水、北部湾三大重点经济区是带动和支撑西部大开发的战略高地。成渝经济区以成都和重庆为核心，辐射周边的云南、贵州、陕西、西藏乃至中部的湖北、湖南各省。关中—天水经济区带动包括内蒙古和新疆在内的整个大西北的发展。广西北部湾经济区作为我国西部唯一沿海又沿边的地区，既是西南地区最便捷的出海大通道，又是促进中国与东盟全面合作的重要桥梁和基地。因此，成渝、关中—天水、北部湾三大经济区作为西部地区经济发展最具前景的地区，是东部企业和外资企业投资贸易、产业转移的主要落脚点。三大经济区的率先崛起将从根本上改变当前西部地区的经济格局。

2. 构筑西部沿边和内陆开发开放高地

西部地区正形成四大沿边开放高地：打造内蒙古“向北开放的重要桥头堡”，深化内蒙古与俄罗斯、蒙古等国家的经贸合作与技术交流；设立新疆霍尔果斯、喀什两大经济开发区，打造“向西开放门户”，深化新疆与中亚、南亚、西亚及欧洲国家的经贸合作；打造云南省“向西南开放的重要桥头堡”，加强与东南亚、南亚、印度洋沿岸国家合作，建设西南出海战略通道；打造“东盟合作高地”，将广西作为我国面向东盟开放合作的桥头堡和前沿阵地建设，完善与东盟合作平台。此外，西部地区在国家发展战略转型的背景下，构筑内部开放的新高地，打造重庆两江新区、宁夏内陆开放型经济试验区。

3. 构建跨省域合作高地

关中—天水经济区是全国先进制造业重要基地、现代化农业高技术产业基地，呼包银榆经济区是我国重要的能源和矿产资源富集区，晋陕豫黄河金三角是中西部地区特色农产品生产加工、能源原材料及装备制造业基地。三项国家战略性规划都在探索跨省合作发展的有效途径，创新区域合作机制，实现区域合作联动与一体化发展。

四、振兴东北的主要区域政策及战略空间布局

东北地区①包括辽宁、吉林、黑龙江三省，土地面积占全国的8.3%；2013年人口达到1.098亿，占全国的8.1%。东北地区作为我国重要的老工业基地和商品粮生产基地，拥有丰富的自然资源，其中原油产量占全国的2/5，木材提供量占全国的1/2，商品粮占全国的1/3；拥有巨大的工业资产存量和大中型骨干企业，其中国有及国有控股企业数量占全国的10.2%，国有及国有控股企业资产额占全国的14.9%。由于体制性衰退、经济结构性衰退等，东北地区在20世纪90年代中期突出表现出“萧条病”和陷入发展困境，如矿业城市资源枯竭且产业转型艰难、大规模国有企业职工下岗与就业压力大、大量农产品积压、地方财政包袱沉重、地区经济增长乏力和产业竞争力下降等。2003年国家正式启动东北地区等老工业基地振兴战略，国家、省域以及地市各级政府制定了一系列措施以重振东北地区经济，至2014年6月，实施振兴区域经济的政策措施已有40项②，区域规划14项。

（一）振兴东北经济的区域政策

东北地区区情同质性强，区域政策主要解决东北老工业基地的衰退，所选择和实施的区域政策工具包括：（1）粮食直补、良种补贴和农机具购置补贴，（2）加快东北地区中央企业调整改造的指导意见，（3）免征农业税改革试点，（4）吉林省完善城镇社会保障体系试点实施方案，（5）黑龙江省关于完善城镇社

① 2003年10月中共中央、国务院联合发布的《关于实施东北地区等老工业基地振兴战略的若干意见》中东北地区振兴规划的范围包括辽宁省、吉林省、黑龙江省和内蒙古自治区呼伦贝尔市、兴安盟、通辽市、赤峰市和锡林郭勒盟（蒙东地区）。本书不打破省级行政单元，将东北地区范围界定为东北三省。

② 区域政策主要参考了新华网的振兴东北专题板块，原内容详见 http://www.chinaneast.gov.cn/static/e11315/11315.htm.

会保障体系试点实施方案，(6) 加强东北地区人才队伍建设的实施意见，(7) 调整东北老工业基地企业所得税优惠范围，(8) 调整部分矿山油田企业资源税税额，(9) 东北地区扩大增值税抵扣范围若干问题（后来废止），(10) 落实振兴东北老工业基地企业所得税优惠政策，(11) 振兴东北老工业基地高技术产业化项目，(12) 吉林省三地采煤沉陷区投资计划，(13) 落实东北地区扩大增值税抵扣范围政策的紧急通知，(14) 东北地区军品和高新技术产品生产企业实施扩大增值税抵扣范围，(15) 第二批中央企业分离办社会职能工作，(16) 东北地区电力工业中长期发展规划，(17) 东北等地国债投资计划，(18) 企业资产折旧与摊销政策执行口径，(19) 东北地区扩大增值税抵扣范围明确，(20) 东北地区老工业基地土地和矿产资源若干政策，(21) 促进东北老工业基地进一步扩大对外开放，(22) 东北地区棚户区改造工作，(23) 东北地区开展厂办大集体改革试点，(24) 辽宁省外商投资优势产业目录，(25) 豁免东北老工业基地企业历史欠税，(26) 东北老工业基地部分财税政策延伸至蒙东地区，(27) 促进资源型城市可持续发展的若干意见，(28) 豁免内蒙古东部地区企业历史欠税，(29) 设立大连、哈尔滨、大庆等 20 个城市为服务外包示范城市，(30) 确定第二批资源枯竭城市名单，(31) 中央财政下达资源枯竭城市年度财力性转移支付资金，(32) 东北资源型城市首批专项投资计划，(33) 进一步实施东北地区等老工业基地振兴战略的若干意见，(34) 关于加快东北地区农业发展方式转变建设现代农业的指导意见，(35) 国家发展改革委关于印发东北地区物流业发展规划的通知，(36)《关于促进东北地区职业教育改革创新的指导意见》发布，(37) 国家发展改革委关于印发 2011 年振兴东北地区等老工业基地工作进展情况和 2012 年工作要点的通知，(38) 国家发展改革委、中国科学院关于印发中科院科技服务东北老工业基地振兴行动计划（2012 ~ 2015 年）的通知，(39) 国务院批复全国老工业基地调整改造规划（2013 ~ 2022 年），(40) 国务院关于近期支持东北振兴若干重大政策举措的意见。

（二）促进东北振兴的区域规划和方案

为促进东北地区振兴，国务院及有关部门先后批复了 14 项区域规划和方案，具体包括：(1) 8 项重点区域发展规划：东北地区振兴规划，松花江、辽河和海河流域防洪规划，黑瞎子岛保护与开放开发规划，辽宁沿海经济带发展规划，图们江区域合作开发规划纲要—以长吉图为开发开放先导区，东北地区与俄罗斯联邦远东及东西伯利亚地区合作规划纲要，大小兴安岭林区生态保护和经济转型规划，东北振兴“十二五”规划。(2) 3个改革试验区：沈阳经济区新型工业化综合配套改革试验，黑龙江“两大平原”现代农业综合配套改革试验、大连金普新区。(3) 2个开放区：绥芬河综合保税区，图们江区域（珲春）国际合作示范区。(4) 1项扶贫攻坚规划：大兴安岭南麓片区。

表3-3　　国家促进东北振兴的区域规划和方案

时间	区域振兴计划和规划	战略定位和任务
2007年8月2日	《国务院关于东北地区振兴规划的批复》（国函〔2007〕76号）	具有国际竞争力的装备制造业基地；国家新型原材料和能源保障基地；国家重要商品粮和农牧业生产基地；国家重要的技术研发与创新基地；国家生态安全的重要保障区；实现东北地区的全面振兴
2008年2月	《国务院关于松花江、辽河和海河流域防洪规划的批复》（国函〔2008〕14号，13号，11号）	中国沿边开放开发的重要区域；中国面向东北亚开放的重要门户；东北亚经济技术合作的重要平台；东北地区新的重要增长极
2009年4月21日	《国务院同意设立黑龙江绥芬河综合保税区》（国函〔2009〕51号）	促进绥芬河口岸成为东北地区陆路国际物流服务中心，提升东北地区服务贸易对外开放水平
2009年5月	《国务院关于黑瞎子岛保护与开放开发有关问题的批复》（国函〔2009〕62号）	重要的生态环境保护区；我国兴边富民的实验区；东北亚区域合作的先导区；沿边开放对俄合作的示范区
2009年7月1日	《国务院关于辽宁沿海经济带发展规划的批复》（国函〔2009〕104号）	提升东北地区对外开放水平；全面提高航运、物流等服务能力和水平；形成以先进制造业为主的现代产业体系；统筹城乡发展；统筹规划和完善交通、能源、水利和信息基础设施建设；加快发展社会事业；深化重点领域改革，创新体制机制
2009年8月30日	国务院批复《中国图们江区域合作开发规划纲要——以长吉图为开发开放先导区》	中国沿边开放开发的重要区域；中国面向东北亚开放的重要门户；东北亚经济技术合作的重要平台；东北地区新的重要增长极

续表

时间	区域振兴计划和规划	战略定位和任务
2009年10月	中俄两国首脑签署《中华人民共和国东北地区与俄罗斯联邦远东及东西伯利亚地区合作规划纲要（2009～2018年）》	中俄口岸及边境基础设施的建设与改造；中俄地区运输合作；发展中俄合作园区；加强中俄劳务合作、中俄地区旅游合作、中俄地区合作重点项目、中俄地区人文合作、中俄地区环保合作
2010年12月16日	《国家发展改革委、国家林业局关于印发大小兴安岭林区生态保护与经济转型规划（2010～2020年）的通知》（发改东北〔2010〕2950号）	大力发展绿色食品产业、林木深加工产业、林区商贸服务业等传统优势产业，积极培育生态文化旅游业、北药产业、清洁能源产业等三大新兴产业；在中央预算内投资中安排专项资金，用于支持大小兴安岭林区发展能够充分吸纳就业的接续替代产业以及支持林区开展“以煤代木”
2011年9月16日	《国务院关于沈阳经济区新型工业化综合配套改革试验总体方案的批复》（国函〔2011〕102号）	以新型工业化为改革的重点方向，把沈阳经济区建设成为具有国际竞争力的先进装备制造业基地、重要原材料和高新技术产业基地，成为充满活力的区域性经济中心和全国新型工业化典型示范区
2012年1月9日	国务院讨论通过《东北振兴“十二五”规划》	以保障国家粮食安全为首要目标；完善现代产业体系；优化区域发展空间布局；促进资源型城市可持续发展；形成比较完备的综合交通运输体系和多元清洁的能源体系；加强森林、草原、湿地和江河流域等重点生态区保护与治理；增加就业岗位，加快保障性安居工程建设；继续深化国有企业改革，加快发展非公经济；推进国有林区和农垦体制改革；全面提升对外开放水平，建设向东北亚开放的重要枢纽
2012年4月13日	《国务院办公厅关于支持中国图们江区域（珲春）国际合作示范区建设的若干意见》（国办发〔2012〕19号）	建设我国面向东北亚合作与开发开放的重要平台，东北亚地区重要的综合交通运输枢纽和商贸物流中心，经济繁荣、环境优美的宜居生态型新城区，发展成为我国东北地区重要的经济增长极和图们江区域合作开发桥头堡

续表

时间	区域振兴计划和规划	战略定位和任务
2012 年 11 月 28 日	《国务院关于大兴安岭南麓片区区域发展与扶贫攻坚规划（2011 ~ 2020 年）的批复》（国函〔2012〕178 号）	重要商品粮和畜产品生产加工基地；风能利用与煤炭深加工基地；生态休闲旅游目的地；民族团结进步模范区
2013 年 6 月 13 日	《国务院关于黑龙江省“两大平原”现代农业综合配套改革试验总体方案的批复》（国函〔2013〕70 号）	把“两大平原”建成国家商品粮基地核心区、绿色食品生产样板区、高效生态农业先行区和统筹城乡发展先导区，为全国粮食主产区实现“四化同步”发挥示范引领作用
2014 年 6 月 23 日	《国务院关于同意设立大连金普新区的批复》（国函〔2014〕76 号）	建设成为我国面向东北亚区域开放合作的战略高地、引领东北地区全面振兴的重要增长极、老工业基地转变发展方式的先导区、体制机制创新与自主创新的示范区、新型城镇化和城乡统筹的先行区

资料来源：国务院办公厅网站. http://www.gov.cn/xxgk/pub/govpublic/；2007 ~ 2013 年《中国区域经济发展年鉴》。

（三）战略空间布局

纵观东北地区振兴战略的逐步实施，概括为打造“二带三圈”的空间格局。“二带”指辽宁沿海经济带、沿边对外开放带，“三圈”包括沈阳都市圈、长吉都市圈、哈大齐—哈牡绥都市圈。辽宁沿海经济带突出“沿海”，长吉图开发开放先导区突出“沿边”，通过“二带三圈”重点经济区发展，强化区域增长极的辐射带动作用，推进东北地区经济一体化进程，并把沿海沿边开放和境外资源开发、区域经济合作、承接国内外产业转移结合起来，形成东北三省全面推进东北亚区域国际合作的局面。

五、促进中部崛起的主要区域政策及战略空间布局

中部地区包括山西、安徽、江西、河南、湖北、湖南六省，土地面积占全国的 10.7%；2013 年人口达到 3.72 亿，占全国的 27.1%。中部地区地处内陆腹地，交通区位优越，人口众多，自然、文化和旅游资源丰富，工农业基础较好，资源环境承载能力较强，是全国重要的农产品、能源、原材料和装备制造

业基地。中部地区面临的区域问题具有综合性特点，集合“膨胀病”、“落后病”、“萧条病”等综合病症（张可云，2007），表现为全国“三农”问题最为突出、工业结构调整任务繁重、第三产业发展缓慢、人口就业和生态环境压力大、对外开放程度不高、体制机制性障碍较多等。中部地区具备承东启西、连南通北的战略地位，自 2006 年，国家有关部门先后制定实施了一系列政策、国务院及有关部门先后批复一系列区域规划和方案以促进中部崛起战略的实施。

（一）促进中部崛起的区域政策

2004 年 1 月中央经济工作会议首先提出“促进中部崛起”；同年 3 月，《政府工作报告》中又将“促进中部地区崛起”作为统筹区域协调发展的重大问题提出。2005 年 10 月十六届五中全会通过的《中共中央关于制定“十一五”规划的建议》，明确将促进中部地区崛起纳入国家区域发展总体战略。2006 年 4 月，中共中央、国务院发布了《关于促进中部地区崛起的若干意见》，提出将中部地区建设成为全国重要的粮食生产基地、能源原材料基地、现代装备制造及高技术产业基地和综合交通运输枢纽（“三基地一枢纽”）；5 月，国务院办公厅又发布了《关于落实中共中央、国务院关于促进中部地区崛起若干意见有关政策措施的通知》，提出了 56 条具体落实意见。2007 年 1 月，国务院办公厅下达了《关于中部六省比照实施振兴东北地区等老工业基地和西部大开发有关政策的通知》，明确中部六省 26 个城市比照实施振兴东北地区等老工业基地有关政策，243 个县（市、区）比照实施西部大开发有关政策。2009 年 9 月，国务院通过了《促进中部地区崛起规划》，提出了“四带六圈（群、带）”的战略布局。2010 年 8 月，国务院发布了《关于中西部地区承接产业转移的指导意见》（国发〔2010〕28 号），引导和支持中西部地区承接产业转移。2012 年 8 月，又发布了《国务院关于大力实施促进中部地区崛起战略的若干意见》（国发〔2012〕43 号），强调进一步提高西部地区经济总量占全国的比重，区域主体功能定位更加清晰，进一步巩固“三基地、一枢纽”地位。2013 年 5 月，国家发展改革委印发《2013 年促进中部地区崛起工作要点的通知》，以加快“三基地、一枢纽”建设和推动重点地区发展为重要抓手，以促进工业化、信息化、城镇化、农业现代化同步发展为主要任务，以深化体制创新和扩大开放为根本动力，促进中部地区加快崛起、全面崛起，努力开创中部崛起工作新局面。

尽管上述一系列政策措施相继实施，但从颁布的相关文件看，原则性的较多，具体可操作的较少。例如，各有关文件均将税收、转移支付、金融和产业准入等作为促进中部崛起的重要政策工具，但并没有制定出可操作的实施细则。在工信部颁布的《促进中部地区原材料工业结构调整和优化升级方案》中，保障措施八条，涉及财税政策的措施包括“充分利用财税、投资、信贷、法规等手段，统筹做好各项政策措施衔接落实”、“充分利用国家技术改造专项资金，加大地方配套资金投入”、“优化支持符合结构调整方向和重点的企业通过银行贷款、资本市场、引入战略投资者等方式筹集资金，扩大社会投资渠道”等，只是大致规定了支持的原则和政策取向。

（二）促进中部崛起的区域规划和方案

为促进中部经济崛起，上升为国家战略的区域规划和方案已有14项，具体包括：（1）5项重点区域发展规划：鄱阳湖生态经济区、皖江城市带承接产业转移示范区、丹江口库区及上游地区、河南省加快建设中原经济区、晋陕豫黄河金三角；（2）4个改革试验区：武汉城市圈和长株潭城市群全国资源节约型和环境友好型社会建设综合配套改革试验区，武汉东湖新技术产业开发区建设国家自主创新示范区，山西省建设国家资源型经济转型综合配套改革试验区；（3）4项扶贫攻坚区规划：赣南等原中央苏区、吕梁山片区、大别山片区、罗霄山片区；（4）1个综合保税区：合肥综合保税区。另外，中部各省从自身实际出发，也相继制定了各自的促进崛起规划。各地规划制定充分体现“增强中心城市辐射功能，促进城市群和县域发展”思路，积极发挥城市圈（群、带）在促进中部崛起中的增长极作用。例如，安徽提出加快合肥市经济圈建设，山西省提出“一核一圈三群”布局和加快发展太原市都市圈，河南提出加快中原城市群发展，湖北全面实施“两圈一带”（武汉城市圈、鄂西生态文化旅游圈和湖北长江经济带）总体战略，湖南提出加速构建长株潭为核心、环长株潭城市群为重点、市州中心城市为骨干、县域和中心镇为节点、大中小城市和小城镇协调发展的新型城镇体系，江西提出构建昌九工业走廊和环鄱阳湖城市群为架构的城镇体系。

表 3－4　　国家促进中部崛起的区域规划和方案

时间	区域振兴计划和规划	战略定位和任务
2007 年 12 月 14 日	国务院先后批复武汉城市圈、长株潭城市群“两型社会”建设综合配套改革试验总体方案（国函〔2008〕84 号、123 号）	全国资源节约型和环境友好型社会建设
2009 年 12 月 8 日	国务院下发《关于同意支持武汉东湖新技术产业开发区建设国家自主创新示范区的批复》（国函办〔2009〕144 号）	建成推动“两型社会”建设、依靠创新驱动发展典范；适用国家支持中关村科技园区的有关政策措施
2009 年 12 月 12 日	《国务院关于鄱阳湖生态经济区规划的批复》（国函〔2009〕145 号）	建设全国大湖流域综合开发示范区，长江中下游水生态安全保障区、加快中部崛起重要带动区、国际生态经济合作重要平台
2010 年 1 月 12 日	《国务院关于皖江城市带承接产业转移示范区规划的批复》（国函〔2010〕5 号）	合作发展的先行区，科学发展的试验区，中部地区崛起的重要增长极、全国重要的先进制造业和现代服务业基地
2010 年 11 月 19 日	《国务院关于山西省国家资源型经济转型综合配套改革试验总体方案的批复》（国函〔2012〕98 号）	加快产业结构的优化升级和经济结构的战略性调整，加快科技进步和创新的步伐，建设资源节约型和环境友好型社会，统筹城乡发展，保障和改善民生
2011 年 9 月 28 日	《国务院关于支持河南省加快建设中原经济区的指导意见》（国发〔2011〕32 号）	国家重要的粮食生产和现代农业基地；全国工业化、城镇化和农业现代化协调发展示范区；全国重要的经济增长板块；全国区域协调发展的战略支点和重要的现代综合交通枢纽；华夏历史文明传承创新区
2011 年 10 月 31 日	《国务院扶贫办国家发展改革委关于印发武陵山片区区域发展与扶贫攻坚规划的通知》（国开办发〔2011〕95 号）	扶贫攻坚示范区；跨省协作创新区；民族团结模范区；国际知名生态文化旅游区；长江流域重要生态安全屏障
2012 年 7 月 3 日	《国务院关于支持赣南等原中央苏区振兴发展的若干意见》（国发〔2012〕21 号）	全国革命老区扶贫攻坚示范区；全国稀有金属产业基地、先进制造业基地和特色农产品深加工基地；重要的区域性综合交通枢纽；我国南方地区重要的生态屏障；红色文化传承创新区

续表

时间	区域振兴计划和规划	战略定位和任务
2012年10月16日	《国务院关于丹江口库区及上游地区经济社会发展规划的批复》（国函〔2012〕150号）	加强生态建设和环境保护，促进地方特色产业发展，完善基础设施，提高基本公共服务水平及均等化程度，增强自我发展能力，改善生产生活条件，确保库区水质安全
2013年2月4日	《国务院关于吕梁山片区区域发展与扶贫攻坚规划（2011~2020年）的批复》（国函〔2012〕214号）	革命老区发展振兴区；旱作农业与特色农产品基地；优势资源开发与扶贫攻坚相结合创新区；黄河中游水土保持重点区
2013年2月4日	《国务院关于大别山片区区域发展与扶贫攻坚规划（2011~2020年）的批复》（国函〔2012〕215号）	革命老区加快发展示范区；国家重要粮食和特色农产品生产加工基地；承接产业转移重点区；红色旅游胜地和文化休闲旅游目的地；华中和长江三角洲地区重要生态安全屏障
2013年2月4日	《国务院关于罗霄山片区区域发展与扶贫攻坚规划（2011~2020年）的批复》（国函〔2012〕216号）	全国革命老区扶贫攻坚示范区；我国南方地区重要交通通道；承接产业转移示范区；特色农业和全国稀有金属产业及先进制造业基地；红色旅游胜地与生态文化旅游重要目的地；我国南方地区重要生态安全屏障
2014年3月27日	国务院批准设立合肥综合保税区	打造中西部地区重要的国际运输中转枢纽和加工贸易基地；内陆“大通关、大开放”的示范区；安徽省深化对外开放的先行先导区
2014年4月14日	《国务院关于晋陕豫黄河金三角区域合作规划的批复》（国函〔2014〕40号）	建设成为中西部地区新的经济增长极和欠发达地区实现一体化发展、跨越式发展的示范区，全国省际交界地区协调发展试验区；中西部地区特色农产品生产加工、能源原材料及装备制造业基地；内陆地区重要的区域物流中心；华夏历史文化旅游目的地

资料来源：根据国家各部委网站整理；2007~2013年《中国区域经济发展年鉴》。

（三）战略空间布局

随着区域发展规划的出台，中部地区的区域发展战略逐步清晰，呈现“四带六圈”的“井”字型空间形态。即沿长江、陇海、京广和京九“两横两纵”

经济带，加上武汉城市圈、中原城市群、长株潭城市群、皖江城市带、环鄱阳湖城市群、太原城市圈等六大都市圈（见图3－2），构成“四带六圈”的“井”字型区域空间格局。“两横两纵”经济带强化了六省内部依托主要轴线的经济联系，也加强了中部地区与长三角、珠三角和环渤海三大经济圈，以及成渝经济区、关中——天水经济区等其他经济区之间的联系，逐步形成符合市场经济要求的区域发展格局。这一空间布局不仅符合中部六省的区域发展情况，也加强了中部六省与其他经济区的外部联系，有利于形成全国区域协调发展格局。

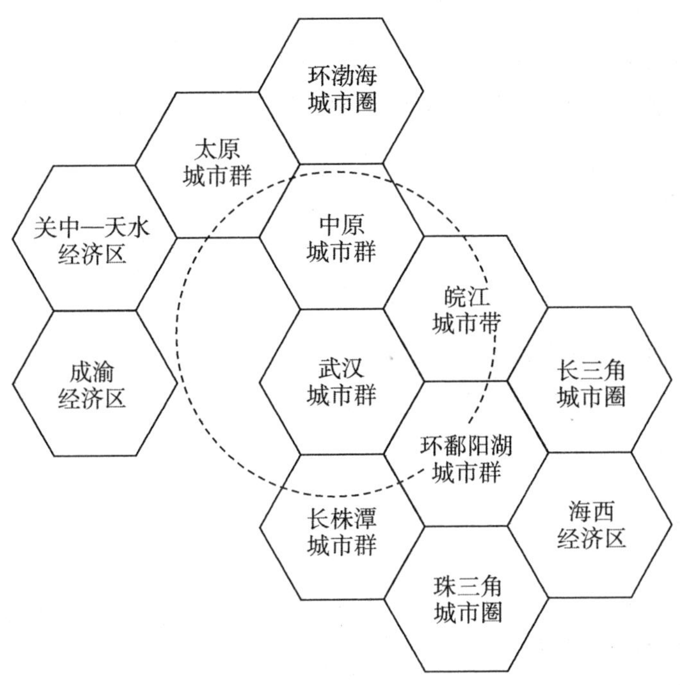

图3－2 中部地区六大都市圈与周边经济区空间形态关系

主要参考文献

[1] 蔡武. 中国区域经济发展格局的历史变迁与新趋势[J]. 西部经济管理论坛，2013(1):71－75.

[2] 曹晓峰. 中国东北地区发展报告(2013)[M]. 北京:社会科学文献出版社,2013.

[3] 陈秀山,董继红,张帆. 我国近年来密集推出的区域规划:特征、问题与取向[J]. 经济与管理评论,2012(2):5-12.

[4] 陈秀山,张可云. 区域经济理论[M]. 北京:商务印书馆,2003.

[5] 丁四保. 从区域规划看中国的区域制度[J]. 地理科学,2013,33(2):129-134.

[6] 杜鹰. 2007~2012 年中国区域经济发展年鉴[M]. 北京:中国财政经济出版社,2008~2013.

[7] 段娟. 近五年来我国战略性区域规划研究综述与展望[J]. 区域经济评论,2014(6):13-22.

[8] 范恒山,孙久文,陈宣庆等. 中国区域协调发展研究[M]. 北京:商务书馆,2012.

[9] 何丹,李晶. 2009 年以来中国区域发展规划及政策评述[J]. 华东经济管理,2011,25(3):36-40.

[10] 李佐军. 中国处于区域经济一体化快速发展阶段[N]. 中国经济时报,2014-05-20,A05 版.

[11] 梁昊光. 区域蓝皮书:中国区域经济发展报告(2013~2014)[M]. 北京:社会科学文献出版社,2014.

[12] 刘立平,朱婷婷. 中部地区承接东部地区加工贸易产业转移比较研究[J]. 城市发展研究,2011,18(2):7-9.

[13] 刘应杰. 我国区域发展战略与区域经济新格局[J]. 区域经济评论,2013(1):49-52.

[14] 戚常庆. 新区域主义与我国新一轮区域规划的发展趋势[J]. 上海城市管理,2010(5):36-41.

[15] 盛光耀. 东北地区振兴战略实施效果评析[J]. 社会科学辑刊,2013(2):92-99.

[16] 孙久文,李爱民,夏文清. "十二五"时期区域公共投资政策体系建设[J]. 经济与管理评论,2012(6):12-17.

[17] 谭俊涛,张平宇. "振兴东北"前后区域经济重心格局演变分析[J]. 地理与地理信息科学,2014(6):68-72.

[18] 王伟光. 中原经济区核心增长极:大郑州都市区发展战略研究[M]. 北京:经济管理出版社,2010.

[19] 魏后凯,邬晓霞. 新中国区域政策的演变历程[J]. 中国老区建设,2012(5):14 - 15.

[20] 魏后凯. 中部崛起战略评估与政策调整——对江西省的实地调研[M]. 北京:经济管理出版社,2012.

[21] 魏后凯. 中国区域协调发展研究[M]. 北京:中国社会科学出版社,2012.

[22] 于春晖. 趋向协调发展是区域经济发展的“新常态”[J]. 区域经济评论,2014(6):28 - 30.

[23] 喻新安. 中原经济区策论[M]. 北京:经济管理出版社,2011.

[24] 张京祥. 国家——区域治理的尺度重构:基于“国家战略区域规划”视角的剖析[J]. 城市发展研究,2013(5):45 - 50.

[25] 张可云. 区域经济政策[M]. 北京:商务印书馆,2005.

[26] 张学良. 2013 年中国区域经济发展报告——中国城市群的崛起与协调发展[M]. 北京:人民出版社,2013.

[27] 张学良. 中国区域经济转变与城市群经济发展[J]. 学术月刊,2013,45(7):107 - 112.

[28] 张永丽,李国政. 中国区域经济政策与经济格局的演变及其走向[J]. 改革与战略,2012(1):126 - 129.

[29] 赵西三,龚绍东. 中部地区发展新格局的空间形态及其演进[J]. 研究地域研究与开发,2011,30(6):160 - 162.

[30] 浙江大学中国西部发展研究院. 中国西部大开发发展报告(2013)[M]. 北京:中国人民大学出版社,2014.

第四章

区域协调发展战略和政策实施中的中国区域发展格局演变

中国经济发展空间不平衡现象是非常显著的，探究造成地区差距过大的原因和影响地区收敛的核心机制一直是学术界研究的重要课题。多数学者认为，造成中国地区差距变动的因素主要包括地区发展战略和政策、全球化和经济自由化的推进、要素分布差异、地区特有的自然、历史、基础设施等发展条件。本章借鉴已有研究，立足于区域经济发展事实，重点探讨区域协调发展战略和政策实施以来区域发展格局的演变，以期解析地区发展战略和政策对地区差距变动的影响。

对于区域发展格局演变及地区发展差距的衡量，地域单元的划分、时间段的选取、以及测定指标和研究方法的不同，都会使研究结果产生很大差异。为此，在空间尺度上，本书首先使用东部、中部、西部和东北四大区域板块和中国大陆 31 个省级行政单元的区域划分。四大区域板块是区域发展总体战略作用的客体对象。省级行政单元是地区差距研究最为常用的地理单元，而且数据最为丰富和易于获取。根据各省级行政单元数据，汇总得到四大区域的各项指标数据。另外，为了进一步对比四大区域板块内部的差异，借鉴李善同（2003）、范剑勇（2013）等学者的观点，采用八大综合经济区的地域划分。每一区域在经济上联系相对紧密，文化上也具有相对的一致性，区域特征十分明显。西部地区的西北经济区和西南经济区在人口和经济活动方面存在南北方向的显著差异，东部地区的三个沿海经济区也同样存在南北差异，不论是经济发展水平还是人口或经济集聚程度，东部沿海经济区是中国人口最为稠密、经济高度集聚的区域（见表4－1）。在时间尺度上，由于自1999年开始全面实施区域协调发展战略和政策，为了更好地对比实施前后区域经济发展状况，选择1990～2013年作为评估时期；为消除价格因素的影响，所有指标调整为1990年价格，即将各省域各年名义上的人均产值用历年修正的价格指数缩减为基准年1990年价格水平，缩减指数通过统计资料中提供的各省域各项增长指数推算而得。在指标选择上，通过对地区生产总值及其增长、人均GDP、财政收入及转移支付、固定资产投资、社会消费、对外开放、就业及收入、基本公共服务等经济社会变量的描述性分析，说明区域协调发展战略和政策的实施绩效。在数据来源方面，为尽量保证数据一致性，1990～2008年数据主要源自《新中国六十年统计资料汇编》，2009～2012年数据源自《中国统计年鉴》，2013年数据源自各省域2013年国民经济和社会发展统计公报或国家统计局网站，财政统计数据源自历年《中国财政统计年鉴》，工业统计数据源自历年《中国工业经济统计年鉴》。

表4－1　　　　2013年中国八大经济区人口密度和经济密度

八大经济区	包括省域	面积（万平方千米）	人口（万人）	人口密度（人/平方千米）	GDP（亿元）	人均GDP（元/人）	地均经济密度（万元/平方千米）
北部沿海	京、津、冀、鲁	37	20653	558	116856	56581	3158
东部沿海	苏、沪、浙	21	15853	755	118332	74645	5635
南部沿海	闽、粤、琼	33	15313	464	87070	56859	2638
黄河中游	蒙、晋、陕、豫	160	20492	128	77636	37885	485
长江中游	皖、鄂、湘、赣	68	23042	339	82548	35825	1214
大西北	甘、宁、新、青、藏	398	6391	16	20252	31690	51

续表

八大经济区	包括省域	面积（万平方千米）	人口（万人）	人口密度（人/平方千米）	GDP（亿元）	人均 GDP（元/人）	地均经济密度（万元/平方千米）
大西南	川、渝、滇、黔、桂	134	24937	186	73023	29283	545
东北	黑、吉、辽	79	10975	139	54859	49984	694

资料来源：《2014 年中国统计年鉴》。

一、区域经济增长及规模格局变动

（一）区域经济增长格局

改革开放后相当长一段时间内，中国地区经济增长总体上呈现东部快、东北和中西部慢的不平衡增长格局，这被学者认为是导致区域经济差距扩大的重要原因之一。即平均增长率的微小差异在长期内会累积造成巨大的经济发展水平差异。图 4－1 显示了四大板块经济增长格局在 2007 年发生转变，即实际 GDP 增长率由 1991～2006 年期间的“东部快、中西部及东北慢”转变为 2007～2013 年期间的“中西部及东北快、东部慢”的态势，即由不均衡增长转向相对均衡增长。计算 1991～2006 年期间和 2007～2013 年期间的平均增长速度，全国平均增速分别为 12.1% 和 11.5%，东部地区分别为 13.5% 和 10.8%，西部地区分别为 10.7% 和 12.8%，中部地区分别为 11.1% 和 12.0%，东北地区分别为 10.0% 和 11.9%。显然，中西部及东北地区在 2007～2013 年期间经济增长明显加快，一方面，增速均高于 1991～2006 年期间；另一方面，均高于 2007～2013 年期间东部和全国平均增速。东部地区在 2007～2013 年期间经济增长减缓，平均增速明显低于 1991～2006 年期间；特别是 2012～2013 年出现明显下滑，由平均超过 10% 的高速增长区间回落到 10% 之内，上海、北京在 2010～2013 年的经济增速位于全国 31 个省域的最后两位。

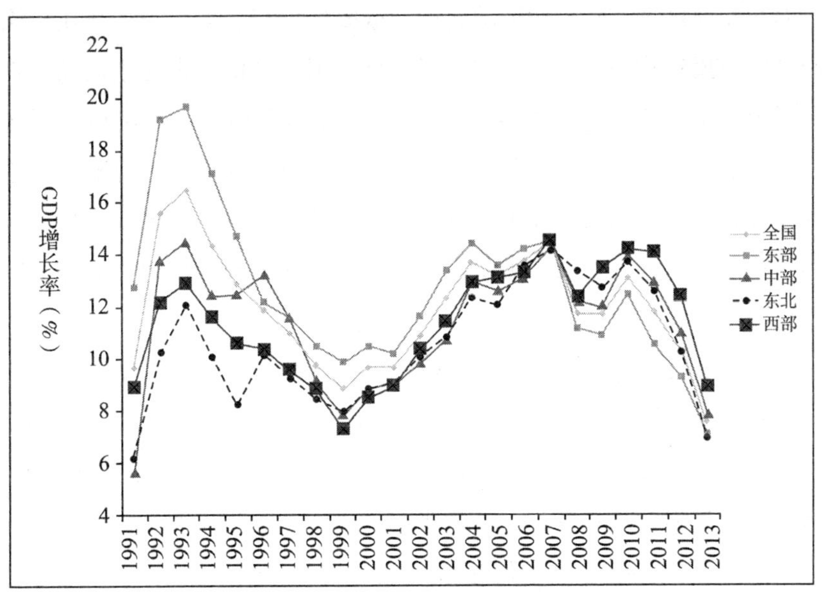

资料来源：根据《新中国六十年统计资料汇编》、2009～2013 年《中国统计年鉴》、2013 年各省域国民经济和社会发展统计资料公报中的数据计算得到。

图 4－1　1991～2013 年全国四大区域实际经济增长率

分析 2007 年中国区域经济增长格局发生转折的原因，主要在于不同区域所处发展阶段的变化、需求来源的变化、要素和资源价格的变化以及发展战略的变化。作为中国先行先试、具有特色的区域经济体，东南沿海发达省市或已进入自然减速区间，受到增长基数效应以及资源约束、环境约束、社会福利及人工成本上升等因素的影响，经济增长的成本进入显著上升期，经济增速相对放慢，其中较发达地区出现增长放慢趋势会更早些。另外，由于 2008 年金融危机及生产要素和产业活动由沿海向内陆转移加速，导致东部地区的投资和经济增长率进一步回落。当然，区域协调发展战略对四大板块经济增长也具有不同的影响。西部地区在大开发战略实施 8 年后（2007 年）经济增速开始超过全国平均水平，这一态势一直保持到 2013 年；中部地区在促进中部崛起战略实施 5 年后（2008 年）经济增速开始超过全国平均水平，也一直保持到 2013 年；东北地区在振兴战略实施 5 年后（2008 年）增速开始超过全国平均水平，但是，较快的增长态势仅保持到 2011 年，2012 年和 2013 年经济增速再次低于全国平均水平。即区域协调发展战略促进经济增长的成效在中西部地区是相对稳定的，而东北地区的实施成效波动起伏。造成最近东北地区经济增速放缓的主要原因是依靠投资驱动的增长模式难以为继、国有经济所占比重较高、创新能力较弱三个瓶颈（魏后凯，2014）。事实上，东部发达地区经济增速减缓和中西部及东北地区增速提升，说明中国经济增长区域间的梯度效应显著，这是实现中国经济高速增长相对持续更长时期的重要条件，对促进区域协调发展具有重要的战略意义。这也要求宏观调控的总量目标在不同区域间应有差异，否则便会严重损害区域增长效益。

从八大区域经济增速看，1990 年代中后期以来，差距明显缩小；1991～2003 年之间，南部沿海、东部沿海的经济增速在八大区域中基本位于前列；2004 年、2005 年、2007 年黄河中游地区的增速位于全国首位；2008 年东北地区的增速位于全国首位；2009 年、2011～2012 年大西南地区的增速位于全国首位；2010 年长江中游地区的增速位于全国首位；2013 年大西北地区的增速居全国之首。可见，2004 年以来，沿海地区一直增长较快的局面得以改观，内陆地区的经济增长逐步快于沿海地区，并且内陆地区的增长呈现出由中部向西部推进、由西南部向西北部推进的特征。

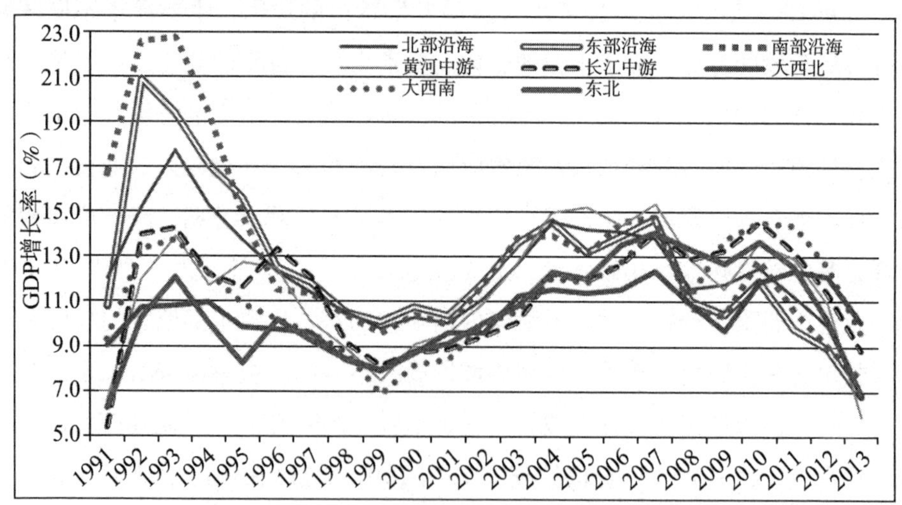

资料来源：根据《新中国六十年统计资料汇编》、2009～2013 年《中国统计年鉴》、2013 年各省域国民经济和社会发展统计资料公报中的数据计算得到。

图 4－2　1991～2013 年中国八大区域实际经济增长率

进一步比较 2000～2007 年期间与 2007～2013 年期间各省域单元的平均增长

率（见图4－3），分析区域协调发展战略对各省域单元经济增长的不同影响。在东部地区，浙江、广东、上海、北京、山东、河北等六省域表现出后期增速的下降，而天津、福建两省域则表现出后期增速快于前期，天津的后期快速增长得益于2005年以来滨海新区的发展，天津滨海新区已成长为继深圳经济特区、浦东新区之后又一带动区域发展的新的增长极。在西部地区，仅内蒙古表现为后期增速慢于前期，其余11省域均表现为后期增速快于前期，其中重庆、贵州、云南三省域的后期增速比前期高出2.9个百分点以上。在中部地区，处于黄河中游经济区的山西、河南均表现出后期增速不及前期，而处于长江中游综合经济区的安徽、湖北、湖南、江西则表现出后期增速高于前期。在东北地区，吉林表现出后期增速快于前期，辽宁、黑龙江则显示为后期增速与前期基本接近。因此，即使在每个区域板块内部实施了相同的发展战略或政策，但是因每个省域单元自身资源禀赋和原有经济社会发展基础存在差异，同一战略在不同省域单元的实施效果是不尽相同的。这一结论与刘夏明（2004）的观点类似，该学者提出地区发展战略最多只能算是造成地区差距的一个必要条件，各地区经济固有的一些特征比地区发展战略在中国地区增长收敛中的作用更为重要。

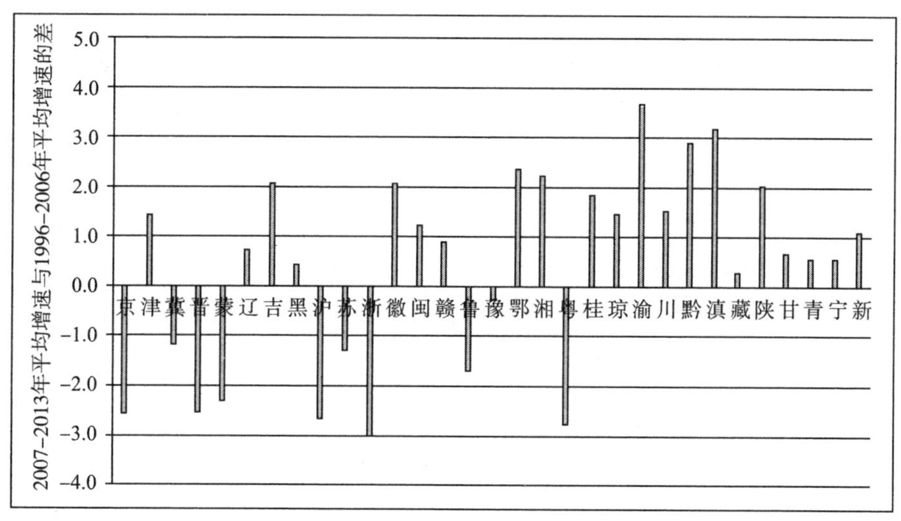

资料来源：根据《新中国六十年统计资料汇编》、2009～2013年《中国统计年鉴》、2013年各省域国民经济和社会发展统计资料公报中的数据计算得到。

图4－3　中国31个省域2000～2006年与2007～2013年平均经济增速的差额

（二）区域经济规模格局

比较1990年以来四大区域和各省域单元实际经济产出（1990年价格）占全国比重的变化，进而总结经济规模空间格局演变的特点。首先，从四大区域板块看，1990~2007年期间，东部地区经济总量占比呈持续上升态势，2007年达到55.9%，比1990年增加9.8个百分点，即在此期间经济持续向东部集聚；2008~2013年，东部地区经济总量占比呈持续下降态势，2013年降为53.6%，即在此期间东部经济活动出现逐渐扩散趋势。西部地区则相反，经济总量占比在1990~2006年期间持续下降，2006年比1990年下降了3.8个百分点；2007~2013年期间则持续上升，2013年升至18.0%，比2007年上升了1.5个百分点。中部地区经济总量占比在1990~2007年期间呈波动中下降的态势，由1990年的21.8%降至2007年的18.8%；2008~2013年期间持续上升，2013年升至19.4%。东北地区经济总量占比由1990年的10.3%持续降至2007年的8.8%；2008~2013年维持在8.9~9.1%之间。因此，尽管区域经济总量继续保持"东部占据半壁江山、中西部及东北偏小"的态势，但是在2008年出现区域经济总量分布格局的转折，导致中西部地区经济总量占比与东部的差距逐步缩小，东部与西部的总量占比之差由2007年的39.4%降至2013年的35.6%，东部与中部的总量占比之差由2006年的37.1%降至2013年的34.1%。笔者进一步利用31个省域1990~2013年实际GDP（1990年价格）计算全国经济分布重心（见图4-4），可以看出，1990~1995年期间，经济重心向南迁移；1995~2008年，经济重心向东迁移；2008年以来，经济重心向西折返。这同样说明区域经济总量向东部集中的空间格局在2008年以来得以扭转，其中区域协调发展战略和政策的实施是撬动区域经济格局变动的重要因素之一。

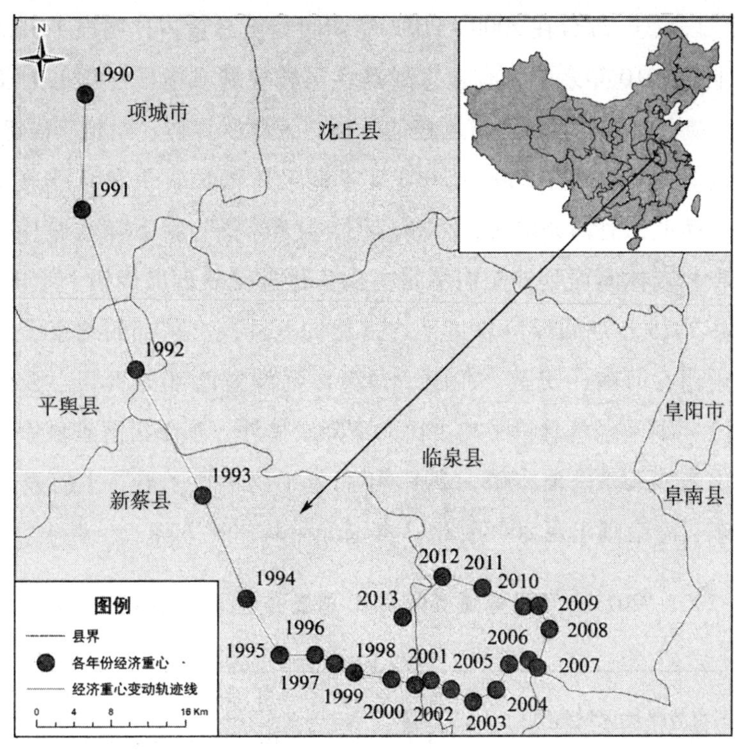

图 4－4　1990～2013 年全国经济重心变动轨迹

其次，比较各省域单元 2008～2013 年期间与 2000～2007 年期间的经济占比，可以发现，四大区域内部都存在着明显的分异现象。在东部地区，天津、江苏、山东和福建等四省域的经济总量占比在 2008～2013 年期间比在 2000～2007 年期间分别上升了 0.34、0.33、0.27、0.07 个百分点，上海、浙江、广东、北京、河北、海南等六省在 2008～2013 年期间则出现经济总量平均占比的下降。在中部地区，仅湖北省在 2008～2013 年期间经济总量占比微弱上升，其余五省持平或者微弱下降。在西部地区，内蒙古、重庆、陕西、四川、广西等五省域的经济总量占比在 2008～2013 年期间分别比在 2000～2007 年期间提高了 0.54、0.12、0.11、0.09、0.06 个百分点；云南、新疆、甘肃、贵州等四省域的经济总量占比在 2008～2013 年期间出现下降；西藏、青海、宁夏等三省域的经济总量占比基本没有发生变化。在东北地区，吉林和辽宁在 2008～2013 年期间的经济总量占比分别比在 2000～2007 年期间提高了 0.13、0.07 个百分点；黑龙江在 2008～2013 年经济总量占比则比在 2000～2007 年期间下降了0.16个百分点。综合在2008~2012年期间经济总量占比明显上升的八个省域，基本上在2010年之前就有国家战略性区域规划或指导性意见的实施（见表4-2）。结合前面各省域经济增速的分析，天津、吉林、湖北、福建、四川、重庆、广西等七个省域在2008~2013年期间经济增长较快和经济总量占比明显提升。总体上，有两条毗邻的"S"状上升和"S"状下降的连片区域：从东北的辽宁和吉林向西延伸至内蒙古再向南延伸至陕西、四川、重庆和湖北，呈现2008~2013年期间经济总量平均占比的上升；由东部的北京、河北延伸至中部的山西、河南、安徽、江西、湖南再延伸至西部的贵州、云南，呈现2008~2013年期间经济总量平均占比的下降。另外，东部沿海省域中，江苏及其以北的山东、天津呈现2008~2013年总量平均占比上升，上海及其以南的浙江、广东、海南则出现2008~2013年总量平均占比下降。

表4-2　2007~2013年部分省域实际GDP总量占全国比重的变动趋势

单位:%

省域	国家战略性区域规划	批复时间	实际GDP总量占全国比重						
			2007	2008	2009	2010	2011	2012	2013
天津	天津滨海新区综合配套改革试验区	2006年6月	1.80	1.87	1.95	2.03	2.11	2.18	2.22
福建	国务院关于支持福建省加快建设海峡西岸经济区的若干意见	2009年5月	3.62	3.66	3.68	3.71	3.72	3.76	3.80
吉林	中国图们江区域合作开发规划纲要——以长吉图为先导区	2009年12月	1.85	1.92	1.96	1.97	2.00	2.04	2.02
内蒙古	国务院关于进一步促进内蒙古经济社会又好又快发展的若干意见	2011年6月	1.99	2.09	2.18	2.22	2.27	2.29	2.22
湖北	武汉城市圈和长株潭城市群成为全国资源节约型和环境友好型社会建设综合配套改革试验区	2007年12月	3.92	3.98	4.05	4.11	4.18	4.22	4.28

续表

省域	国家战略性区域规划	批复时间	实际 GDP 总量占全国比重						
			2007	2008	2009	2010	2011	2012	2013
广西	广西北部湾经济区发展规划	2008 年 1 月	2. 28	2. 30	2. 35	2. 37	2. 38	2. 40	2. 42
重庆	成渝全国统筹城乡综合配套改革试验区、重庆两江新区规划	2007 年 6 月，2010 年 8 月	1. 44	1. 48	1. 52	1. 57	1. 64	1. 69	1. 71
四川	成渝全国统筹城乡综合配套改革试验区	2007 年 6 月	3. 90	3. 83	3. 92	3. 99	4. 11	4. 19	4. 22

二、三次产业发展格局变动及产业集聚与扩散

（一）三次产业发展格局及对地区差异变动的贡献

1. 三次产业总量格局

农业稳，天下安。自 1990 年以来，第一产业增加值在四大区域的分布格局变动甚小。其中东部地区第一产业增加值占全国第一产业增加值的比重呈缓慢下降趋势，由 1991 ~1995 年期间接近 40% 降至 2010 ~2013 年期间的 36% 左右；西部地区第一产业增加值占比自 1996 年以来缓慢上升，2013 年升至 27. 7%，比 1996 年提高了 3. 4 个百分点；中部和东北地区第一产业增加值占比小幅增加，2013 年分别达到 26. 5% 和 10. 7%，分别比 1990 年上升了 2. 3 和 2. 4 个百分点。

发达的第二产业是一个国家经济稳定发展的重要根基。第二产业增加值在四大区域的分布格局在 2004 年出现拐点。自 1990 ~2004 年，东部地区第二产业增加值占全国第二产业增加值的比重持续上升，2004 年达到 59. 1%，比 1990 年上升了 9. 1 个百分点；2005 ~2013 年期间显著下降，2013 年占比降至 49. 1%，并且自 2012 年东部地区第二产业增加值占比已开始低于“半壁江山”。与东部地区相反，中西部地区自 2005 年以来第二产业增加值占比明显上升，其中中部第二产业增加值占比由 2005 年的 17. 9% 升至 2013 年的 21. 6%，西部由 2005 年的 14. 9% 升至 2013 年的 20. 3%；东北地区自 2005 年以来则一改之前持续下降的态势，占比稳定在 8% ~9% 之间。

服务业是内需潜力最大的产业。第三产业增加值在四大区域的分布格局在2007年出现拐点。自1990~2007年，东部地区第三产业增加值占全国第三产业增加值的比重持续上升，2007年达到58.4%，比1990年提高了10.4个百分点；2008年以来占比略有下降，2013年降至56.8%。服务业向东部地区的集聚为“东部率先发展战略”顺利实施提供了现实基础。2013年，中部和西部地区第三产业占比分别为17.2%、18%，其中西部地区比2008年上升了1.3个百分点；2013年，东北地区集中了全国8%的第三产业，自1990年以来占比呈现持续缓慢下降趋势。

总体上，三次产业在四大板块的分布格局显示出第二产业格局变动明显和一、三产业格局变动微弱的特征，具体表现在2005年以来东部地区第二产业占比明显下降和中西部地区的第二产业占比显著上升。研究表明，伴随改革开放以来的制度变化是理解中国产业地理格局的重要视角（贺灿飞等，2010）。一方面，从计划经济向社会主义市场经济转轨，市场机制成为资源分配的根本手段，比较优势和区位优势逐步引导我国的产业区位；同时在经济全球化背景下，参与国际贸易、引进外商直接投资提升比较优势和竞争优势对产业区位的影响，进一步促进产业向地理区位较好的沿海地区集中。另一方面，经济权力下放，尤其是财政分权，极大地提升了地方政府的自主决策能力，地方政府具有强烈的地方保护主义倾向和产业发展战略的模仿行为，在一定程度上导致重复建设、产业结构趋同和产业分散布局（Young，2000；Poncet，2005），同时区域发展战略又进一步加剧了激烈的区域竞争。上述三次产业的地理格局正是在这种集聚力和分散力的相互作用下形成并不断调整。一些研究已经认识到现阶段中国产业空间格局演变是已有经济活动集聚演变的内生结果，产业在东部集聚程度逐渐增强的同时，集聚的负面效应就会逐渐增强，导致劳动力、土地等要素成本提高以及因发展空间限制和不同产业间竞争激烈导致部分产业挤出，产业转移是地区间发展不平衡状态演化过程中发展优势扭转的内生性结果。

2. 产业结构变动格局

区域产业结构是区域经济发展的重要体现，良好而完善的产业结构支撑区域经济可持续发展并实现发展方式转变或者产业升级。随着三次产业的持续发展，中国四大区域的产业结构不断升级优化，但目前仍存在显著的阶段性差异。

首先，自 1990 年以来，东部地区第二、第三产业增加值占 GDP 的比重呈现波动上升的趋势，特别是 2004 年以来产业结构调整和转型升级的速度加快，第三产业增加值比重增长明显，2013 年达到 47%，首次超过第二产业比重，即初步形成“三、二、一”现代产业结构体系，经济增长由主要依靠工业带动转向三次产业协同带动。服务业取代工业成为东部沿海地区经济发展的新增长极，这也是东部地区产业结构不断高级化的必然进程。相比之下，中部、西部、东北地区仍处于“二、三、一”的产业结构。2013 年，中部、西部、东北地区第三产业增加值占 GDP 的比重分别达到 36. 1%、38% 和 39%，第二产业比重分别为 52. 1%、49. 6% 和 50. 6%（见图 4 –5），即均仍处于工业化中期。

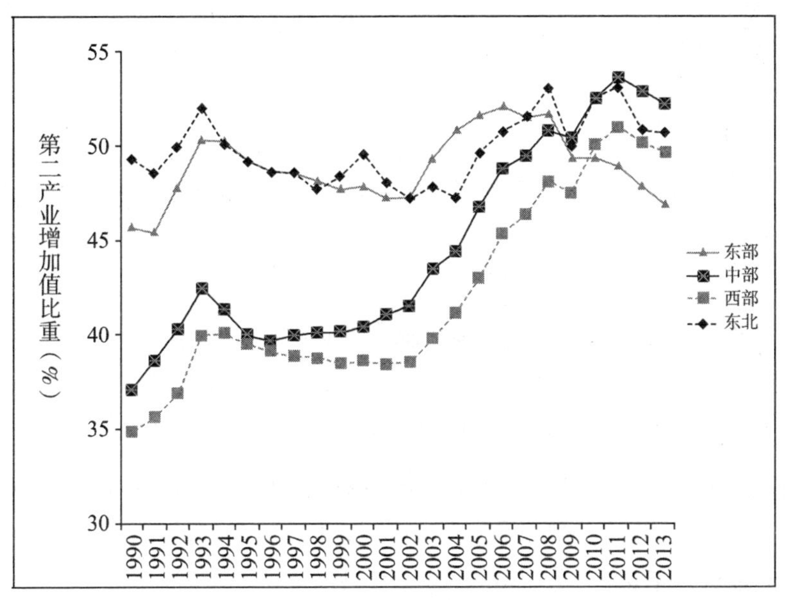

图 4 –5　1990 ~2013 年中国四大区域第二产业增加值比重变动趋势

其次，在 1990 ~2004 年期间，中部、西部、东北地区与东部地区第三产业增加值比重的差距基本稳定，2004 年东部地区第三产业增加值占 GDP 的比重分别比中部、西部、东北高出 3. 2、0. 6、1. 5 个百分点。但是，2005 年以来第三产业比重的区域差距呈持续扩大态势，2013 年东部地区第三产业增加值占 GDP 的比重分别比中部、西部、东北地区高出 10. 9、9. 0 和 8. 0 个百分点（见图 4 –6）。分析其中原因，主要在于 2005 年以来中西部地区承接产业转移和工业化快速推进，导致第三产业增长缓慢；相反，东部地区因第二产业转移而促使产业结构调整升级明显加快；二者共同导致2005年以来四大区域产业结构的差距逐渐扩大。

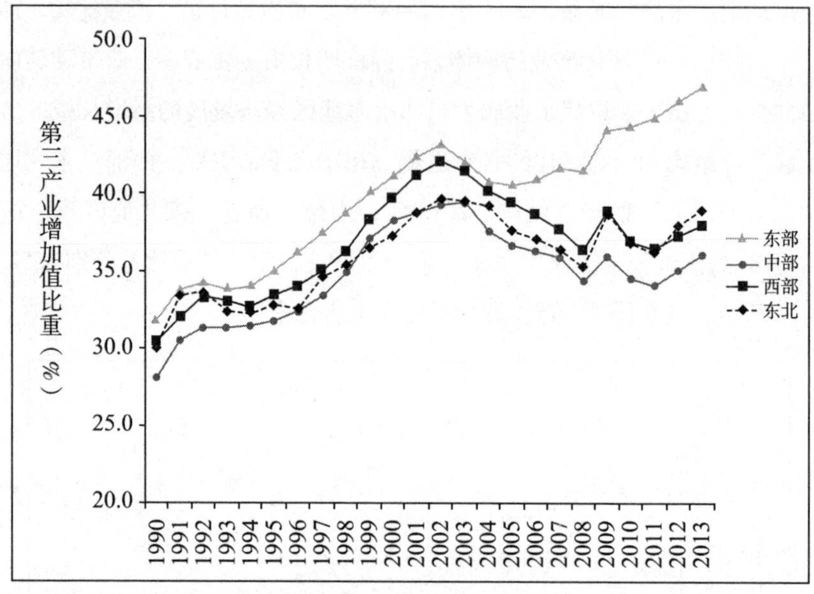

图4－6　1990～2013年中国四大区域第三产业增加值比重变动趋势

3. 三次产业发展对地区经济差异演变的贡献

借鉴Fijita和Hu（2001）对地区差异产业分解的方法，考察东部地区人均GDP相对于中西部及东北地区人均GDP的变动幅度以及三次产业对这一变动的贡献。定义人均GDP为y^i，将其分解为第一产业（A）、第二产业（I）与第三产业（S）的人均增加值之和，$i=1$或0，1表示东部地区，0表示西部或中部或东北地区，于是：

$$y^i = y_A^i + y_I^i + y_S^i,\ i = 1,\ 0$$

同时，定义东部与其他地区的人均GDP相对差异为D，$D = \frac{y^1}{y^0} - 1$并且：

$$D = D_A \times \frac{y_A^0}{y^0} + D_I \times \frac{y_I^0}{y^0} + D_S \times \frac{y_S^0}{y^0}$$

式中，$D_j = \frac{y_j^1}{y_j^0} - 1$，$j = A,\ I,\ S$，分别为东部与西部、东部与中部、东部与东北地区第一、第二、第三产业人均增加值的地区差异变化率；$\frac{y_j^0}{y^0}$，$j = A,\ I,\ S$，

分别为西部、中部、东北地区第一、第二、第三产业人均增加值占人均 GDP 的比重。另外，在消除价格因素影响的基础上，计算三次产业人均实际增加值的相对差异对人均实际 GDP 相对差异的贡献率。

计算结果显示，西部与东部地区的相对差异在 2004 年达到最大，为 1.56，其中第二产业人均增加值的相对差异的贡献率达到 69.7%，第三产业人均增加值的相对差异的贡献率为 28.8%。中部与东部地区的相对差异也同样在 2004 年达到最大，为 1.18，同样是第二产业人均增加值的相对差异的贡献率最高，为 69.4%。东北与东部的相对差异在 2004 年达到峰值 0.45，第二产业人均增加值的相对差异的贡献率达到 72.3%。自 2005 年以来，在影响西部、中部和东北地区与东部的相对差异中，第三产业人均增加值的相对差异的贡献率不断提升。但是，目前导致中部、西部、东北地区分别与东部地区的相对差异的主要力量仍然在于第二产业，第二产业在东部地区的集聚以及带动相关服务业的集聚是导致地区差异的最主要原因。

表 4-3　1990~2012 年中国四大区域人均 GDP 相对差异的三次产业分解

单位：%

年份	与东部人均 GDP 相对差异			其中：第一产业人均增加值与东部差异的贡献率			其中：第二产业人均增加值与东部差异的贡献率			其中：第三产业人均增加值与东部差异的贡献率		
	西部	中部	东北	西部	中部	东北	西部	中部	东北	西部	中部	东北
1990	0.90	0.77	-0.02	8.9	6.7	-88.8	57.7	56.8	254.5	33.4	36.5	-65.7
1991	0.96	0.87	0.03	7.6	9.4	78.8	57.4	54.5	-53.3	35.0	36.1	74.6
1992	1.08	0.96	0.11	6.1	7.1	22.3	59.4	57.2	33.8	34.5	35.7	43.9
1993	1.20	1.03	0.18	5.2	5.2	9.7	61.9	60.3	53.5	32.9	34.4	36.8
1994	1.31	1.10	0.25	5.0	4.9	6.8	63.1	62.3	61.2	31.9	32.8	32.0
1995	1.39	1.12	0.32	5.0	4.1	6.7	63.2	62.8	60.8	31.8	33.0	32.5
1996	1.41	1.11	0.35	4.3	3.6	3.1	63.9	63.2	63.0	31.7	33.2	33.9
1997	1.51	1.15	0.39	4.2	2.9	3.8	64.1	63.5	63.2	31.8	33.6	33.0
1998	1.54	1.18	0.41	3.9	3.1	2.1	64.5	63.7	64.5	31.7	33.2	33.4
1999	1.50	1.16	0.40	3.4	2.4	1.5	65.4	65.0	65.9	31.2	32.6	32.6
2000	1.45	1.09	0.38	2.9	1.4	2.4	66.3	66.0	65.3	30.8	32.6	32.3

续表

年份	与东部人均 GDP 相对差异			其中：第一产业人均增加值与东部差异的贡献率			其中：第二产业人均增加值与东部差异的贡献率			其中：第三产业人均增加值与东部差异的贡献率		
	西部	中部	东北	西部	中部	东北	西部	中部	东北	西部	中部	东北
2001	1.49	1.12	0.40	2.7	1.3	1.7	66.4	65.9	65.9	30.9	32.8	32.4
2002	1.51	1.14	0.41	2.3	1.1	0.3	67.1	66.5	68.0	30.6	32.4	31.8
2003	1.55	1.17	0.43	1.9	1.1	-0.5	68.5	67.9	70.8	29.6	31.0	29.7
2004	1.56	1.18	0.45	1.5	0.4	-1.6	69.7	69.4	72.3	28.8	30.2	29.3
2005	1.53	1.13	0.45	1.0	-0.4	-2.7	70.0	69.8	71.8	29.0	30.6	30.9
2006	1.52	1.12	0.44	0.9	-0.9	-3.2	70.0	69.7	71.3	29.2	31.2	31.9
2007	1.48	1.10	0.43	0.6	-1.3	-3.2	70.0	69.7	70.0	29.4	31.6	33.2
2008	1.42	1.06	0.38	0.3	-1.5	-4.3	69.8	69.1	69.7	29.8	32.4	34.6
2009	1.33	1.01	0.33	0.2	-1.6	-4.5	69.3	68.2	67.3	30.4	33.4	37.2
2010	1.22	0.95	0.30	-0.1	-1.8	-5.4	69.6	68.0	66.9	30.5	33.8	38.5
2011	1.14	0.89	0.26	-0.2	-1.9	-6.3	69.3	67.5	65.8	31.0	34.4	40.4
2012	1.07	0.85	0.24	-0.4	-1.9	-7.0	68.9	67.1	65.7	31.4	34.8	41.3

资料来源：根据《新中国六十年统计资料汇编》和2010~2013年《中国统计年鉴》中的数据计算得到。

（二）产业集聚与产业扩散、转移

1. 产业集聚

新经济地理学强调市场不完全竞争、产品差异化、规模经济和累积循环机制对于产业布局的影响，产业集聚被认为是促进产业成长的一个重要推动力。分析产业空间格局变化的核心在于产业集聚，产业集聚与产业扩散天生是一对孪生兄弟，产业集聚到一定程度后会导致集聚区内非贸易品价格居高不下、地租上升、环境污染等拥挤成本，中心区与边缘区的工资差距也会持续增大，导致产业扩散的离心力增强。离心力的作用促使某些产业脱离产业集聚区，转移到新的区位。

学者们使用不同的指标分析产业集聚及其变化，其中 Krugman、He Canfei 等学者采用空间基尼系数以衡量产业地理集中程度，Fan 和 Scott 计算了 2000 年中国主要制造业的赫芬达尔指数。在此，采用区位商反映四大区域主要集聚的工业行业，采用空间基尼系数衡量工业在省域层面集中程度的变化。区位商（Location Quotient，LQ）是区域经济学中用于判断某个产业的地方专业化程度的常用指标，也称为专业化指数，经常用于衡量一个地区产业结构和全国平均水平之间的差异，评价某一区域在高层次区域的地位和作用等。LQ > 1，表明该地区该产业具有比较优势，一定程度上显示出该产业具有较强的集聚能力；LQ = 1，表明该地区该产业处于均势，产业的集聚能力并不明显；LQ < 1，表明该地区该产业处于比较劣势，未形成地方专业化生产，集聚能力弱。但是，采用区位商判断区域内产业集聚要确定 LQ 到底多大才可以说明产业集聚，实际上并没有明确的数值门槛。Miller 等（2001）根据区位商超过 1.25 判断英国的产业集群；Isaken（1996）以区位商大于 3 来测量挪威的产业集聚情况。制造业在我国国民经济发展中处于主导地位，是拉动经济增长的主要行业，在此以二位数工业行业总产值或销售产值计算各行业区位商，并以区位商大于 1.2 来判断是否具有明显的产业集聚现象。数据主要源于国研网工业统计，个别年份源自各省域统计年鉴；由于 2003 年以来《中国工业经济统计年鉴》公布的二位数分类采掘业和制造业统计数据缩减为 27 个，包括 06、07、08、09、10 共 5 个采掘业，13、14、15、16、17、18、22、25、26、27、28、31、32、33、34、35、36、37、39、40、41 等 21 个制造业，以及电力、热力的生产和供应业。为便于进行时期比较，在此仅分析以上 27 个国民经济主要工业行业。

计算结果显示，2012 年，东部地区在化学纤维制造业、通信设备电子计算及其他电子设备制造业、仪器仪表及文化办公用机械制造业、纺织服装鞋帽制造业、纺织业、电气机械及器材制造业、金属制品业等七个行业具有比较优势。中部地区在有色金属矿采选业、煤炭开采和洗选业、有色金属冶炼及压延加工业、非金属矿采选业、非金属矿物制品业、烟草制品业、专用设备制造业、农副食品加工业、食品制造业、饮料制造业等十个行业具有比较优势。西部地区在石油和天然气开采业、煤炭开采和洗选业、烟草制品业、有色金属矿采选业、饮料制造业、有色金属冶炼及压延加工业、电力热力的生产和供应业、黑色金属矿采选业、石油加工炼焦加工业等九个行业具有比较优势。东北地区在石油和天然气开采业、黑色金属矿采选业、农副食品加工业、石油加工炼焦加工业、交通运输设备制造业、通用设备制造业、医药制造业、非金属矿物制品业等八个行业具有比较优势。总体上，东部地区以集聚技术密集型的装备制造业和劳动密集型的纺织业为主，中部地区主要集聚了资源依赖型的采矿业和以内需为主的轻工业，西部地区主要集聚了采矿业和高耗能的资本密集型行业，东北地区以集聚采矿业和技术密集型的装备制造业为主。即中西部及东北地区均以资源依赖型的采矿业占据比较优势，东部和东北地区以技术密集型的装备制造业占据比较优势。这一是源于中西部及东北地区的自然资源优势，东部地区的人才和劳动力优势；二是由于近年来，随着区域竞争的加剧和经济全球化的推进，各区域部门内产品专业化和功能专业化在日益深化，从而促进各地形成比较优势。特别是在广东、浙江、江苏、福建等沿海地区，各类产业集群不断涌现，有力地推动了产品和工序专业化分工的持续深化。

比较2012年四大区域高技术产业集聚状况，可以发现，东部地区在电子及通信设备制造业、计算机及办公设备制造业等高技术行业具有微弱的比较优势；中部地区在医药制造业具有明显的比较优势，在航空、航天器及设备制造业具有相对微弱的比较优势；西部和东北地区均在航空、航天器及设备制造业具有明显的比较优势，东北地区在医药制造业及医疗仪器设备及仪器仪表制造业等高技术产业也具有明显的比较优势（见图4－7）。

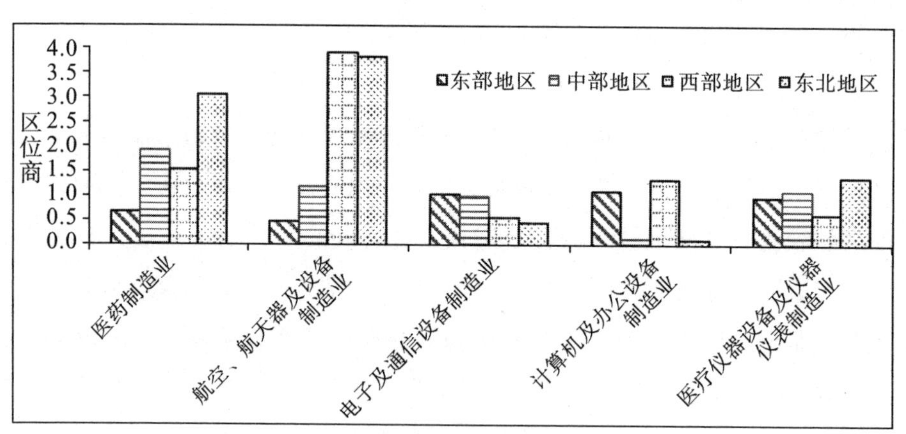

资料来源：根据2013年《中国工业统计年鉴》数据计算得到。

图4－7　2012年中国四大区域高技术产业的区位商

空间基尼系数是由克鲁格曼在1991年提出的，用以测算美国制造业行业的集聚程度，其计算公式为：

$$G_i = \Sigma(S_i - X_i)^2$$

其中，Gi 为 i 行业空间基尼系数，Si 为某地区 i 行业产值占全国该行业产值的比重，Xi 为该地区所有行业产值占全国所有行业产值的比重，对所有地区进行加总，即可得出某行业的空间基尼系数。空间基尼系数也可以运用就业人数、销售额、资产总额、主营业务收入等指标进行计算。空间基尼系数在［0，1］之间分布：越接近于1，表明产业在空间分布上越集中；越接近于0，表明产业在空间分布越分散。受统计数据所限，在本书中使用1993～2011年工业总产值、2012年工业销售产值、2013年主营业务收入分别计算各行业空间基尼系数。在各行业空间基尼系数的基础上，采用某年份全国各行业总产值（或销售收入）占全国所有行业总产值（或销售收入）的比重作为权重，计算加权平均空间基尼系数。图4－8显示，加权平均空间基尼系数呈现倒“U”型变化，其中在1999～2005年期间波动上升，2006～2013年期间逐渐下降。显然，2006年以来在省域层面出现工业扩散趋势是与一系列区域协调发展战略的实施密不可分的。即区域协调发展战略与政策的空间效应之一是工业空间结构的演变。

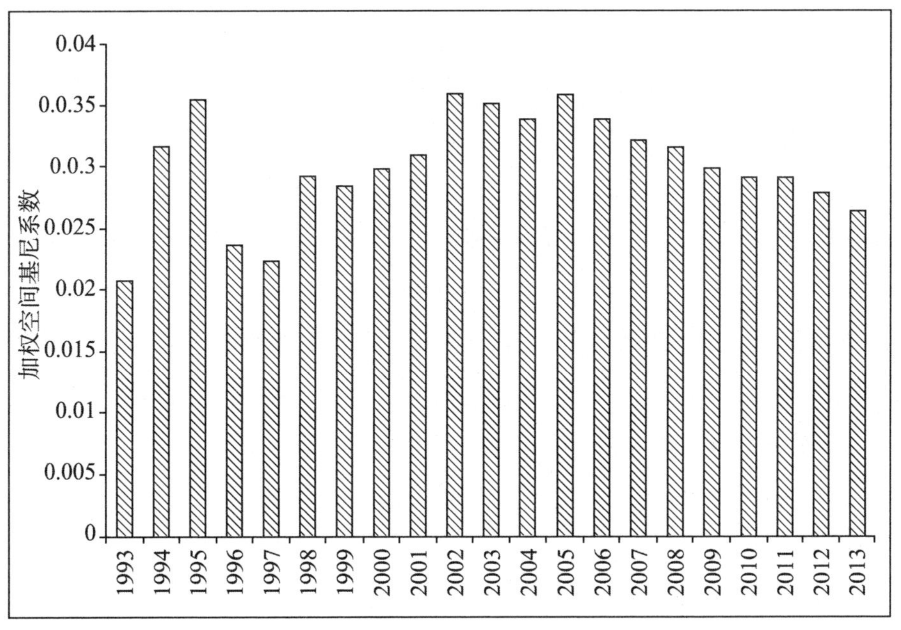

资料来源：根据2000～2013年《中国工业统计年鉴》和1994～1999年各省域统计年鉴中的细分工业行业产值数据计算得到。

图4－8 1999～2013年中国工业加权空间基尼系数

2. 产业扩散（转移）

重塑经济地理是一国为实现区域平衡发展而进行的必要转变，产业转移与人口迁移则是塑造经济地理变迁的两种主要路径。胡俊超（2006）、魏后凯（2006）、陈栋生（2008）、范剑勇（2008）等学者均认为，推进区际产业转移是实现区域协调发展的重要而有效的途径。

产业转移是具有产业、空间和时间三个维度的动态过程（Rosenthal，Strange，2004；Beaudry，Schiffauerova，2009），是对产业结构构成要素的国际或区际移动的描述，是国际或区际产业分工形成的重要因素，也是转入国（区）与转出国（区）产业结构调整和升级的重要途径。上述加权空间基尼系数的变动趋势说明2006年以来中国工业趋于分散，那么，其产业空间扩散（转移）的方向和幅度是怎样的？在此，借鉴孙久文（2013）的观点，使用产业总产值占全国比重的相对变化来衡量产业的区域转移。即以某产业产值占全国该产业总产值比重的相对变化来确定，如果某区域某产业产值占比上升，则认为该区域是该产业的转入地，反之说明是该产业的转出地。

首先，从时间维度看，2005年开始出现工业产业转移，东部地区为工业产业转出地，中部、西部、东北三个区域均为转入地，其中中部是工业各行业转入的最主要地区，西部次之，再次是东北。2004年东部地区制造业产值占全国制造业总产值的68.9%，此后占比下降，2012年①降至57.1%，比2004年下降了11.8个百分点。相反，2004年以来中部、西部地区大多数制造业产值份额呈现不同程度的上升趋势，其中以中部产业份额的上升幅度更大，2012年中部制造业销售产值占全国比重达到19.7%，比2004年上升了6.9个百分点；西部制造业销售产值占全国比重达到14.3%，比2004年上升了3.7个百分点；东北制造业销售产值占全国比重达到8.9%，比2004年上升了11个百分点（见表4-4）。

其次，从空间维度看，2012年广东、上海、浙江、北京的工业销售产值占

① 由于2012年中国工业统计不再使用工业总产值，故2003～2011年使用工业总产值指标，2012年使用工业销售产值指标。

全国的份额分别比 2004 年下降了 4.3%、3.4%、2.6% 和 1.2%，2012 年河南、安徽、湖南、山东、江西、湖北、内蒙古的工业销售产值占全国的份额分别比 2004 年上升了 1.7%、1.3%、1.3%、1.3%、1.2%、1.1% 和 1.0%。因此，工业产业转移的空间特征是东部三大城市群（珠三角、长三角和京津）为主要转出区，中部豫皖湘赣鄂 5 省及城市群的周边省域（山东、内蒙古）为主要转入区，即典型的“产业西进”。

第三，从细分制造业维度看，2004 ~ 2012 年期间，东部地区的非金属矿采选业、非金属矿物制品业、饮料制造业、农副食品加工业、纺织服装、鞋、帽制造业、金属制品业、专用设备制造业、通用设备制造业、造纸及纸制品业、电气机械及器材制造业等行业占比下降幅度更大。中部地区的专用设备制造业、纺织服装、鞋、帽制造业、非金属矿物制品业、农副食品加工业、有色金属矿采选业、饮料制造业、电气机械及器材制造业、食品制造业等行业占全国份额的上升幅度较大。西部地区的煤炭开采和洗选业、饮料制造业、石油和天然气开采业、石油加工、炼焦加工业等资源型和劳动密集型行业的上升幅度较大。东北地区的黑色金属矿采选业、农副食品加工业、非金属矿物制品业、通用设备制造业等四个行业的上升幅度较大（见表 4 -4）。可见，随着中西部地区承接东部产业转移规模的不断扩大，产业层次逐渐提升，承接的产业由以纺织、服装为主的低层次劳动密集型产业逐渐转向以机械、电子信息为主的资本密集型和技术密集型产业。换言之，现阶段由东部地区向中西部地区扩散的产业并不局限于比较单一的产业门类，不仅涉及到典型的劳动力密集型产业，也涉及到资本密集型与技术密集型产业。分析各行业向中西部地区扩散的原因，要素成本变化并不是驱动产业扩散的唯一显著原因，集聚外部性等的变化也是主要原因；引起多数产业空间扩散的主要因素是地区同行业企业的激烈竞争，但是不同的产业发生空间分布变化的原因也不尽相同，经济集聚的拥挤效应在劳动力相对密集的行业中体现更为明显，在技术密集与资本密集的产业中体现微弱，劳动力密集型产业更容易受其他经济活动竞争影响，在产业结构升级演变过程中更容易被率先淘汰从而扩散到相对落后的地区（毛琦梁，2014）。

表 4－4　2004、2008、2012 年中国四大区域 28 个工业两位数行业产值占全国比重

单位：%

产业	2004 年				2008 年				2012 年			
	东部	中部	西部	东北	东部	中部	西部	东北	东部	中部	西部	东北
全部	68.9	12.8	10.6	7.8	63.9	15.9	12.1	8.0	57.1	19.7	14.3	8.9
06 煤炭开采和洗选业	31.8	43.5	17.2	7.5	23.5	42.9	27.2	6.4	23.0	37.3	34.4	5.3
07 石油和天然气开采业	35.2	5.5	27.6	31.7	33.7	5.8	31.9	28.6	31.8	4.3	40.3	23.6
08 黑色金属矿采选业	51.6	20.0	17.2	11.2	46.7	16.4	18.7	18.3	41.7	17.8	18.1	22.4
09 有色金属矿采选业	36.2	33.6	23.8	6.4	23.1	38.8	31.2	6.9	21.2	41.5	29.9	7.4
10 非金属矿采选业	56.0	20.4	19.6	4.0	44.9	28.0	18.2	8.8	30.4	32.2	23.5	13.9
13 农副食品加工业	60.6	15.4	14.1	9.9	51.3	19.9	15.1	13.7	42.4	25.2	14.7	17.7
14 食品制造业	62.0	16.8	14.5	6.8	53.9	21.6	15.7	8.7	51.5	24.0	15.1	9.4
15 饮料制造业	56.7	15.7	20.6	7.0	44.9	20.9	25.3	8.9	37.0	25.2	28.4	9.3
16 烟草制品业	36.5	24.8	35.6	3.2	36.5	25.9	34.1	3.5	37.3	25.9	33.2	3.7
17 纺织业	84.8	8.8	4.6	1.8	81.7	11.4	5.3	1.6	75.1	16.8	6.1	1.9
18 纺织服装、鞋、帽制造业	91.7	5.0	0.9	2.3	85.1	8.0	1.5	5.4	75.8	16.3	3.0	4.9
22 造纸及纸制品业	77.0	12.8	7.1	3.1	72.5	16.8	7.2	3.4	66.1	19.1	9.8	4.9
25 石油加工、炼焦加工业	48.6	16.7	13.2	21.4	50.0	16.4	16.4	17.2	52.9	12.9	19.0	15.1
26 化学原料及化学制品制造业	69.7	12.0	10.9	7.4	66.7	14.8	12.0	6.4	63.1	17.6	12.1	7.2
27 医药制造业	59.6	14.7	16.5	9.2	55.3	18.9	15.8	10.0	53.3	21.2	14.3	11.3
28 化学纤维制造业	83.7	8.4	2.6	5.2	86.4	6.3	3.5	3.8	89.5	4.8	4.0	1.7

续表

产业	2004 年				2008 年				2012 年			
	东部	中部	西部	东北	东部	中部	西部	东北	东部	中部	西部	东北
31 非金属矿物制品业	65.0	18.3	11.1	5.5	55.9	23.8	11.8	8.5	44.3	29.4	14.7	11.7
32 黑色金属冶炼及压延加工业	58.8	17.9	13.0	10.3	58.7	19.1	13.6	8.5	56.0	19.6	15.0	9.5
33 有色金属冶炼及压延加工业	46.4	25.9	23.0	4.7	41.7	32.1	22.0	4.2	40.3	33.7	22.4	3.6
34 金属制品业	85.6	6.6	3.7	4.1	79.2	9.0	5.1	6.7	70.0	14.8	7.7	7.5
35 通用设备制造业	76.5	9.2	6.4	7.9	70.5	11.0	7.1	11.3	64.5	15.6	7.8	12.1
36 专用设备制造业	68.8	14.8	9.6	6.9	61.4	18.2	10.6	9.7	55.7	25.5	8.3	10.6
37 交通运输设备制造业	56.0	14.9	13.1	16.1	57.5	15.6	13.4	13.5	55.3	16.7	13.6	14.4
39 电气机械及器材制造业	84.7	7.5	4.4	3.3	79.4	10.9	5.4	4.3	71.5	17.1	6.6	4.7
40 通信设备、计算机及其他电子设备制造业	93.7	1.9	2.4	1.9	92.8	2.8	2.9	1.6	83.1	8.2	7.2	1.5
41 仪器仪表及文化、办公用机械制造业	88.0	4.5	4.7	2.7	83.5	8.1	5.0	3.4	78.6	11.0	5.9	4.5
44 电力、热力的生产和供应业	56.0	18.2	16.7	9.1	54.2	19.3	18.5	7.9	50.8	20.6	21.7	7.0

资料来源：根据 2005 年、2009 年和 2013 年《中国工业经济统计年鉴》数据计算得到。

虽然技术密集型产业开始向中西部地区转移，但东部地区强化产业结构升级和技术创新的集聚效应依旧明显。2004 年和 2006 年东部地区高技术产业主营业务收入占全国的比重高居90%以上，此后出现较大幅度的下降，2012年降至76.6%，比2006年下降了13.8个百分点；2012年中部地区高技术产业主营业务收入占比升至10.9%，比2006年上升了5.3个百分点；2012年西部地区高技术产业主营业务收入占比升至8.8%，比2006年上升了4.9个百分点；2012年东北地区高技术产业主营业务收入占比降至3.8%，比2006年下降了3个百分点（见表4-5）。

表4-5　2000~2012年中国四大区域高技术产业主营业务收入占比

单位:%

年份	东部	中部	西部	东北
2000年	80.4	6.4	7.2	6.0
2002年	85.7	7.9	6.4	7.7
2003年	88.6	6.5	4.9	6.2
2004年	91.0	4.9	4.1	5.6
2005年	88.5	4.3	4.1	3.1
2006年	90.4	5.6	3.9	6.8
2007年	89.7	6.0	4.3	6.8
2008年	88.3	7.0	4.6	5.7
2009年	84.3	6.9	5.2	3.6
2010年	83.5	7.4	5.5	3.7
2011年	80.1	9.3	6.8	3.8
2012年	76.6	10.9	8.8	3.8

资料来源：根据2007年和2013年《中国高技术产业统计年鉴》计算得到。

综上，产业扩散（转移）是优化生产力空间布局、形成合理产业分工体系的有效途径，是促进东中西区域协调发展、推动东部沿海地区经济转型升级的重要手段。近十余年来随着发展阶段和环境的变化，中国制造业分布开始由过去的向沿海集中，逐步转变为向内陆地区转移扩散。东部产业西进和海外向内陆投资增多，促使区域经济活动渐趋分散化。这源自于转出地和承接地共同的动力：（1）东部推力。由于产业集聚的负外部性凸显，能源和电力供应紧张、要素成本不断上涨以及环保标准提高和产业升级压力等，促使珠三角、长三角、闽南等沿海地区产业加快向中西部地区转移；（2）政策推力。实施推进西部大开发和促进中部崛起战略，尤其是出台了《关于中西部地区承接产业转移的指导意见》（国发〔2010〕28号），从财税、金融、产业与投资、土地、商贸、科教文化等六个方面明确了若干支持政策，引导“东商西进”和中西部地区有序承接产业转移，在全国范围内优化产业分工格局；（3）中西部拉力。中西部在能源矿产丰富、工业用地充裕、要素成本低、地方优惠政策等方面具有吸引产业转入的巨大拉力。

三、投资、消费及对外开放格局变动

投资、消费、净流出三大需求，是拉动经济增长的强大动力，通常被称为“三驾马车”。“三驾马车”对不同国家、不同地区和处于不同经济发展阶段的经济增长的拉动效果有所不同。中国区域协调发展战略和政策的实施对“三驾马车”空间格局变动产生重要影响。

（一）固定资产投资格局

中国是一个典型的投资驱动型经济增长模式，经济增长在很大程度上依赖于投资的拉动，固定资产投资的数量与经济增速呈现出明显的正相关性。从实际全社会固定资产投资（1990年价格）在四大区域分布的变化看，投资格局在2003年出现转折。1990～2003年期间，东部地区实际全社会固定资产投资占全国实际全社会固定资产投资总量的比例呈现波动中上升，由1990年的46.3%升至2003年的55.2%；2004年以来持续下降，2013年降至40.6%。中部投资占比由2003年的17.5%持续升至2013年的24.1%；西部投资占比由1999年的18.4%持续升至2013年的24.7%；东北投资占比由2003年的7.8%波动上升至2010年的11.3%，2011～2013年波动在10.6%～11.2%之间（见图4－9）。从省际分布变化看，以浙江、广东、上海、北京、山东等五省域投资占比的下降趋势显著，2013年投资占比均比2004年下降2个百分点以上；陕西、安徽、河南、湖北、广西、辽宁、河北等七省域投资占比的上升趋势明显，2013年投资占比均比2004年上升1个百分点以上。因此，自实施区域协调发展战略以来，中西部全社会固定资产投资一直保持相对较高的增长速度，主要体现为基础设施、生态保护等重大工程建设，投资份额占比持续或波动上升，投资对于保持中西部及东北地区的经济快速增长发挥了重要作用。

从投资对经济增长的贡献看，东部、中部、西部和东北地区在1990～2003年期间投资对经济增长的平均贡献率分别为77%、74%、66%和85%；2004～2013年期间分别降至72%、52%、57%和53%，即投资贡献率的下降幅度以东北和中部地区更为明显。虽然目前四大区域的投资贡献率仍超过50%，即投资仍是促进经济增长的关键因素；但是，这种高度依赖投资推动经济增长的隐患较大。一方面，投资形成的产能是以世界市场需求为对象，一旦外部需求萎缩，将对国内经济形成较大冲击；另一方面，中国式的投资驱动型增长模式是以高消耗、高排放、低附加值为特征的，这种粗放发展模式是不可持续的，在资源和环境双重约束下越来越难以为继，必须尽快实现转型。

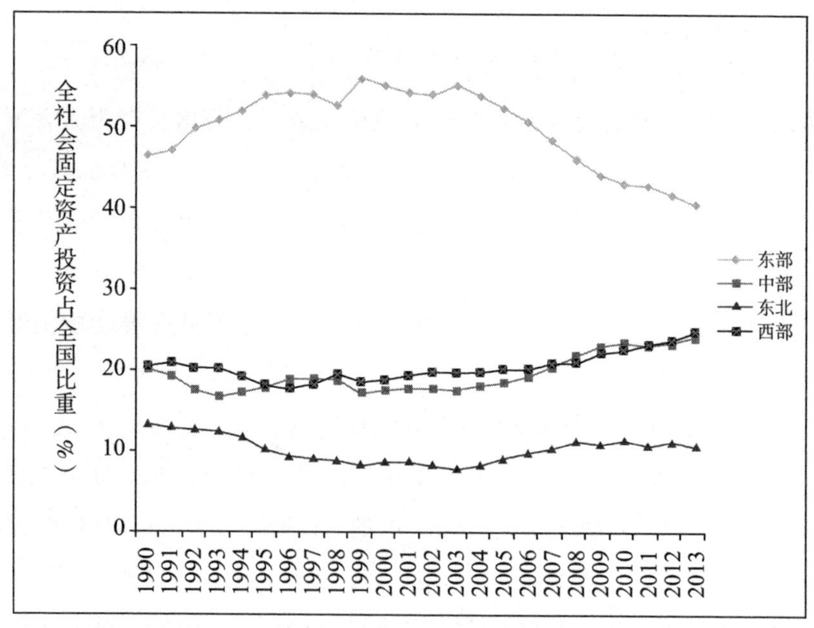

资料来源：根据《新中国六十年统计资料汇编》、2009～2013年《中国统计年鉴》、2013年各省国民经济和社会发展统计资料公报中的数据计算得到。

图4－9　1990～2013年中国四大区域全社会固定资产投资占全国比重

（二）消费格局

伴随国家重大基础设施、生态保护等一批重大项目的投资建设，中西部地区的企业生产和经营效益不断改善，同时财政转移支付力度逐步加大，全社会消费水平和城乡居民收入水平稳步提高。从消费额的增速看，自实施区域协调发展战略以来，西部、中部和东北地区均呈现出消费增速快于全国平均水平的特点。西部地区实际全社会消费品零售总额①由 2000 年的 5919 亿元增加到 2013 年的 40929 亿元，年均增长 14.8%，略高于 2000～2013 年期间全国平均增长率 14.6%；消费总额占全国的比重从 2000 年的 16.9% 增至 2013 年的 17.4%。中部地区实际全社会消费品零售总额由 2004 年的 11072 亿元增加到 2013 年的 46641 亿元，年均增长 15.5%，略微高于 2004～2013 年期间全国平均增长率 15.2%；消费总额占全国的比重从 2004 年的 19.3% 提高到 2012 年的 20.3%，2013 年略微下降至 19.8%。东北地区实际全社会消费品零售总额由 2003 年的 4763 亿元增加到 2013 年的 21637 亿元，年均增长 16.3%，略低于 2003～2013 年期间全国平均增长率 16.5%；消费总额占全国的比重维持在 9.1%～9.3% 之间。

总体上，1990 年以来消费格局变动不如投资格局变动明显，四大区域的消费占比波动在 3 个百分点以内。1994 年以来东部地区实际社会消费品零售总额占全国的比重维持在 52%～55% 之间，2005～2012 年期间小幅下降；1990 年以来中部地区的消费占比维持在 19%～21% 之间，西部地区的消费占比维持在 17%～18% 之间，东北地区的消费占比维持在 10%～11% 之间。消费需求在空间上呈现东部小幅向中西部地区转移的主要原因在于：（1）经济发展水平的区域性差异和居民收入的不均等。虽然在区域协调发展战略和政策的实施下，东北、中部和西部地区获得较快发展，但是东部地区 GDP 依旧占据“半壁江山”，这种发展水平的差距直接导致了区域之间居民收入的不均等，形成“东强西弱”的消费空间格局。（2）随着工业和投资向中西部地区的转移，导致了中西部地区的潜在消费需求增加，但由于消费需求增幅较小，造成中国整体消费需求空间转移缓慢。（3）中西部城镇化水平低、经济发展缺乏活力、城乡居民收入偏低等，导致其商业发展不足、要素流动缓慢、贸易外对联系相对较弱

① 以各省居民消费价格总指数（1990 年 =100），计算得到 1990～2013 年四大区域的实际社会消费品零售总额。

等。一个地区的贸易状况反映出该地区对外联系的广度和深度，进而可以看出在区域经济中发挥的关联带动作用。因此，贸易在东西部之间的差距，抑制着西部区域经济带动作用的发挥。

（三）对外开放格局

1. 外商直接投资

作为中国参与全球化的两个最重要形式，外商直接投资流入分布和对外贸易的空间分布具有内在的一致性，二者的数量、规模和结构等都直接影响着经济增长与经济发展的质量。外商投资早期进入中国市场最大的吸引力来自廉价的劳动力和优惠的引资政策，这些企业外向型特征明显、对出口市场依存度高，东部地区自然成为外资集聚的首选地。东部地区因其具有的明显区位优势和较长时间享受国家给予的对外开放倾斜政策，在对外开放进程和程度上一直领先于中西部地区。中国大量的定牌、贴牌企业以及其他类型的合资企业大量集聚于珠三角、长三角及环渤海湾地区。

进入新世纪以来，中国实际利用外商直接投资的区域格局悄然发生改变，由高度集中于东部地区逐步向中西部及东北地区转移扩散。1999 年，东部地区实际利用外商直接投资额①占全国的比重高达 80.1%，2013 年降至 53.3%，14 年间下降了 26.8 个百分点。相反，中部、西部②和东北地区实际利用外商直接投资额占全国比重出现不同程度的上升，2013 年中部地区实际利用外商直接投资额占全国的比重升至 18.6%，比 1999 年提高了 11.7 个百分点；2013 年西部地区实际利用外商直接投资额占全国的比重比 1999 年提高了 8 个百分点；东北地区则提高了 7.1 个百分点。比较各省域单元实际利用外商直接投资的变动，更能够清晰地看出外资向中西部省域的转移。比如，重庆市在 2007 年之前实际利用外商直接投资占 GDP 比重一直低于 2%，但是 2008 年以来迅速上升，2011 年升至 7.4%，2012 年和 2013 年略有下降，2013 年降至 5.7%；河南省在 2005 年之前实际利用外商直接投资占 GDP 比重一直低于 1%，2006 年以来

① 由于 FDI 用美元衡量，为此，按照当年美元对人民币的汇率将实际利用外商直接投资调整成以人民币衡量；再经过价格调整，得到各省域各年度 1990 年价格的实际利益外商直接投资；最后汇总四大区域实际利益外商直接投资。

② 因为西藏自治区实际利用外商直接投资数据缺失，故西部地区不包括西藏自治区。

持续上升，2013 年升至 2.6%；江西省在 2001 年之前实际利用外商直接投资占 GDP 比重一直低于 2%，2002～2013 年期间则一直保持在 3.3%～4.6% 之间；广东省在 1993～2003 年期间实际利用外商直接投资占 GDP 比重一直保持在 7%～12% 之间，但是 2004 年迅速降至 3.8%，此后持续下降，2013 年降至 2.1%。

外商直接投资格局向中西部和东北地区转移扩散，主要是由于西部大开发、东北振兴以及中部崛起等战略相继实施，带来内陆地区的投资环境不断改善，一方面新增的实际利用外商直接投资开始不断涌向内陆地区，另一方面原有东部地区的部分 FDI 也开始向中西部迁移或撤离东部地区。

2. 进出口贸易

虽然自 1990 年以来中国对外开放的领域、方式和水平在不断拓展和提高，但是东部地区对外贸易总额在全国对外贸易总额中仍然占有绝对优势地位。数据显示，东部地区实际进出口额[①]占全国的比重由 1990 年的 83% 逐渐升至 2004 年的 88.9%；此后波动下降，2013 年降至 83.7%。东北地区实际进出口额占全国的比重由 1990 年的 7.8% 降至 2009 年以来的不足 5%。2013 年中部、西部地区实际进出口额占比分别为 5.3%、6.7%。与实际利用外商直接投资的区域格局相比较，进出口在四大区域的不均衡分布态势更加明显、更难以发生变动。

从进出口份额较高的省域看，变动趋势不尽一致：广东、北京、上海、山东、江苏、浙江、福建、辽宁等八省域的进出口份额所占比重较高，其中北京早在 1990 年代就表现出进出口额占比的大幅度下降，广东则在进入新世纪以来表现出进出口额占比的大幅度下降，江苏、浙江、山东表现为新世纪以来不同程度的上升，上海表现为 2004 年之前的持续上升和 2005 年以来的缓慢下降，辽宁和福建呈现出 2000 年以来进出口额占比的小幅度下降（见图 4－10）。

① 以进出口价格指数（1990 年＝100）消除价格因素的影响，计算全国 31 个省域 1990～2013 年进出口额，进而汇总四大区域进出口额及占比。

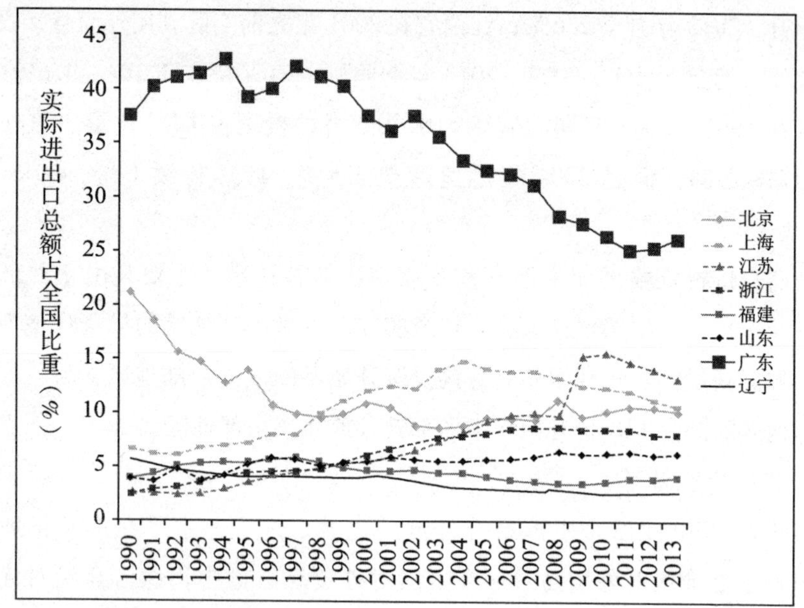

资料来源：根据《新中国六十年统计资料汇编》、2009～2013年《中国统计年鉴》、2013年各省国民经济和社会发展统计资料公报中的数据计算得到。

图4－10　1990～2013年中国东部沿海7省市及北京市进出口总额占全国比重

四、公共财政收支及转移支付格局变动

地方财政收入的多寡及其较高的弹性对地方的经济发展和社会稳定至关重要。我国各地的社会经济状况千差万别，相应的地方财政收入也有很大差异。地区间的财政收入差距是地区间经济发展差距的反映，在一定范围有其合理性，但差距过大就会影响到政府职能实现的程度，进而影响到经济和社会的协调发展。

（一）财政收支格局

1. 财政收入

自1994年分税制改革以后，中国地方财政收入主要由一般预算收入和基金预算收入构成，而一般预算收入是财政收入的重要组成部分。地方财政一般预算收入是指政府凭借国家政治权力，以社会管理者身份筹集以税收为主体的财政收入，主要用于保障和改善民生、维持国家行政职能正常运转、保障国家安全等方面。从四大区域一般预算财政收入总量占全国比重的变化看，2005年为转折点。东部地区财政收入占比在2005年达到峰值60.2%，之后出现下降，

2013 年降至 53.3%；2005～2012 年期间中部、西部和东北地区则分别提高了 2.3、4.3 和 0.3 个百分点，2013 年分别达到 17.4%、20.9% 和 8.4%，即西部财政收入占比的提升幅度更大。分析其中原因，主要由于东部地区产业结构调整和中西部工业化进程加速所致。财政收入的增长与 GDP 的产业构成及其变化趋势具有直接的关系，不同的产业对财政收入的贡献率不同，即第二产业增长对财政收入增长的拉动作用高于其它产业。因此，自 2004 年以来东部地区第三产业增加值占 GDP 比重不断上升和 2006 年以来第二产业增加值占 GDP 比重不断下降，是导致东部地区财政收入占全国比重出现下降的重要原因。相反，自 2004 年以来中西部地区承接东部地区产业转移和工业化快速推进，是促进其财政收入占全国比重出现一定幅度提升的重要原因。

财政收入占 GDP 比重在一定程度上反映了在生产总值分配中国家所得占的比重，同时也是衡量国民幸福感的最重要指标；财政收入占 GDP 比重越高，国家就越有能力为国民提供富足的公共服务，越有利于社会公平；反之，该比重太低，会降低国家宏观调控能力，影响国家安全事项和政权建设等。从地方财政收入占 GDP 比重看，2013 年东部和西部地区略高，均为 11.4%，中部地区最低，为 9.4%，东北地区居中，为 10.5%。上海、北京、天津、山西、贵州、云南、海南、重庆等八省域的地方财政收入占 GDP 比重在 2007～2013 年期间保持在 10% 以上；2013 年，河南、西藏、河北、山东、湖北等五省域的地方财政收入占 GDP 比重不足 8.5%。按照世界银行统计，人均 GDP 为 20000 美元以上的国家，财政收入占国内生产总值的比重一般为 40%～60%，人均 GDP 为 3000～10000 美元的国家一般为 30%～40%，人均 GDP 为 3000 美元以下的国家一般为 20%～30%。2013 年，东部人均 GDP 超过 10000 美元，东北、中部和西部地区的人均 GDP 超过 5000 美元，理论上财政收入占 GDP 比重应该为 30%～40%。因此，四大区域的财政收入相对规模均显著偏低。另外，财政收入占 GDP 比重也与地区经济发展质量和生产要素的聚集、配置、效率及运行质量等有着密切的关系。

人均财政收入体现了地方筹集资金的水平，能准确代表其实际的财政能力。从人均地方财政收入的区域差异看，在 2003 年，中西部地区分别与东部地区的人均地方财政收入的相对差距由扩大转向缩小（见图 4－11）。按照当年价格计算，1990 年中部、西部人均地方财政收入分别是东部的 51% 和 55%，2003 年中部、西部人均地方财政收入分别降至东部的31%、35%。但是，2004年以来中西部地区人均地方财政收入与东部地区的差距呈缩小趋势，2013年中部、西部人均地方财政收入分别升至东部的45%、54%。显然，中国实施的区域协调发展战略及时地扭转了中西部地方财力水平与东部差距持续扩大的态势。东北地区在20世纪90年代初期人均地方财政收入高于东部地区，但是1994年以来被东部地区超过，并且与东部的差距不断扩大，直到2007年差距达到峰值，2008年以来与东部的差距再次出现缩小趋势。从人均地方财政收入的综合差异看，31个省域人均地方财政收入的变异系数由1990年的1.13缓慢降至1995年的0.99；又缓慢升至2004年的1.17，2005年以来趋于下降，2013年降至0.70。即人均地方财政收入水平的综合差异呈现“下降—上升—下降”的“N”型变动态势。

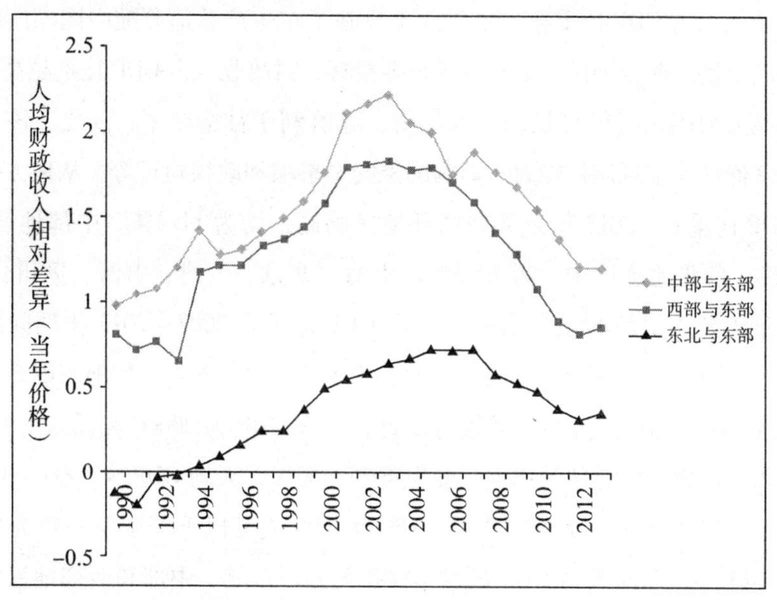

资料来源：根据1991~2014年《中国财政统计年鉴》数据计算得到。

图4-11　1990~2013年中国四大区域人均地方财政收入的相对差异

2. 财政支出

从四大区域财政支出占全国财政支出总量的比重看，2003年为转折点。东部地区财政支出占比在2003年达到峰值46.2%，之后出现下降，到2013年降至38.3%，下降了7.9个百分点；2013年，中西部地区财政支出占比分别达到22%、30%，分别比2003年提高了3.2、5.3个百分点，东北地区财政支出占比为9.7%，比2003年下降了0.6个百分点，即西部财政支出占比的提升幅度最大。

人均财政支出是地方政府资金分配的方式，更多的是一种财政意愿的反映。从人均财政支出的区域差异看，同样是2004年以来中部、西部地区分别与东部在人均地方财政支出水平的相对差异呈现不断缩小趋势，甚至2011年以来西部地区的人均地方财政支出水平超过了东部地区（见图4－12）。不过，人均财政支出的区域差异又具有与人均地方财政收入的区域差异不同的特点，具体表现在多数年份（1990～1996年期间、1999～2001年期间以及2008～2013年期间）东北地区的人均地方财政支出为最高，少数年份（1997～1998年期间、2002～2007年期间）东部地区的人均地方财政支出为最高；而人均地方财政支出水平则一直是中部地区最低，西部地区的人均地方财政支出水平略高于中部。

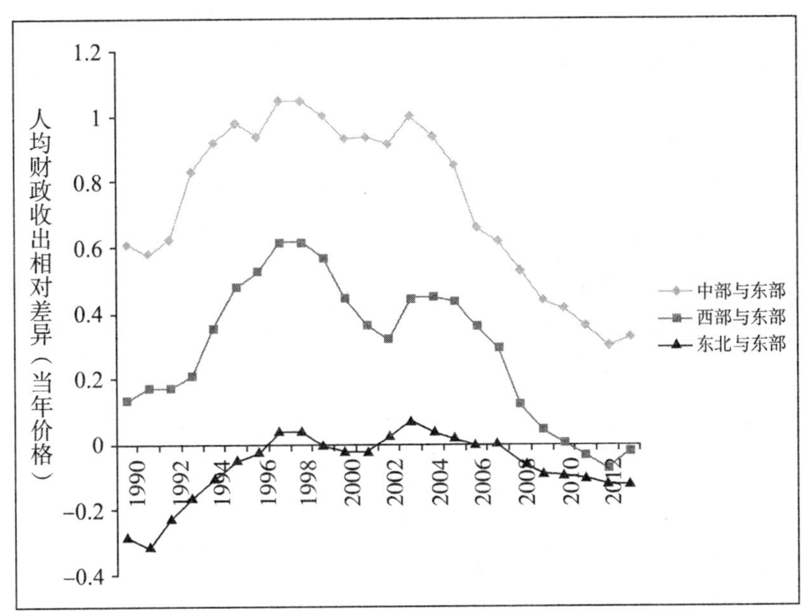

资料来源：根据1991～2014年《中国财政统计年鉴》数据计算得到。

图4－12　1990～2013年中国四大区域人均地方财政支出的相对差异

从财政支出的分类看，自2006年以来，四大区域的人均教育支出、社会保障和就业支出①、医疗卫生支出等公共服务支出显示出迅猛增长的特点，

① 自1998年以来中国财政统计才开始出现“社会保障与失业补助支出”，故统计1998～2013年期间的分项财政支出。

2006年之前呈线性增长，2006年之后呈指数型增长，特别是东北地区的人均社会保障和就业支出、东部地区的人均教育支出的快速增长趋势更加显著（见表4-6），这说明从2006年以来国家公共财政走向民生财政，促使各地区基本公共服务不断改善。从各项财政支出的地区差异看，1998~2013年期间，人均教育经费支出和人均卫生经费支出均表现为东部最高，其次是东北和西部，中部最低；人均社会保障和就业支出表现为东北最高，其次是西部，中部和东部偏低。计算人均卫生经费、人均社会保障和就业支出、人均教育经费三项支出的变异系数，可以看出，自1998年以来人均卫生经费和人均教育经费的地区差异基本上呈缩小态势，2013年变异系数分别降至0.32、0.36，其中人均卫生经费的变异系数比1998年下降了169%，人均教育经费的变异系数比1998年下降了94%；人均社会保障和就业支出的地区差异波动起伏，2013年变异系数为0.45，比1998年下降56%。即人均社会保障和就业支出的地区差异依旧较大一些，且下降速度较慢。

表4-6　　1998~2013年中国四大区域的基本公共服务支出

单位：元/人

年份	人均教育经费支出				人均卫生经费支出				人均社会保障和就业支出			
	东部	中部	西部	东北	东部	中部	西部	东北	东部	中部	西部	东北
1998年	138	67	80	107	48	20	28	34	9	9	10	30
1999年	153	77	93	124	50	21	31	35	16	21	22	98
2000年	173	90	107	141	54	23	34	38	25	39	45	133
2001年	212	112	141	172	61	26	41	42	38	52	58	173
2002年	253	136	166	199	67	28	46	46	46	69	82	200
2003年	283	147	179	217	82	35	53	60	60	80	88	223
2004年	324	173	208	255	90	39	58	62	72	95	97	286
2005年	379	209	251	300	105	49	75	77	90	104	115	353
2006年	436	255	313	362	129	68	93	99	113	134	126	388
2007年	637	391	466	549	177	113	149	153	360	348	378	714
2008年	768	498	621	691	237	164	210	198	430	436	528	826
2009年	867	577	739	761	297	255	315	372	487	525	677	1016

续表

年份	人均教育经费支出				人均卫生经费支出				人均社会保障和就业支出			
	东部	中部	西部	东北	东部	中部	西部	东北	东部	中部	西部	东北
2010 年	1027	670	910	872	362	302	394	363	555	579	737	1040
2011 年	1308	935	1169	1129	478	419	530	453	679	690	917	1230
2012 年	1610	1265	1534	1572	540	475	590	487	770	778	1030	1358
2013 年	1725	1238	1529	1451	613	532	650	548	870	884	1149	1573

资料来源：根据 1999 ~2014 年《中国财政统计年鉴》数据计算得到。

综上，不论是人均地方财政收入还是人均地方财政支出，均表现出明显的“中部塌陷”现象。解析其中原因，自 1998 年以来，中央在实施积极财政政策时，强调缩小地区财政能力的差距，中央财政在国债资金的投向方面对中西部地区有所倾斜。同时，中西部地区的国债注重投资于西部地区道路建设、教育基础设施、教育补助项目、生态建设以及中西部地区旅游设施建设，这有利于增强中西部地区的自我发展能力，跳出经济财政恶性循环的陷阱。由于西部各省域的人口数量普遍较少，故人均地方财政支出与东部省域的差距在逐渐缩小；而中部地区人口密集，其财政转移支付重点在于粮食主产区和原材料供应地的建设等方面，故影响其人均基本公共服务支出的提升相对缓慢。在此需要注意的是东部地区，虽然东部地区经济活动集中和产出高，但是 2011 年以来人均财政支出不及东北和西部地区，这将可能影响到东部地区改善公共服务的进程。

（二）转移支付格局

政府间转移支付制度是指以中央政府与地方政府之间或上下级政府之间存在的财政能力、收支差异为基础，以实现各地公共服务水平的均等化为根本目标而实行的一种财政资金的相互转移或财政平衡制度。中国财政转移支付制度缘于 1994 年实行的分税制改革，财政分权极大地增强了中央财政的汲取能力，转移支付主要致力于地区间基本公共服务均等化目标的实现。随着转移支付制度的逐步完善，到 2009 年已经形成了一般性转移支付与专项转移支付相互协调的转移支付体系。一般性转移支付是指中央政府对有财力缺口的地方政府（主要是中西部地区）的补助，地方政府按照相关规定统筹安排和使用，主要解决基本公共服务均等化问题；资金补助包括均衡性转移支付、革命老区、民族和边境地区转移支付、农村税费改革转移支付、调整工资转移支付以及义务教育转移支付等。专项转移支付是指中央政府对承担委托事务、共同事务的地方政府，给予的具有指定用途的资金补助，以及对应由下级政府承担的事务，给予的具有指定用途的奖励或补助，主要解决外部性、中央地方共同支出责任以及实现中央特定目标问题，主要用于教育、社会保障、农业等方面。2012 年中央对地方一般性转移支付 21430 亿元，占转移支付总额的 53.3%；中央对地方专项转移支付 18804 亿元，占转移支付总额的 46.7%。2012 年按照各地区人均公共财政收支计算，如果以东部地区为 100，在中央转移支付之前，中部、西部地区人均公共财政收入分别为 36 和 42；通过转移支付实施再分配后，中部、西部地区人均公共财政支出提高到 63 和 85①。因此，通过中央转移支付，明显缩小了地区间财力差距，促进了地区间基本公共服务均等化。

近十余年中国转移支付规模不断增加，一方面是随着经济的发展，基于分税制设定中央政府集中的收入不断增加，并以加大转移支付的方式在政府间进行资源再分配，来自中央政府的转移支付资金成为地方政府财政支出的重要组成部分；另一方面是中央财政在教育、社会保障与就业、医疗卫生、保障性安居工程等方面加大投入，主要以转移支付的方式下达地方。随着转移支付规模的增加与结构优化，促使其在均衡地区间财政支出水平、推进地区间基本公共服务均等化等方面发挥更加积极的作用。

表 4－7 显示了 1995～2012 年四大区域中央财政补助收入（含税收返还）②数量及其占比的变动趋势，可以看出，东部地区中央财政补助收入占全国的比重由 1995 年的 43.5% 降至 2007 年的 21.9%，2008～2012 年在 22%～24% 之间波动。2000 年以来，中央财政对西部地方财政的补助支出力度明显增强，2000 年之前西部地区中央财政补助收入占全国的比重不足 30%，2008～2012

① 国家财政部网站。

② 中央补助收入包括：税收返还、所得税基数返还、体制补助、专项补助、调整工资转移支付、社会保障转移支付、民族地区转移支付、农村税费改革转移支付（不含民兵训练费转移支付）、减免农业税补助、结算补助、其他补助。

年接近40%。中部地区中央补助收入占全国比重呈波动上升的态势，由1995年的17.4%升至2007年的26.9%，2008~2012年保持在25%~27%之间。东北地区中央补助收入占全国比重的变化相对较小，1995~2012年保持在10%~14%之间。2012年，西部各省域人均获得的转移支付额与全国的比值都是大于1的，其中新疆、宁夏、青海及西藏大于2。可以看出，国家转移支付政策明显地向广大中西部地区倾斜。

表4-7 1995~2012年中国四大区域的中央财政补助收入数量及占比

年份	中央补助收入含税收返还（亿元，当年价格）				中央补助收入含税收返还占全国比重（%）			
	东部	中部	西部	东北	东部	中部	西部	东北
1995年	1112	444	686	312	43.5	17.4	26.9	12.2
1996年	1130	487	737	318	42.3	18.2	27.6	11.9
1997年	1082	499	787	274	41.0	18.9	29.8	10.4
1998年	1283	664	938	401	39.0	20.2	28.5	12.2
1999年	1420	836	1185	551	35.6	20.9	29.7	13.8
2000年	1545	973	1574	656	32.5	20.5	33.2	13.8
2001年	1731	1347	2224	816	28.3	22.0	36.3	13.3
2002年	2242	1588	2542	909	30.8	21.8	34.9	12.5
2003年	2580	1772	2677	1029	32.0	22.0	33.2	12.8
2004年	3210	2293	3436	1283	31.4	22.4	33.6	12.6
2005年	3113	2625	3924	1458	28.0	23.6	35.3	13.1
2006年	3654	3442	4797	1696	26.9	25.3	35.3	12.5
2007年	3670	4511	6408	2159	21.9	26.9	38.3	12.9
2008年	5068	5699	8780	2623	22.9	25.7	39.6	11.8
2009年	6747	7401	11260	3287	23.5	25.8	39.2	11.5
2010年	7894	8521	12871	3736	23.9	25.8	39.0	11.3
2011年	9770	10947	16627	4679	23.2	26.0	39.6	11.1
2012年	10659	12357	18557	5171	22.8	26.4	39.7	11.1

资料来源：根据1996~2013年《中国财政统计年鉴》数据计算得到。

虽然总体上自2000年以来中央进一步加大对西部地区的转移支付力度，但是转移支付在西部地区内部存在着显著的差异，明显的表现为国家对西藏、青海、宁夏等省域的转移支付力度更大，进一步促使西部地区内部人均财政支出差距明显大于人均财政收入差距。以西藏为例，西藏人均财政收入水平位列西部最后一位，2012年仅为2815元，但人均财政支出水平却位居全国第一，高达9105元，人均财政支出是人均财政收入的3.23倍，远远高于西部其他省域；类似的还有青海省，2012年青海人均财政支出为6256元/人，是人均财政收入的1.9倍。然而，同在西部地区的陕西和内蒙古，2012年陕西人均财政支出为2740元/人，仅为人均财政收入的64%；2012年内蒙古人均财政支出4257元/人，仅为人均财政收入的68%。因此，对一直获得高额转移支付的西藏、青海等欠发达省域而言，中央转移支付的实施在缩小地区间财力水平差距方面确实发挥了重要作用，符合均衡地区财力的政策目标。

五、就业增长和居民收入格局变动

（一）就业增长及工资增长格局

1. 就业增长

就业是民生之本。中国政府和有关部门一直把就业问题放在“民生之本”的优先位置加以考虑，实行了一系列就业再就业政策和举措，初步建立起市场经济条件下促进就业的长效机制。根据西方国家的经济理论与实践，较高的经济增长率往往伴随着较低的失业率；但是自20世纪90年代以来中国经济高速增长并没有相应带来较高的就业率。1991~2012年期间，四大区域无一例外地表现出就业增长率远远低于经济增长率，四大区域的就业增长率均在3%以下，而四大区域的实际GDP增长率均高于8.5%（见表4-8）。

比较不同时期四大区域的就业增长率，仅1996~2000年期间中部地区就业增长率偏高，其余时期均表现为东部地区的就业增长率最高。特别是2006~2012年期间，尽管东部地区的经济增长率低于中西部和东北地区，但是就业增长率仍然是四大区域板块中最高的。就业弹性是经济增长每变化一个百分点所对应的就业数量变化的百分比，其变化取决于经济结构和劳动力成本等因素。计算四大区域的就业弹性，2006～2012年东部地区的就业弹性为0.19，高于其他三个区域。分析其中原因，现阶段东部地区在自然资源禀赋、产业发展状况和技术条件等方面仍存在着显著优势，工业化、城镇化和信息化发展水平也远高于中西部和东北地区。因此，上述要素综合作用于东部地区时其就业增长及就业弹性就高于其他区域。也正是由于东部地区就业增长一直相对较快，导致就业人员越来越集中在东部地区，东部地区就业人数占全国就业人员总量的比例由2006年的37.5%上升到2012年的38.7%，中部地区就业人员占全国就业人员总量的比例则由2006年的28.4%缓慢降至2012年的28%。显然，2006～2012年期间劳动力配置与经济总量空间格局的变动态势是完全相反的。

表4-8　1991～2012年中国四大区域就业增长率与经济增长率比较

单位:%

指标	时期	全国	东部	中部	西部	东北
城乡就业增长率	1991～1995年	1.9	2.1	2	1.7	1.2
	1996～2000年	0.9	0.8	1.6	0.5	-0.2
	2001～2005年	1.6	2.6	1.2	0.7	1.4
	2006～2012年	1.6	2.2	1.4	1.1	2.0
实际GDP增长率	1991～1995年	14.8	17.7	13.3	11.8	10.2
	1996～2000年	9.8	10.6	9.3	8.5	8.6
	2001～2005年	12.5	13.2	11.5	11.9	11.3
	2006～2012年	12.2	11.5	12.7	13.5	12.8
就业弹性	1991～1995年	0.13	0.12	0.15	0.14	0.12
	1996～2000年	0.09	0.08	0.17	0.06	-0.02
	2001～2005年	0.13	0.20	0.10	0.06	0.12
	2006～2012年	0.13	0.19	0.11	0.08	0.16

数据来源：广东、重庆、甘肃、青海的数据源自各省市统计年鉴；其他省域数据源自《新中国六十年统计资料汇编》；2010～2013年数据源自《中国人口和就业统计年鉴》。

2. 工资增长

从生产要素角度考虑，由于资本和劳动力在区域间的流动性，工资的差异在很大程度上是劳动生产率的差异：如果资本在某个区域获得的利润高于平均利润率，就会有更多的资本流入这个区域，边际收益递减和竞争的结果使资本收益率下降，直到该区域资本利润率下降到平均水平，资本才会停止流入。因此，工资就是劳动生产率的反映。

总体上，城镇单位职工工资的区域差异表现为东部 > 西部 > 东北 > 中部，即中部城镇单位职工工资在全国最低。一方面，工资在地区之间的绝对差距呈现扩大趋势，2003 年东部地区城镇单位职工平均工资为 1.66 万元/人，比中部高出 0.61 万元/人；2012 年东部地区城镇单位职工平均工资达到 5.32 万元/人，比中部高出 1.41 万元/人。另一方面，中部与东部地区的相对差距呈现缩小趋势，按照当年价格，中部地区城镇单位职工平均工资与东部的相对差距由 2003 年的 37% 降至 2012 年的 24%，即 2003 年以来中部地区城镇单位职工平均工资的增长速度快于东部地区（见图 4－13）。

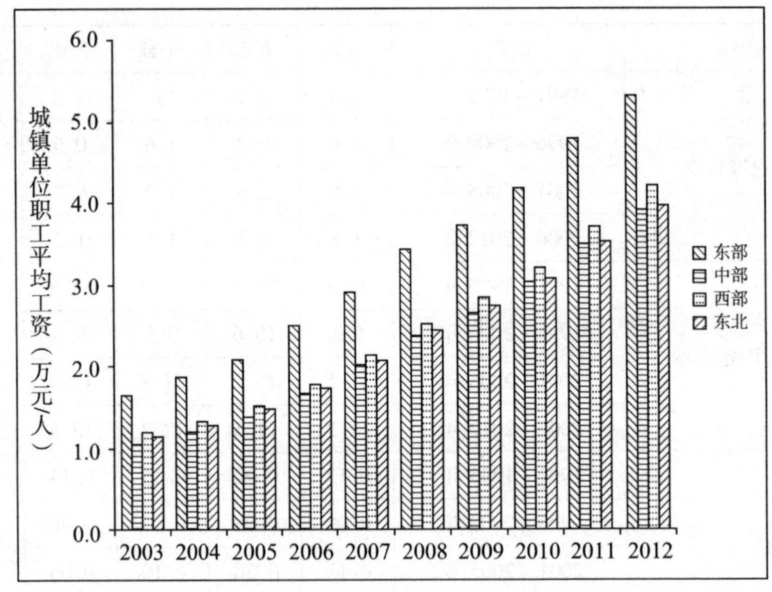

资料来源：根据 2004～2013 年《中国统计年鉴》数据计算得到。

图 4－13　2003～2012 年中国四大区域城镇单位职工平均工资

与人均 GDP 的地区差异相比，城镇单位职工平均工资的地区差异明显偏小。城镇单位职工工资的变异系数由 2001 年的 0.32 波动下降至 2012 年的 0.25，远远低于人均 GDP。理论上，如果职工作为区域从业人员的代表，其收入完全由经济发展水平来决定的话，职工平均工资的变异系数应该和人均 GDP 的变异系数相当，比如 Rice 和 Venables（2004）和 Patacchini（2006）对英国的研究中，这两个数字的确是接近的，分别为 0.103 和 0.131。这说明中国政府通过非市场手段来影响职工工资的作用非常明显。最典型的例子是西藏，2012 年其从业人员劳均 GDP 只有 3.47 万元，但城镇单位职工平均工资达到了 5.1 万元，与江苏和浙江相持平。属于这种情况的还有安徽、贵州、云南和甘肃，说明中央政府对这些省域的财政支持力度相当大。虽然东部沿海经济发达省域的职工收入水平是最高的，但远低于所在省域的人均 GDP；中部人均 GDP 高于西部，但职工工资却低于西部。这种现象背后的深层次问题是：中国各省域的收入差距很大，但省域之间的经济发展水平差异更大。如果未来中央政府转移支付力度减小，收入差距可能会进一步扩大。充分认识这一问题，发展落后区域自身的生产能力，以提高不发达地区的收入水平，对中国未来的区域均衡增长至关重要。

（二）城乡居民收入格局

1. 城镇居民收入

目前反映城乡居民收入水平的最主要指标是城镇居民家庭人均可支配收入和农村居民家庭人均纯收入。然而，居民收入深受价格因素的影响，如果不做价格消涨处理，将会在不同阶段系统性地高估或低估不同空间尺度之间及其内部的真实差异，很可能会误判中国农村居民收入地区差异的变动态势，进而可能影响促进区域协调发展的科学决策（魏后凯，2012）。为此，将各省域历年名义城镇居民人均可支配收入和农民人均纯收入用历年的各省省域居民消费价格指数（CPI）缩减成基准年 1990 年价格水平；再按照四大区域城镇居民的可支配收入为各省域城镇家庭人均可支配收入与各省域城镇人口占该区域城镇总人口比重的乘积的加总；四大区域农村居民人均纯收入计算方法相同。其中 1990～2004 年按照上述方法计算。另外，2005～2013 年四大区域的居民收入直接源自《中国统计年鉴》，并按照历年四大区域的平均居民消费价格指数缩减为 1990 年价格水平。

居民收入水平差异的变迁直接取决于收入增长态势的相对变化。计算结果显示，不同时期四大区域的城镇实际人均可支配收入的增速存在差异。扣除价格因素的影响，1990~2000年期间，东部地区城镇实际人均可支配收入的增长速度明显快于其他三大区域。比如，广东、浙江、上海、北京、福建、天津、河北、山东、江苏等九个省域在1990~2000年城镇实际人均可支配收入的年均增速在7.9%以上，高于其它省域（见图4-14）。不过，2001~2013年期间，四大区域均有城镇居民收入增速较快的省域单元，其中西部地区的内蒙古和陕西、东北地区的辽宁和吉林、东部地区的江苏和山东、中部地区的山西、安徽、江西、河南等省域的城镇实际人均可支配收入的年均增速在8.5%以上（见图4-15）。总体上，1990~2013年期间，东部地区城镇实际人均可支配收入年均增长8.4%，中部为7.9%，西部为7.4%，东北为8.3%，即城镇居民收入增速呈现东部>东北>中部>西部的格局。与经济发展水平增长相比，1990~2013年期间东部、中部、西部、东北四大区域城镇实际人均可支配收入的增速分别比各自区域的经济发展水平增速低4.2、3.5、3.9、2.3个百分点。也就是说，全国四大区域均未实现城镇居民收入与经济发展水平的同步增长。

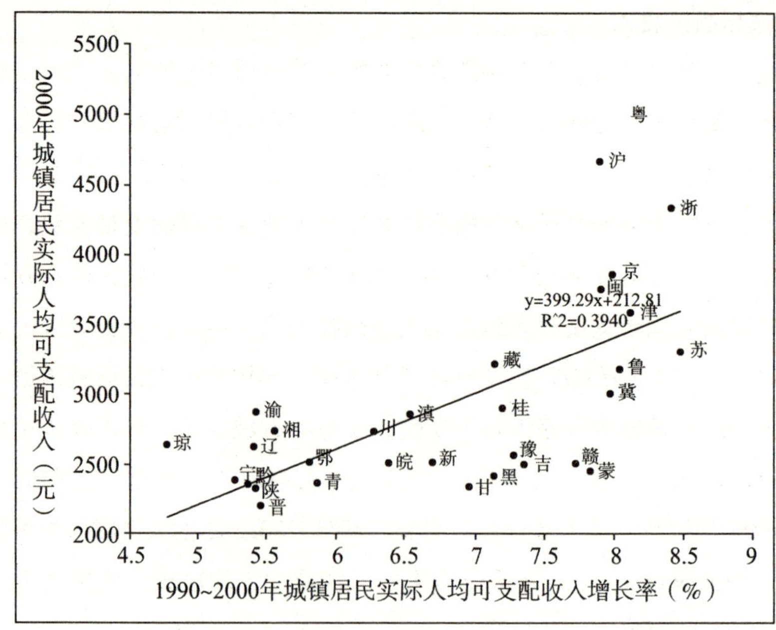

资料来源：根据1991~2001年《中国统计年鉴》数据计算得到。

图4-14　1990~2000年中国城镇居民收入增长率和2000年城镇居民收入关系散点图

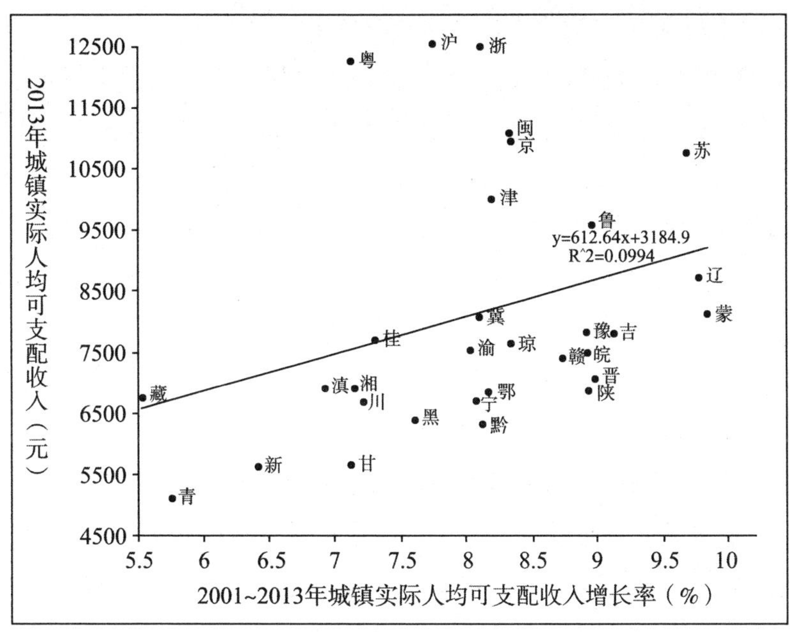

资料来源：根据2002~2014年《中国统计年鉴》数据计算得到。

图4-15　2002~2014年中国城镇居民收入增长率和2013年城镇居民收入关系散点图

从四大区域城镇居民收入的相对差异看，1990年，东部、中部、西部、东北地区城镇人均可支配收入依次为1661元、1365元、1232元和1325元，即东部地区城镇人均可支配收入分别是中部、西部和东北的1.22、1.35和1.25倍，西部与东部的差异最大。2009~2013年中部、西部和东北地区城镇人均可支配收入非常接近，比如2013年中部、西部、东北地区城镇人均可支配收入（1990年价格）在7300~8300元，东部则达到1.16万元，东部地区城镇人均可支配收入分别是中部、西部、东北的1.5、1.58和1.4倍，即东部与其他三个区域的差距是非常接近的。

2. 农村居民收入

同样，由于自然条件、发展阶段和经济社会特点等方面的差异，在全国经济持续快速增长的宏观背景下，中国各地区农村居民收入增长不一，1990~2013年期间东、中、西、东北四大区域农村实际人均纯收入的增长呈现东部>中部>东北>西部的格局。1990~2013年东部、中部、西部、东北农村实际人均纯收入的年均增长率分别为7.4%、7.1%、6.2%和6.9%，分别比同地区的城镇居民人均实际可支配收入年均增长率低1.1、1.6、1.4和1.7个百分点，分别比同区域的人均GDP增速低5.2、4.3、5.1、3.7个百分点。也就是说，四大区域不仅均未实现农村居民收入与经济发展水平的同步增长，并且农村居民收入增速低于城镇居民收入增速。事实上，合理的收入分配安排是实现发展成果共享的重要途径。然而，长期以来依靠投资的高速增长带来了政府财政收入的超高速增长以及GDP的高速增长，并未能带来居民收入和消费水平的同步增长，城乡居民收入和消费水平增长速度长期滞后于GDP增长速度，GDP增长速度又远远低于投资和财政收入速度。

进一步具体分析西部地区农村居民收入与其他区域的差异，1990年东部、中部、西部、东北地区的农村居民实际人均纯收入分别为765元、599元、481元、792元，即东北是西部的1.65倍。1990～2006年期间西部与东部农村居民收入的差异呈波动上升态势，2006年东部农村居民收入是西部的2.05倍；2007年以来出现缩小的趋势，降至1.93倍。2013年，东部、中部、西部、东北地区农村居民实际人均纯收入（1990年价格）分别为4327元、2886元、2225元、3608元，即东部是西部的1.94倍。剖析其中原因，沿海开发战略使沿海地区外向型经济和乡镇企业率先发展，从而在20世纪90年代出现东西部收入差距持续扩大趋势；而进入新世纪以来，西部大开发战略的实施又在一定程度上遏制了西部与东部绝对差距的扩大。

3. 城乡收入差距

自1990年以来，中国四大区域的城乡收入比变动趋势基本相同，均表现为“上升—下降—上升—下降”的“M”型发展路径（见图4－16）。2002年以来，中国城乡收入比一直在“3”以上，2007年和2009年城乡居民收入差距扩大到改革开放以来的最高水平3.33∶1，2010～2013年连续4年下降，2013年降至3.03∶1。按照世界银行的有关报告，世界上多数国家城乡收入的比率为1.5∶1，这一比率超过2的极为罕见。国际劳工组织发表的1995年36个国家的相关资料中介绍，中国是城乡收入差距超过2的仅有的三个国家之一。另外，中国城乡居民收入不仅在统计上存在较大差距，除此之外，享受的各种社会福利也存在较大差距，很多社会福利实际上是居民的一种隐性收入。目前，城市居民享受的住房补贴、物价补贴等各种补贴，以及各种社会保险如医疗保险、失业保险、最低收入保障等，绝大多数农民都不能享受。城镇居民以社会福利方式获得的隐性收入难以准确估计。因此，城乡居民实际收入差距应比统计上的收入差距大。陆铭和陈钊（2004）将引起中国城乡收入差距扩大的原因归结为城乡分割的行政管理制度、城市偏向型的经济和社会政策；陈斌开和林毅夫（2013）则提出重工业优先发展战略①是中国城市化滞后、城乡收入差距居高不下的根本原因，影响中国城市化和城乡收入差距的一系列制度安排与政策措施（如户籍制度等）都内生于这一发展战略。

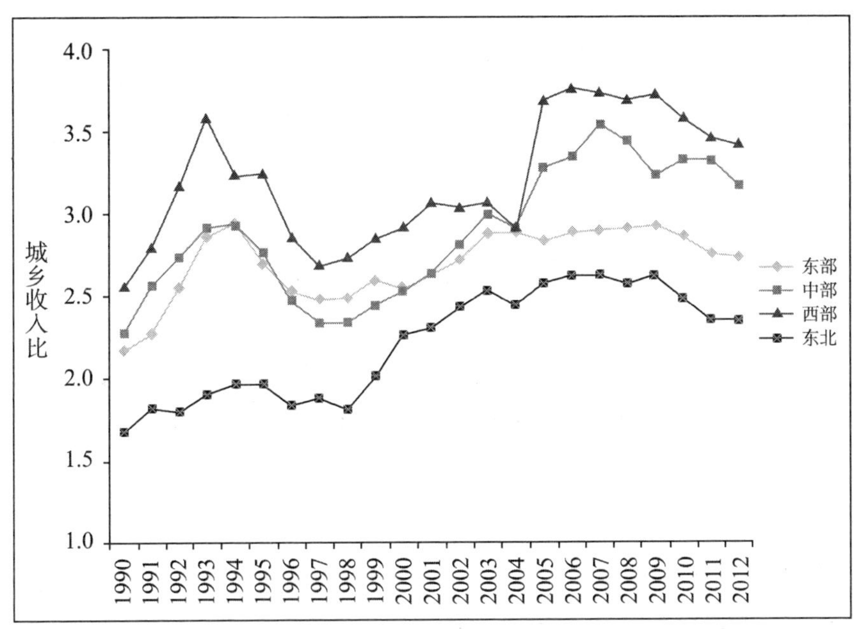

资料来源：根据 1991 ~2014 年《中国统计年鉴》数据计算得到。

图 4 –16　1990 ~2013 年中国四大区域城乡收入差距

比较四大区域的城乡收入比，呈现西部 > 中部 > 东部 > 东北的格局。即经济发展水平越低的区域，其城乡收入差距越大；反之，经济发展水平越高的区域，其城乡收入差距越小。2005 ~2009 年期间西部地区的城乡收入比在 3. 7 上下，2012 年仍高达 3. 42；2005 ~2009 年期间东北地区的城乡收入比在 2. 6 上下，2012 年降至 2. 35。通过 2013 年 31 个省域人均 GDP 和城乡收入比之间的

① 重工业优先发展战略主要是指政府优先发展钢铁及其它金属冶炼、汽车等交通运输设备制造、采矿、石油化工、电力生产等资本密集型重工业。

散点图，更是能够清晰地看出城乡差距随着经济发展水平的提高而缩小；数据模拟显示，人均 GDP 每增长 1%，将导致城乡收入比下降 28.2%（见图 4－17）。也就是说，经济越落后的西部地区，城乡收入差距越难以缩小；而农民较低的收入水平将无法实现消费水平的提高，生活质量提升缓慢，同时也难以有效地扩大国内需求规模。

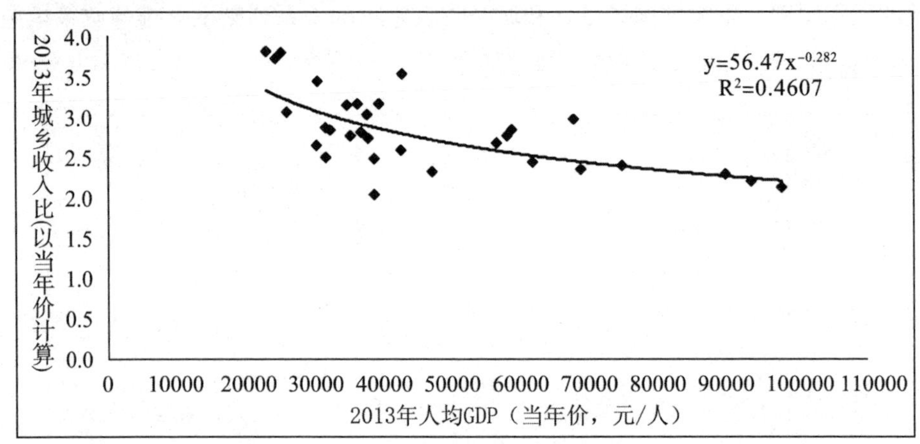

资料来源：根据 2014 年《中国统计年鉴》数据计算得到。

图 4－17　2013 年中国 31 个省域人均 GDP 和城乡收入比散点图

六、基本公共服务发展格局变动

随着改革开放以来的经济快速增长和社会急剧转型，中国经济社会的基本需求发生了深刻变化，这不仅要求尽快转变经济发展方式，以应对生态环境恶化和能源资源短缺引发的严峻挑战，而且要求加快建立覆盖全体社会成员的基本公共服务体系，逐步实现基本公共服务均等化，以应对基本公共需求全面快速增长所带来的新的挑战。中国“十一五”规划首次确定了实现基本公共服务均等化的目标，“十二五”规划更加全面明确地规定了公共服务的领域和标准，“十一五”规划和“十二五”规划已经成为中国政府向公共服务型政府转型的标志（胡鞍钢，2013）。

（一）基本公共服务的内涵及指标体系构建

全面评估基本公共服务发展格局变动，需要明确公共服务的内涵并构建合理的指标体系。政府提供公共服务的能力（包括覆盖水平、保障能力等）不仅是发展的手段，也是促进发展的目的。广义上讲，政府行使公共权力的一切行为都具有公共服务的性质，即政府公共行政的核心就是服务。从狭义上讲，公共服务是指那些能够直接满足公民生活、生存与发展的各种直接需求和影响公民福祉的政府职能。就标准而言，公共服务又可以分为基本公共服务和一般公共服务。根据《国家基本公共服务体系“十二五”规划》（2012），基本公共服务是指与民生密切相关的公共服务，是一定发展阶段下满足公民基本需求的公共服务。据此，基本公共服务范围，一般包括保障基本民生需求的教育、就业、社会保障、医疗卫生、计划生育、住房保障、文化体育等领域的公共服务，广义上还包括与人民生活环境紧密关联的交通、通信、公用设施、环境保护等领域的公共服务，以及保障安全需要的公共安全、消费安全和国防安全等领域的公共服务。基本公共服务均等化是指政府要为社会公众提供基本的、在不同阶段具有不同标准的、最终大致均等的公共物品和公共服务，包括全体公民享有基本公共服务的机会均等、结果大体相等，同时尊重社会成员的自由选择权；在长期的经济社会发展过程中，基本公共服务均等化对于缩小区域经济差异具有重要意义。

中国对公共服务的评估框架经历了一个从一元到多元深化的过程。不同学者对基本公共服务进行了不同类型的划分和测度。在参考陈昌盛（2007）、安体富（2007）、任强（2009）、魏后凯（2012）、胡鞍钢（2013）等学者研究成果的基础上，依据基本公共服务的内涵，从基本公共服务的产出和效果双视角，同时考虑评价体系系统性、完整性、交叉数据的取舍选取以及统计资料的可获得性等原则，笔者构建区域基本公共服务水平评价指标体系。该评价指标体系涵盖三大类基本公共服务的17项指标：一是基本生存服务，或称为民生性基本公共服务，包括公共就业服务、社会保障、保障性住房等；二是基本发展服务，或称为公共事业性基本公共服务，包括教育、医疗卫生、文化体育、民政等社会事业中的公益性领域；三是基本环境服务，或称为公益性基本公共服务，包括公共交通、公共通信、公用设施和环境保护等（见表4-9）。

表 4－9　　　　　　区域基本公共服务评价指标体系

一级指标	二级指标	三级指标
基本生存服务	就业服务	城镇登记失业率（%）
		人均社会保障和就业支出（元/人）
	社会保障	城乡居民基本养老保险覆盖率（%）
		城镇医疗保险参保率（%）
	住房保障	农村人均居住面积（平方米/人）
基本发展服务	公共教育	普通中学师生比
		中小学生均教育经费（元/人）
	公共卫生	每万人拥有卫生技术人员（人/万人）
		人均卫生经费支出（元/人）
	公共文化	人均图书出版册数（册/人）
基本环境服务	基础设施	每万人拥有公共交通车辆（台辆/万人）交通密度（公里/平方公里）
		城市燃气普及率（%）
		城市用水普及率（%）
		单位产值能耗（吨/标煤）
	环境保护	单位工业增加值废水排放（立方米/万元）
		人均公园绿地面积（平方米/人）

（二）基本生存服务格局

1. 就业服务

一个地区的社会保障和就业支出数量既由地方居民对政府提出的社会保障和就业公共服务的需求所驱动，同时也受制于地方政府提供这种公共服务的能力。前已述及，全国人均社会保障和就业支出的地区差距表现为东北 > 西部 > 中部 > 东部。分省域看，2012 年辽宁、黑龙江、吉林三省的人均社会保障和就业支出分别为 669 元/人、461 元/人、444 元/人，在全国位居第 3、第 8 和第 9 位。东部地区具有明显的分异现象，京津沪琼高于其他 6 个省域，其中 2012 年上海、北京、天津、海南的人均社会保障和就业支出分别为 749 元/人、636 元/人、563 元/人、389 元/人，分列全国第 2、第 4、第 6 位和第 12 位，福建、浙江、山东、广东、江苏、河北的人均社会保障和就业支出分列全国第 31、

30、29、27、25、23 位。西部地区中青藏蒙的人均社会保障和就业支出偏高一些，分列全国第 1、第 5 和第 7 位，其余九个省域位居第 11 位之后。中部地区六省域的人均社会保障和就业支出位于全国第 15 ~ 24 位，山西、湖北、湖南、安徽、江西、河南分列第 15、18、20、21、22、24 位。

总体上，1998 ~ 2012 年期间城镇登记失业率的地区差距表现为东北 > 西部 > 中部 > 东部。东北地区属于失业率偏高的地区，辽宁、黑龙江、吉林三省在 1998 ~ 2012 年期间平均城镇登记失业率分别为 4.5%、4.4% 和 3.8%，分别位居全国第 1、5、13 位。西部地区的宁夏、四川、云南、内蒙古、贵州、重庆、西藏（主要位于大西南经济区）的失业率偏高一些，1998 ~ 2012 年平均失业率高于 3.8%；甘肃、新疆、青海、广西、陕西等省域（主要位于大西北地区经济区）的失业率偏低一些，1998 ~ 2012 年平均失业率在 3.2% ~ 3.7% 之间。中部地区的湖南、湖北、安徽三省（主要位于长江中游经济区）失业率偏高一些，1998 ~ 2012 年期间的平均失业率均高于 3.8%；山西、河南（主要位于黄河中游经济区）及江西则偏低一些，1998 ~ 2012 年平均失业率均低于 3.2%。与人均社会保障和就业支出的地区差异相似，东部地区的城镇登记失业率同样具有明显的分异现象，1998 ~ 2012 年期间北京市平均失业率仅为 1.4%，而同期上海市失业率为 4%，其他八个省域的平均失业率均低于 3.6%。

2. 社会保障

中国在不断扩大城乡基本社会保障覆盖面，提高基本社会保障水平方面取得一定的进展。考虑到参保率的基本含义是度量应参保人员中实际参保的人数，由于城镇就业人员中并不包括企业离退休职工，与此相对应，本书使用“参保人数年末数”与“参保离退休人员年末数”之差作为参保率的分子，代表年末“城镇就业人员”中“实际参加基本养老保险的人数”。综上，计算公式为：

$$\text{城镇基本养老保险参保率} = \frac{\text{参保人数年末数} - \text{参保离退休人员年末数}}{\text{城镇就业人员}} \times 100\%$$

另外，由于 2011 年和 2012 年统计中不再出现城镇就业人员，使用城镇单位就业人数（不含私营单位）、城镇私营企业和个体就业人数的合计作为城镇就业人员。

图 4 - 18 显示，2000 ~ 2004 年期间和 2010 ~ 2012 年期间，东部地区的城

镇基本养老保险参保率最高；2005～2009年期间东北地区参保率最高。2012年，东部、中部、西部、东北的城镇基本养老保险参保率分别为94.8%、68.1%、62.4%和79.6%。即城镇基本养老保险参保率在东西部之间的差距依旧显著。分析2005～2009年期间东北地区城镇基本养老保险参保率大幅度提升的原因，主要在于东北振兴战略的实施，比如辽宁省作为完善社会保障体系的试点地区，城镇养老保险参保率由2003年的52%提高到2004年的88.4%，2006年进一步提升至99%。因此，政府的政策导向和制度安排对缩小区域间基本社会保障差距具有关键性作用。

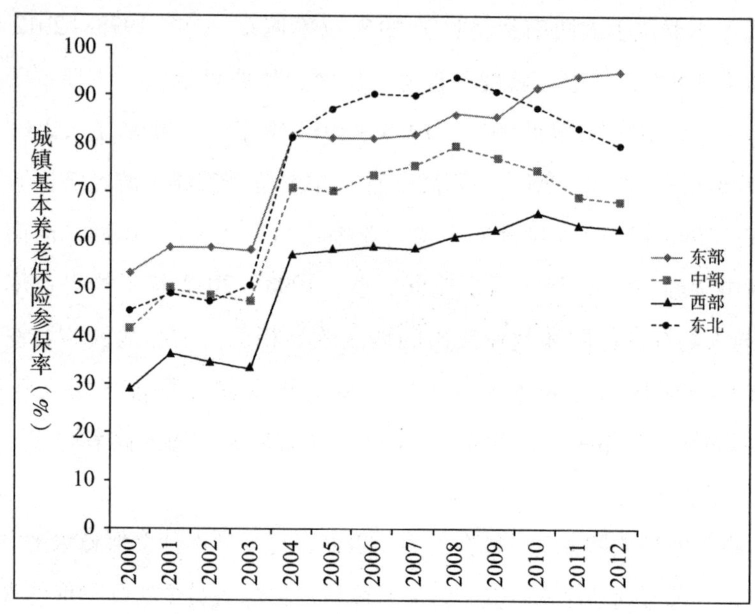

资料来源：根据2001～2013年《中国统计年鉴》数据计算得到。

图4－18　2000～2012年中国四大区域城镇基本养老保险参保率

3. 住房保障

住房保障包括住宅数量、质量与品质、配套设施、环境与服务、消费支出等方面。受数据所限，在此仅能分析农村人均住房面积的地区差异。图4－19显示，在大多数年份东部和中部的农村人均住房面积偏高，西部居中，东北最低；并且，东北地区农村人均住房面积的增长相对缓慢。比较各省域，1990年以来，上海、浙江、福建、江苏等东部沿海四省的农村人均居住面积相对偏高；甘肃、内蒙古、吉林、黑龙江的农村人均居住面积则相对偏低。从变异系数看，2002 年农村人均居住面积的变异系数达到峰值 0.35，此后逐渐下降，2012 年将至 0.28。因此，随着各地区农村居民生活普遍改善，省际之间农村居民住房消费差距有所缩小。

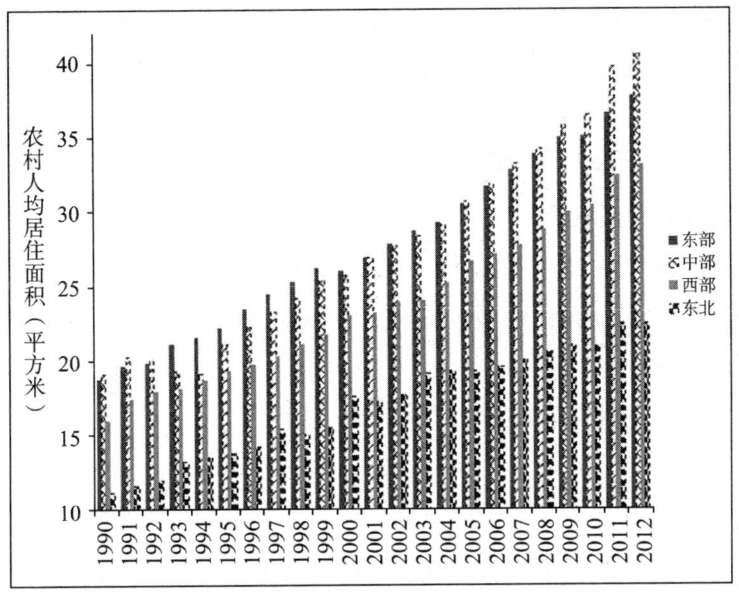

资料来源：根据 1991 ~ 2013 年《中国统计年鉴》数据计算得到。

图 4 - 19　1990 ~ 2012 年中国四大区域农村人均居住面积

（三）基本发展服务格局

1. 公共教育

从普通中学师生比的空间格局看，1990 和 1991 年西部地区最高，1992 ~ 1998 年东部地区最高，1999 ~ 2005 年间中部地区最高，2006 ~ 2013 年西部地区再次略高于其他三个区域。2013 年东北地区的普通中学师生比最低，为 11.4，东部、中部和西部分别为 12.7、13.8、14.6，即西部地区的普通中学师生比东北地区高出 28%。这说明西部地区中学教师的资源配置偏低，与其他区域还存在一定差距。从变动趋势看，东部地区的普通中学师生比在 1990 年代持续上升，2001 年达到峰值 18.4，此后表现出持续下降态势；中部和西部的的普通中学师生比同样在 1990 年代持续上升，在 2003 年分别达到峰值 20.1、19.3，此后表现出持续下降趋势；东北地区的普通中学师生比则在 2002 年升至 17.0，此后表现出持续下降趋势。即进入 21 世纪以来，全国各地中学教育资源不足问题得以逐步缓解。

从高等教育的空间格局看，自1999年以来，随着高等教育扩招，全国普通高校在校生数在东部和东北地区分布的比例缓慢下降，东部地区在校大学生数占全国在校大学生总数的比例由1998年的42.6%降至2013年的39.4%，东北地区则由1998年的12.9%降至2013年的9.3%；相应地，中部地区普通高校在校生数占全国的比重由1998年的22.9%缓慢升至2013年的27.3%，西部地区则由1998年的21.6%缓慢升至2013年的24.1%。1990~2013年期间，东北地区每万人在校大学生数一直是最高的，2013年东部、中部、西部、东北的每万人在校大学生数依次是188人、181人、158人和208人；2010年以来西部地区每万人在校大学生数与东北地区的差距呈缩小趋势，比如2009年和2010年西部地区比东北地区每万人在校大学生数均少62人，2013年这一差距缩至50人。

从人口平均受教育年限的空间格局看，1995年以来一直呈现东北>东部>中部>西部的特征。不过，由于西部地区平均受教育年限提高幅度较大，西部与东北的差距出现明显缩小态势。1995年，西部地区的平均受教育年限为4.8年，低于东北地区2.3年；2012年，西部地区的平均受教育年限为8.4年，低于东北地区1.1年。

因此，不论是中等教育还是高等教育，总体上东北地区享有的教育服务和人口文化素质高于其他三个区域，西部地区享有的教育服务和人口文化素质则偏低。教育能力低下、人力资源开发不足是制约西部经济增长、社会发展以及城镇化进程的重要因素之一。不过，自2006年以来，西部与其他地区的公共教育差距在逐渐缩小。

2. 医疗卫生

卫生资源的地区分布是反映公共卫生与基本医疗服务地区差异的重要方面，为此，从医疗床位（设施）和卫生技术人员两项公共卫生供给方面加以衡量。从医疗卫生设施和人员的空间分布看，不论是医疗卫生设施还是人员，东部地区占全国的份额均最高。1990~2007年期间，东部地区的卫生机构床位数占全国比重呈现持续上升的趋势，2008年以来东部和东北地区的卫生机构床位数占比呈现下降趋势，而中部和西部地区的卫生机构床位数占全国比重略呈上升趋势。但是，卫生技术人员却一直向东部地区集聚，东部地区的卫生技术人员数占全国的比重由1990年的34.6%波动升至2013年的41%（见表4-10）。

表4-10　1990~2013年中国四大区域医疗卫生设施及技术人员占比

单位:%

年份	卫生机构床位数占全国比重				卫生技术人员数占全国比重			
	东部	中部	西部	东北	东部	中部	西部	东北
1990年	32.4	26.4	27.4	13.8	34.6	24.8	27.6	12.9
1991年	32.4	26.2	27.6	13.8	34.5	24.9	27.6	13.1
1992年	32.6	26.0	27.7	13.7	34.5	24.9	27.6	13.1
1993年	32.9	25.7	27.8	13.6	34.9	25.0	27.2	12.9
1994年	33.2	25.5	27.9	13.4	34.8	25.2	27.4	12.7
1995年	33.2	25.3	28.1	13.3	35.0	25.2	27.3	12.6
1996年	34.0	24.9	27.9	13.2	35.1	25.1	27.3	12.5
1997年	34.9	25.5	26.3	13.2	36.0	25.5	25.8	12.6
1998年	35.1	25.6	26.2	13.1	36.2	25.7	25.7	12.4
1999年	35.3	25.6	26.3	12.8	36.5	25.4	26.0	12.2
2000年	35.6	25.8	26.1	12.6	36.6	25.4	25.9	12.1
2001年	36.0	25.5	26.0	12.4	36.8	25.3	25.8	12.1
2002年	37.3	24.6	26.2	11.9	38.1	24.8	25.7	11.4
2003年	37.0	24.9	26.3	11.7	38.1	25.1	25.5	11.4
2004年	37.4	24.7	26.2	11.8	38.6	25.1	25.2	11.2
2005年	37.9	24.5	26.1	11.5	38.6	24.5	24.7	12.2
2006年	38.2	24.5	26.1	11.2	39.6	24.3	24.4	11.8
2007年	38.2	24.6	26.4	10.8	40.3	24.3	24.1	11.3
2008年	37.7	25.1	26.7	10.5	40.4	24.6	24.0	11.0
2009年	37.1	25.7	27.1	10.1	39.9	25.4	25.0	9.7
2010年	37.0	25.7	27.3	10.0	40.5	24.9	25.0	9.6
2011年	36.9	25.7	27.6	9.7	40.8	24.6	25.5	9.2
2012年	36.6	25.9	28.1	9.4	41.0	24.4	25.7	8.9
2013年	36.1	26.1	28.6	9.1	41.0	24.3	26.3	8.4

资料来源：根据1991~2014年《中国统计年鉴》数据计算得到。

从四大区域的人均医疗卫生设施及人员的相对差异看，东北地区的人均拥有卫生机构床位数和卫生技术人员数均最高。2013 年，东北地区每万人拥有卫生机构床位数为 51.4 张，东部、中部和西部地区分别为 43.1 张、43.3 张和 47.0 张。2013 年，东北地区每万人拥有卫生技术人员数为 55 人，东部、中部和西部地区分别为 57 人、47 人和 50 人。从人均医疗卫生设施及卫生技术人员的综合差异看，每万人拥有卫生设施的地区差异较小，而且 2004 年以来出现快速缩小的趋势，2013 年变异系数降至 0.13；每万人拥有卫生技术人员数的地区差异相对较大，1990 年以来持续下降，2013 年变异系数降至 0.21。相对于全国实际人均 GDP 的地区差异来说，全国医疗卫生的地区差异明显偏小，并且在区域协调发展战略的影响下西部地区的医疗卫生状况得到了明显改善。

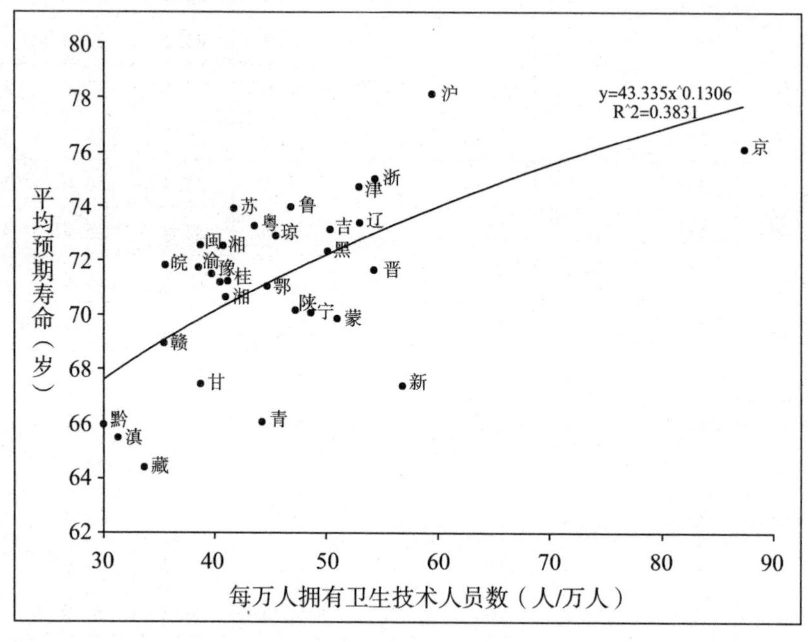

资料来源：根据《2011 年中国统计年鉴》数据计算得到。

图 4－20　2010 年中国医疗卫生技术人员对平均预期寿命的影响

公共卫生服务的供给实际上就是为了改善各地区人民的卫生条件，提高各地区人民生活的水平。从各地区公共卫生服务的效果看，最终是反映在各地区居民生存状态的差异上。图 4－20 显示了 2010 年全国 31 个省域每万人拥有卫生技术人员和平均预期寿命的相关关系，即每万人拥有卫生技术人员数每增长

1 个百分点，将促使平均预期寿命增长 0.13 个百分点。

3. 公共文化

享有基本公共文化服务属于公民的基本权利，向公民和社会提供有效的基本公共文化服务是现代政府的职责和施政的重要目标之一。“十一五”以来，全国各地公共文化服务体系建设投入不断加大，设施体系逐步完善，公共文化产品日益丰富，服务方式和手段不断创新，呈现出蓬勃发展、整体推进的态势。从四大区域人均图书出版册数看，东部地区一直高于其他三个区域，特别是北京市人均图书出版量远远高于其他省域。2008 年以来，西部、中部、东北三个地区的差距逐渐缩小，三个区域的人均图书出版量非常接近，2012 年东部地区人均图书出版 9 册，东北、中部、西部分别为 4.2 册、4.0 册、3.8 册。

（四）基本环境服务格局

1. 交通基础设施

交通基础设施既可能是经济发展的原因，又可能是经济发展的结果，因此，各省域交通基础设施差异是造成我国区域经济差距的重要原因之一。冼国明、文东伟（2006）采用各地区单位面积的公路和铁路里程数表示基础设施；刘生龙（2009）采用铁路、公路和水路的路网密度来衡量交通基础设施投资及

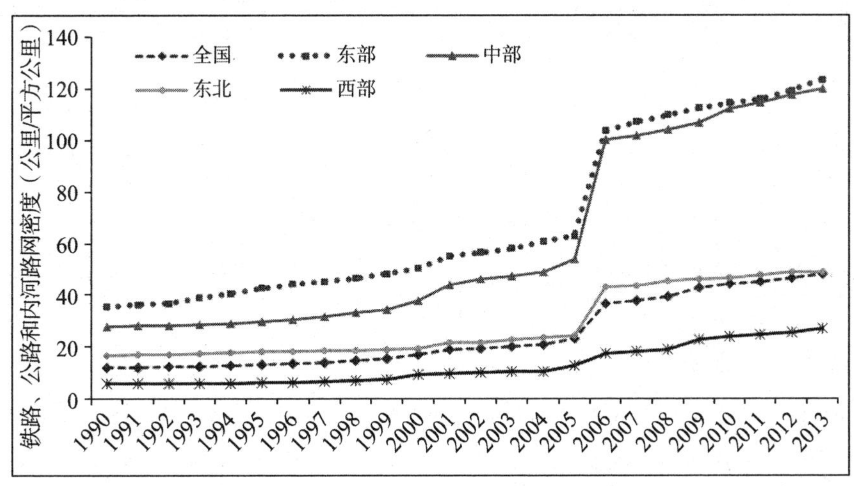

资料来源：根据 1991 ~2014 年《中国统计年鉴》数据计算得到。

图 4 -21　1990 ~2013 年中国四大区域交通密度①

① 2006 年由于将村道纳入公路统计里程，导致各地路网密度大幅度抬升。

其对经济增长的影响。在此沿用刘生龙的衡量办法，采用铁路、公路和水路的路网密度反映交通基础设施的地区差异。由图 4－21 看出，东部和中部的交通密度较高，2013 年分别达到 124 公里/平方公里、120 公里/平方公里；东北地区的交通密度仅为东部和中部的 40%；西部地区的交通密度最低，仅为东部和中部的 20%。因此，目前西部地区的交通基础设施在数量和质量方面都无法同东部和中部相比较。

2. 供水供气基础设施

城市供水、供气、供热、电力、通信、公共交通、物流配送、防灾避险等基础设施建设与民生密切相关，用以满足居民基本生活需求。在此着重分析四大区域城市供水供气基础设施的空间格局。城市用水普及率是指报告期末城区用水人口数与城市人口总数的比率。其中城区人口（建制镇为建成区人口）包括户籍人口和暂住人口。计算公式为：

$$用水普及率=\frac{城区用水人口（含暂住人口）}{城区人口+城区暂住人口}\times 100\%$$

表 4－11　1996～2012 年中国四大区域的城市用水和燃气普及率　单位：%

年份	城市用水普及率				城市燃气普及率			
	东部	中部	西部	东北	东部	中部	西部	东北
1996 年	96.9	95.0	89.4	88.5	86.5	60.9	57.5	71.3
1997 年	97.5	94.8	95.2	89.1	88.7	63.4	65.5	72.4
1998 年	98.3	95.5	96.1	90.2	91.2	67.7	69.6	75.2
1999 年	98.5	95.8	96.4	90.5	93.2	74.0	71.8	77.3
2000 年	99.0	96.5	96.5	91.0	94.5	77.5	76.8	78.6
2001 年*	86.2	71.7	61.1	80.1	82.0	51.1	44.4	68.1
2002 年	89.4	76.6	66.4	81.8	85.9	57.6	50.1	72.3
2003 年	91.5	83.8	84.3	82.5	89.3	64.2	66.6	74.7
2004 年	93.9	86.7	88.3	84.3	91.8	68.8	70.6	76.2
2005 年	95.0	88.7	88.4	86.4	87.6	72.1	72.2	79.4
2006 年*	86.8	89.8	82.0	84.9	83.7	74.5	69.5	79.0
2007 年	95.8	93.4	90.4	89.7	92.9	81.1	79.3	83.7

续表

年份	城市用水普及率				城市燃气普及率			
	东部	中部	西部	东北	东部	中部	西部	东北
2008 年	98.1	93.2	90.9	90.6	97.0	82.5	80.8	86.2
2009 年	99.1	94.3	93.3	91.6	98.0	85.1	83.6	88.4
2010 年	99.3	95.3	94.1	92.6	98.3	86.2	84.6	89.0
2011 年	99.4	96.1	93.7	94.5	97.5	88.8	85.7	89.1
2012 年	99.3	96.2	94.1	95.6	98.4	90.2	85.4	90.3

注：2000 年及以前用水人口数按城市人口中非农业人口计算，2001 年按城市人口计算，2006 年又修改为按城区人口与暂住人口之和计算，以公安部门的户籍统计和暂住人口统计为准。故各省域的用水普及率和燃气普及率在这两个年份出现不同程度的下降。

由表 4-11 看出，东部地区的用水普及率高于其他三个区域。不过，自 1996 年以来西部和东北地区的用水普及率增长幅度较大，东部地区的用水普及率波动起伏。

城市燃气普及率是指报告期末城区使用燃气的城市人口数与城市人口总数的比率。其中燃气包括人工煤气、天然气、液化石油气三种。计算公式为：

$$燃气普及率=\frac{城区用气人口（含暂住人口）}{城区人口+城区暂住人口}\times 100\%$$

总体上，西部地区有资源优势，但是燃气普及率偏低；东部地区的燃气普及率明显高于其他三个区域，东北地区和中部地区居中。分省域看，上海市自 2001 年、北京和天津自 2007 年，燃气普及率就达到或超过 100%。因此，燃气普及率与地区经济发展的关系更为紧密，其次才是资源因素。

3. 环境保护

基本的环境质量是一种公共产品，是政府必须提供的基本公共服务。从万元 GDP 能耗看，一直呈现东部 < 中部 < 东北 < 西部的空间格局。比较四大区域万元 GDP 能耗下降幅度，1990 ~ 2012 年期间东部、中部、西部、东北地区分别下降了 50%、46%、44% 和 60%，即东北和东部地区下降更明显，中部和西部的下降幅度基本接近。西部与东部地区在万元 GDP 能耗上的差异持续扩大，1996 年东部地区万元 GDP 能耗为 1.5 吨标煤/万元，是西部地区的 60%；2005 年，东部地区万元 GDP 能耗为 1.1 吨标煤/万元，是西部地区的 58%；2011 年，东部地区万元

GDP 能耗为 0.7 吨标煤/万元，是西部地区的 54%（见表 4－12）。

表 4－12　1990～2012 年中国四大区域万元 GDP 能耗和人均公园绿地面积

年份	万元 GDP 能耗（吨标煤/万元）				人均公园绿地面积（平方米/人）			
	东部	中部	西部	东北	东部	中部	西部	东北
1990 年	4.2	4.6	5.7	7.4				
1991 年	3.0	4.3	5.2	6.6				
1992 年	2.5	3.8	4.6	5.5				
1993 年	2.1	3.2	3.8	4.5				
1994 年	2.1	2.6	3.1	3.8				
1995 年	1.7	2.2	2.8	3.3				
1996 年	1.5	1.8	2.5	2.9	6.3	5.1	5.0	5.1
1997 年	1.4	1.6	2.4	2.6	6.5	5.3	5.3	5.4
1998 年	1.3	1.5	2.2	2.3	6.9	5.9	6.0	6.1
1999 年	1.3	1.4	2.1	2.2	7.8	6.3	6.3	6.3
2000 年	1.2	1.4	2.0	2.0	8.1	6.6	6.2	6.2
2001 年	1.1	1.4	1.9	1.9	9.3	7.2	6.8	6.6
2002 年	1.1	1.4	1.9	1.8	6.8	4.7	4.3	5.7
2003 年	1.1	1.4	1.9	1.8	7.6	5.6	5.5	6.2
2004 年	1.0	1.3	1.9	1.7	8.7	6.4	6.5	6.7
2005 年	1.1	1.5	1.9	1.6	8.8	7.0	6.7	7.3
2006 年	1.0	1.4	1.8	1.5	9.3	7.6	7.1	7.6
2007 年	0.9	1.2	1.6	1.4	9.8	8.5	8.1	8.6
2008 年	0.8	1.0	1.4	1.2	10.8	8.8	8.6	9.4
2009 年	0.9	1.1	1.8	1.3	12.0	9.4	9.5	10.0
2010 年	0.8	1.1	1.7	1.3	12.7	9.9	10.2	10.6
2011 年	0.7	0.9	1.3	1.0	13.1	10.3	11.5	10.9
2012 年					13.7	10.6	11.9	11.2

资料来源：根据 1991～2013 年《中国统计年鉴》数据计算得到。

从人均公园绿地面积看，2011～2012 年呈现东部 > 西部 > 东北 > 中部的格局。2012 年东部地区人均公园绿地面积最高，为 13.7 平方米/人；中部最低，为10.6平方米/人，比东部低3.1平方米/人。1996年以来，东部地区人均公园绿地面积增长幅度高于其他区域，2012年比1996年人均增长7.4平方米，中部、西部、东北在此期间分别人均增长5.5、6.9和6.1平方米，即东部地区城市绿化建设发展更显著（见图4-22）。

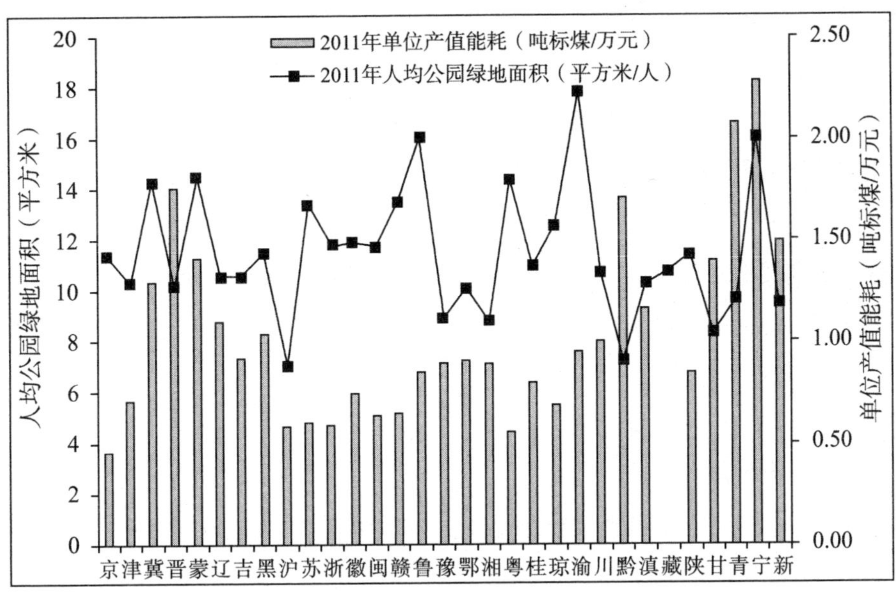

资料来源：根据《2013年中国统计年鉴》数据计算得到。

图4-22 2012年中国31个省域单位产值能耗和人均公园绿地面积

七、主要结论与启示

本章利用1990~2013年省域经济社会发展数据，重点考察了区域发展格局变动以及区域协调发展战略和政策实施对格局变动的影响。根据经济整体运行、分产业发展、分经济要素以及社会发展等格局变动的分析，可以看出中国区域经济发展在四大板块间出现了显著的趋同态势与特征，具体表现在：自1995年以来，东部地区的中央财政转移支付占比呈现持续下降趋势；1999年以来，利用外资由高度集中于东部地区逐步向中西部和东北地区转移扩散，社会消费呈现中西部及东北地区消费增速快于全国平均水平的特点；固定资产投资和财政支出在四大区域的分布格局在2003年出现拐点；第二产业发展的空间格局在2004年出现拐点；财政收入的空间格局在2005年出现拐点；经济增长和居民收入的空间格局在2007年出现拐点；经济规模的空间格局在2008年出现拐点。以上拐点出现的时间顺序说明了区域协调发展战略和政策缩小区际间经济发展差距的传导机制为：区域协调发展战略和政策→提高落后地区转移支付和增加落后地区投资→扩大落后地区的市场规模→扩大落后地区的产业份额→增加落后地区的国民收入→扩大落后地区的消费份额→放大落后地区的市场规模。就扩大中西部及东北地区的市场规模而言，政府在实践中通过实施多样化的转移支付政策，进而直接增加落后地区的消费份额。就扩大中西部及东北地区的产业份额而言，有内生与外生两种途径。内生途径主要是依靠自身发展，但是中西部及东北地区在发展方式上已经形成路径依赖，因此依靠自身发展难以达到目的；外生途径是通过引进人才、资金、技术等外部资源来促进中西部及东北地区的经济发展，在实践中重点通过引进外资与产业转移，实现外部资源的引进。

主要参考文献

[1] 安体富. 完善公共财政制度逐步实现公共服务均等化[J]. 财经问题研究，2007(7):3-8.

[2] 陈斌开，林毅夫. 发展战略、城市化与中国城乡收入差距[J]. 中国社会科学，2013(4):81-102.

[3] 陈昌盛. 中国政府公共服务：基本价值取向与综合绩效评估[J]. 财经问题研究，2007(6):20-24.

[4] 陈秀山，徐瑛. 中国区域差距影响因素的实证研究[J]. 中国社会科学，2004(5):117-129.

[5] 崔惠民，张厚明. 公共财政走向民生财政：基本公共服务均等化的选择[J]. 经济问题探索，2011(6):18-21.

[6] 范剑勇. 产业集聚与区域间经济协调发展[M]. 北京：人民出版社，2013.

[7] 何文，安虎森. 财税政策对经济总量和区域差距的影响研究——基于多维框架的新经济地理学理论分析[J]. 财经研究，2013(6):4-15.

[8] 贺灿飞，梁进社. 中国区域经济差异的时空变化：市场化、全球化与城市化[J]. 管理世界，2004(8):8-17.

[9] 贺灿飞,潘峰华. 中国制造业地理集聚的成因与趋势[J]. 南方经济,2011(6):38-52.

[10] 洪国志,胡华颖,李郇. 中国区域经济发展收敛的空间计量分析[J]. 地理学报,2010(12):1548-1558.

[11] 洪源,杨思建,秦玉奇. 民生财政能够有效缩小城乡居民收入差距[J]. 数量经济技术经济研究,2014(7):3-20.

[12] 胡鞍钢,王洪川,周绍杰. 国家"十一五"时期公共服务发展评估[J]. 中国行政管理,2013(4):22-26.

[13] 金碚. 论中国产业发展的区域态势[J]. 区域经济评论,2014(4):1-9.

[14] 李春艳,衣辰,张兆阳. 中国技术效率的区域差距与收敛性检验[J]. 经济地理,2014(5):116-122.

[15] 李善同,侯永志. 中国大陆:划分 8 大社会经济区域[J]. 经济前沿,2003(5):13-15.

[16] 李新光,胡日东. 中国农村地区居民收入收敛的空间计量实证检验[J]. 上海经济研究,2014(1):90-103.

[17] 林光平,龙志和,吴梅. 中国地区经济 σ - 收敛的空间计量实证分析[J]数量经济技术经济研究,2006(4):14-21+69.

[18] 刘靖,张车伟,毛学峰. 中国 1991~2006 年收入分布的动态变化:基于核密度函数的分解分析[J]. 世界经济,2009(10):3-13.

[19] 刘夏明,魏英琪,李国平. 收敛还是发散?——中国区域经济发展争论的文献综述[J]. 经济研究,2004(7):70-81.

[20] 陆铭,陈钊. 城市化、城市倾向的经济政策与城乡收入差距[J]. 经济研究,2004(7):50-58.

[21] 毛琦梁,董锁成,王菲等. 我国产业转移的研究进展评述与展望——基于传统贸易理论与新经济地理学的比较[J]. 区域经济评论,2014(2):138-147.

[22] 毛琦梁,王菲,李俊. 新经济地理、比较优势与中国制造业空间格局演变[J]. 产业经济研究,2014(2):21-31.

[23] 毛中根,洪涛. 中国地方政府消费支出效率及其区域差距演化[J]. 经济与管理研究,2013(9):19-27.

[24] 孙志燕. 中国制造业空间布局的新趋势及对策建议[J]. 区域经济评论,

2014(4):10－13.

[25] 王少平,欧阳志刚.我国城乡收入差距的度量及其对经济增长的效应[J].经济研究,2007(10):45－55.

[26] 吴三忙,李善同.中国地区差距的历史考察与演变新趋势:1952～2008[J].宁夏社会科学,2010(3):23－30.

[27] 冼国明,文东伟.FDI、地区专业化与产业集聚[J].管理世界,2006(12):18－31.

[28] 颜银根.转移支付与区域协调发展——基于新经济地理学的分析[J].地方财政研究,2014(8):39－45.

[29] 杨明洪,孙继琼.中国地区差距时空演变特征的实证分析:1978～2003[J].复旦学报(社会科学版),2006(1):84－89.

[30] 余运江,孙斌栋,孙旭.区域政策能否重塑中国经济版图:中国区域经济差距研究综述[J].江淮论坛,2014(4):87－93.

[31] 张可云,康光荣.区域政策评价的内涵与难点[J].求索,2012(7):69－70.

[32] 张明喜.我国地方财政支出对区域差距的影响[J].税务与经济,2007(2):19－23.

[33] 赵璐,赵作权,王伟.中国东部沿海地区经济空间格局变化[J].经济地理,2014,34(2):14－19.

[34] Anselin, Luc. Spatial Econometrics: Methods and Models[M]. Kluwer Academic Publishers: Boston, Massachusetts, 1988.

[35] Buddhi Gyawali, Rory Fraser, James Bukenya, and John Schelhas. Income Convergence in a Rural, Majority Africank-American Region. Southern Regional Science Association, 2008, (38)1: 45－65.

[36] Accounting for Income Distribution Trends: A Density Function Decomposition Approach. Journal of Economic Inequality, 2005(3):43－61.

第五章

中国区域协调发展战略和政策对增长趋同的效应评估

分析区域经济差异的变动是衡量区域经济政策实施效果的关键。判断地区收敛现实和分析主要原因是中国区域经济学者所面临的重要课题。尽管从对地区差距的度量、描述，到对各种收敛假说进行检验，再到尝试对造成地区差异的原因进行解释，中国经济增长收敛的研究已经取得了很大进展，也为促进地区增长和缩小地区差距提供了一些决策依据和政策工具，但是对中国经济体制转轨阶段区域政策这一导致收敛的特殊机制的理论解释还有待深入。因此，目前紧迫的研究任务就是从理论上确定哪些因素影响地区增长路径，区域政策（制度因素）如何影响地区经济增长，以及对趋同的影响程度到底有多大。趋同实证研究是检验经济增长理论的试金石，本章在科学判断区域经济增长趋同、城乡收入增长趋同、基本公共服务水平趋同的基础上，解析影响增长趋同的主要因素，定量分析区域协调发展战略和政策的实施对增长趋同是否存在显著影响及其作用途径。

一、对区域经济增长趋同的效应评估

（一）经济增长趋同判断

经济增长是一个国家和地区经济发展和社会进步的基础。按照新古典经济增长理论的观点，不同经济体间的经济增长具有趋同的趋势。按照内生增长理论的观点，经济体不存在趋同的趋势，这正如《2009 年世界发展报告：重塑世界经济地理》所指出的，“世界上鲜有平衡的经济增长。提前着手平衡经济增长的努力只会阻碍发展，得不偿失。两个世纪的经济发展历程表明，收入和生产的空间不平衡难以避免。一代人对经济的研究更是坚定了这样一个信念：没有理由去期望经济在各地区平稳平衡地增长。发展者的成功经验表明生产在地理空间上趋于集中的必要性。最成功的国家制定政策平衡不同地区的基本生活水平，即经济生产活动集中，而地区生活水平趋同"。由此看出，由于地理空间的差异性和规模经济导致的集聚效应，区域之间的经济差距总是存在的，政府缩小区域经济差距的努力往往难以达到效果，但是政府可以通过均等化的基本公共服务支出保证各地区居民享有大致相同的生活水平。中国幅员辽阔，存在显著的区域经济差距，关于区域经济发展水平、城乡收入、基本公共服务趋同的研究，对区域经济社会差距调控以及实现区域经济社会协调发展具有重要意义。

1. σ 趋同和基尼系数

新古典经济增长模型用技术进步阐释各国经济增长的水平差距，认为由于资本的边际产出呈现递减趋势，经济的发展最终将趋于稳定状态。经济增长理论把这种可能的现象称为经济增长的趋同（收敛）。趋同问题被概括为三种假说：σ 趋同、β 趋同、俱乐部趋同（R. J. Barro，1991）。σ 趋同被解释为不同地区间人均收入的离差随时间的推移而趋于减小的过程，它是对产出存量水平的描述；β 趋同则是指初始经济水平低的地区比经济水平高的地区具有更高的人均增长率，因而经过一段时间的发展，落后地区就会赶上发达地区，达到以同样速度稳定发展的收敛状态。β 趋同又包含条件 β 趋同与绝对 β 趋同两种情况，条件 β 趋同是指当控制了一系列其他影响因素后，不同地区间呈现收敛的现象；绝对 β 趋同则是指即使不控制这些条件因素，地区间也呈现出收敛的现象。β 趋同是 σ 趋同的必要条件，即要想使不同地区间人均收入水平最终趋于相同，必须保证落后地区有着比先进地区更快的收入增长率。大量的研究发现，全地区的 β 趋同往往无法实现，而经济更多地表现为具有相似结构特征的地区间趋于收敛，即落后地区与发达地区各自内部存在着收敛现象，而这两类地区间往往并不收敛，这种地区间的收敛被称为俱乐部收敛。巴罗和萨拉伊马丁对美国、日本、欧洲等国家和地区的研究发现，各国区域经济增长的 σ 趋同和 β 趋同都很显著，而且他们还发现各国的 β 趋同速度均在每年2%左右。

由于中国人均GDP增长速度很快且各省域间增长差异很大，标准差不能剔除掉人均 GDP 总体均值的影响，故计算以人口规模为权数的加权变异系数来检验 31 个省域间的 σ 趋同情况，公式为：

$$CV_w = \frac{1}{y}\sqrt{\sum_{i=1}^{n}(y_i - \bar{y})^2 \frac{P_i}{p}}$$

CVw 表示加权变异系数，*yi* 表示 *i* 地区的实际人均 GDP，是各地区实际人均 GDP 的均值，*pi* 表示 *i* 地区的人口，*p* 是 *n* 个地区的总人口，*n* 为地区数量。

计算结果显示，1990～1998 年期间，加权变异系数持续上升，1998 年达到峰值 0.50，说明该时期人均实际 GDP 区域差距不断扩大，不存在 σ 趋同现象；1999～2000 年下降；2001～2004 年期间再次略有上升，2004 年升至 0.503；2005～2012 年期间持续下降，2012 年、2013 年又进一步降至 0.428、0.422，表明 2005 年以来区域差距逐渐缩小，各省域间经济增长存在 σ 趋同现象（见图 5－1）。若采用二次函数逼近 1990～2013 年人均实际 GDP 加权变异系数的变动趋势，拟合优度达到 0.948，即地区经济差距呈现明显的倒“U”型变化，即已出现趋同的拐点。如果进一步计算基尼系数，同样显示，2004 年达到峰值 0.266，2005～2013 年期间基尼系数呈现下降趋势，2013 年降至 0.223，下降了 16.1%。若采用二次函数逼近 1990～2013 年人均实际 GDP 基尼系数的变动趋势，拟合优度达到 0.936，即同样显示地区经济差距呈现倒“U”型变化。

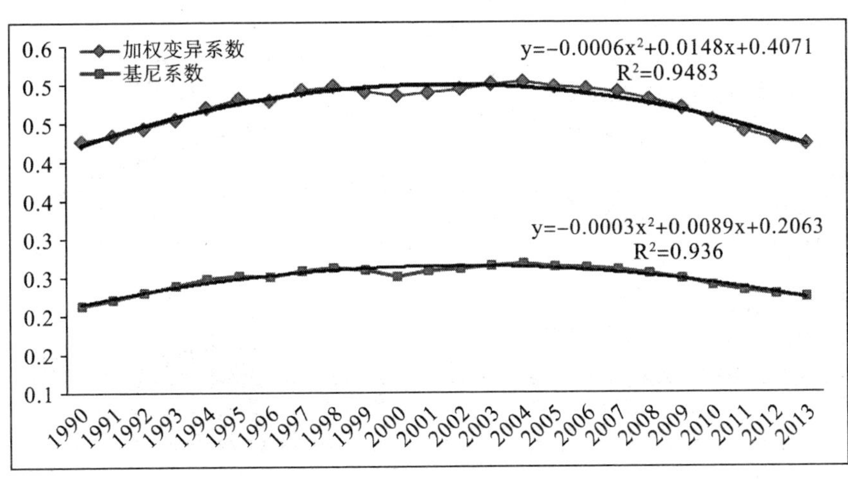

资料来源：根据《新中国六十年统计资料汇编》、2009～2013 年《中国统计鉴》、2013 年各省域国民经济和社会发展统计资料公报中的数据计算得到。

图 5－1　1990～2013 年中国人均 GDP 加权变异系数和基尼系数

2. 基于泰尔系数的俱乐部趋同

根据 Shorrocks（1980）提出的 Gini 分解方法，从四大区域间差距和区域内省际差距的角度，对 1990 ~ 2013 年实际人均 GDP 的泰尔系数（Theil index）进行区域分解（见图 5 - 2）。结果表明：（1）总体差异在 2004 年出现拐点，即 2004 年泰尔系数达到峰值 0. 118 后呈下降趋势，若采用二次函数模拟四大区域间差距的变动趋势，拟合优度达到 0. 938，即模型也显示出现明显的拐点；（2）四大区域间差距远远高于四大区域内部差距，说明四大区域间差距是导致省域总体差距的主导因素，四大区域间差距的贡献率在 54% ~ 76% 之间，2006 年贡献率达到峰值 76%；（3）四大区域内部，东部地区内部的区域差距远远大于西部、中部和东北地区，东部地区内部差距对中国地区间差异的贡献率在 14% ~ 38% 之间；（4）四大区域间的差距呈倒“U”型变化，在 2004 年达到峰值 0. 089 后出现逐步下降态势；（5）从四大区域内部差距的变动趋势看，东部内部差距呈现持续下降趋势，但西部内部差距自新世纪以来呈现持续扩大趋势，这一现象的出现具有一定的合理性。西部大开发战略的实施，促进西部地区进入成长阶段，区域分工和专业化发展迅速，人口和其他生产要素迅速向城市地区集聚，而这一发展阶段的特征，极易引发区域间发展差距的拉大（魏后凯，2006）。

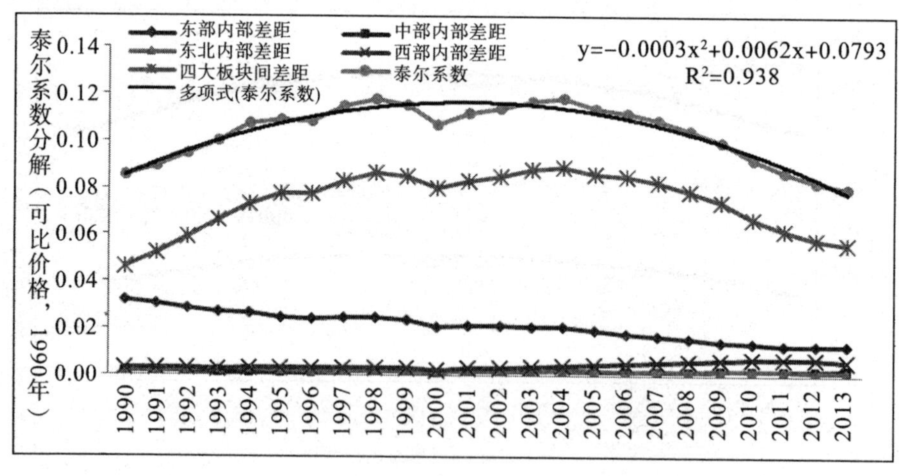

资料来源：同表 5 - 1。

图 5 - 2　1990 ~ 2013 年泰尔系数在四大板块的分解

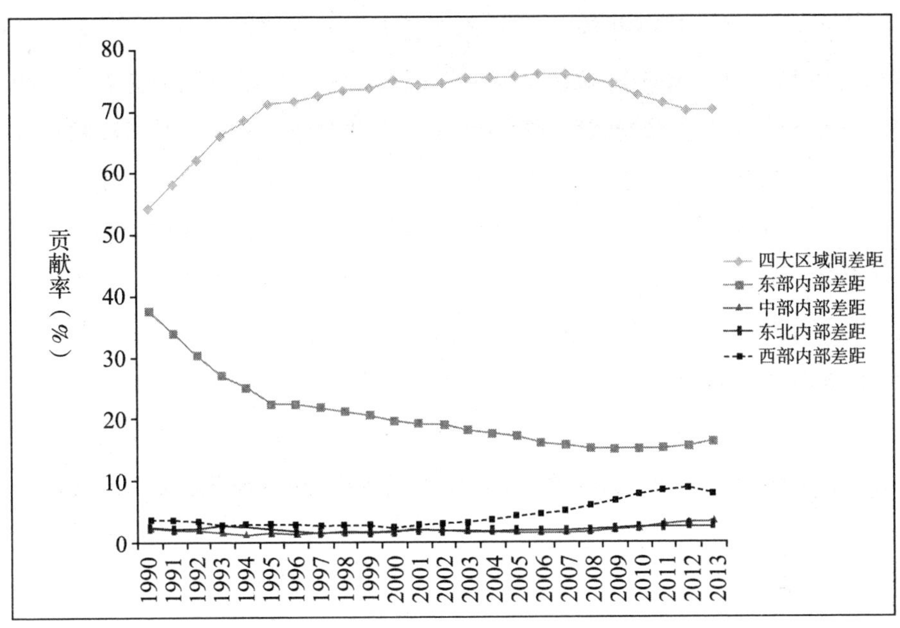

资料来源：同表5-1。

图5-3 1990~2013年中国地区间经济发展水平差距分解

3. 核密度估计

随着现代计量经济学的发展，非参数方法在经济社会的经验研究中得到了广泛的应用。Durlauf和Quah（1996）提出收入分布动态法，即当区域间的收入概率分布趋向“双峰”且移动性越弱时，“极化”现象越明显。该方法关注所有区域的收入分布的动态变化，而非单个区域是否趋近于自身的稳态。国内一些学者采用非参数核密度估计方法来模拟增长分布函数，判断省域经济体经济增长的变化以及增长中的差异变化。在模拟增长分布函数过程中，选择最佳窗宽，必须在核估计的偏差和方差间进行权衡，使得均方误差最小。此外，窗宽的选择还与样本数之间存在联系，学者通常将窗宽 h 设定为 $h=0.9SeN^{-0.8}$（即 $c=0.9Se$，Se是随机变量观测值的标准差）。因此，笔者采用高斯核（Normal）函数进行估计，窗宽的选择为 $h=cN^{-0.8}$，其中点 x 的取法是，把各年的实际人均GDP分成200份，x 依次取值为 $x_j=x_{min}+(x_{max}-x_{min})*j/200$，$j=0, 1, \cdots, 199$；利用软件Eviews6.0绘图，横轴表示实际人均GDP，纵轴表示密度，绘制1990年、1995年、2000年、2002年、2004年、2006年、2008年、

2010年、2012年、2013年等10个典型年份Kernel密度图（见图5-4），从中揭示实际人均GDP增长分布演进具有三个明显特征：（1）从位置看，1990~2013年期间，密度分布曲线呈现整体向右平移的趋势，非常直观地反映出各省域经济体都出现了经济较快增长的局面。（2）随着时间的推移，曲线逐渐扁平化，即波峰高度持续降低，意味着省域经济体之间的绝对差异有所加大，分布日益分散，而集中程度有所下降。（3）从形状看，1990~2006年间，没有表现出明显的双峰趋同或者多峰趋同，但是2008~2013年分布图表现出由单峰向双峰或多峰模式转变的趋势。双峰模式代表着部分省域在低水平上集中，另一部分省域在高水平上集中，向双峰模式的转变意味着中国区域经济发展转向两极分化或多极分化现象，即呈现“两俱乐部趋同”或“多俱乐部趋同”。

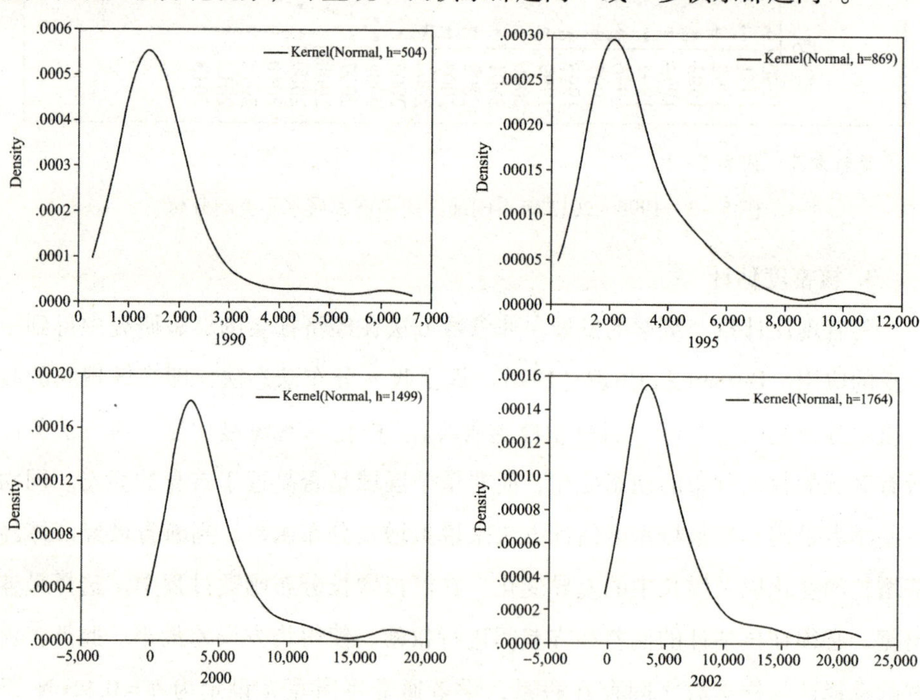

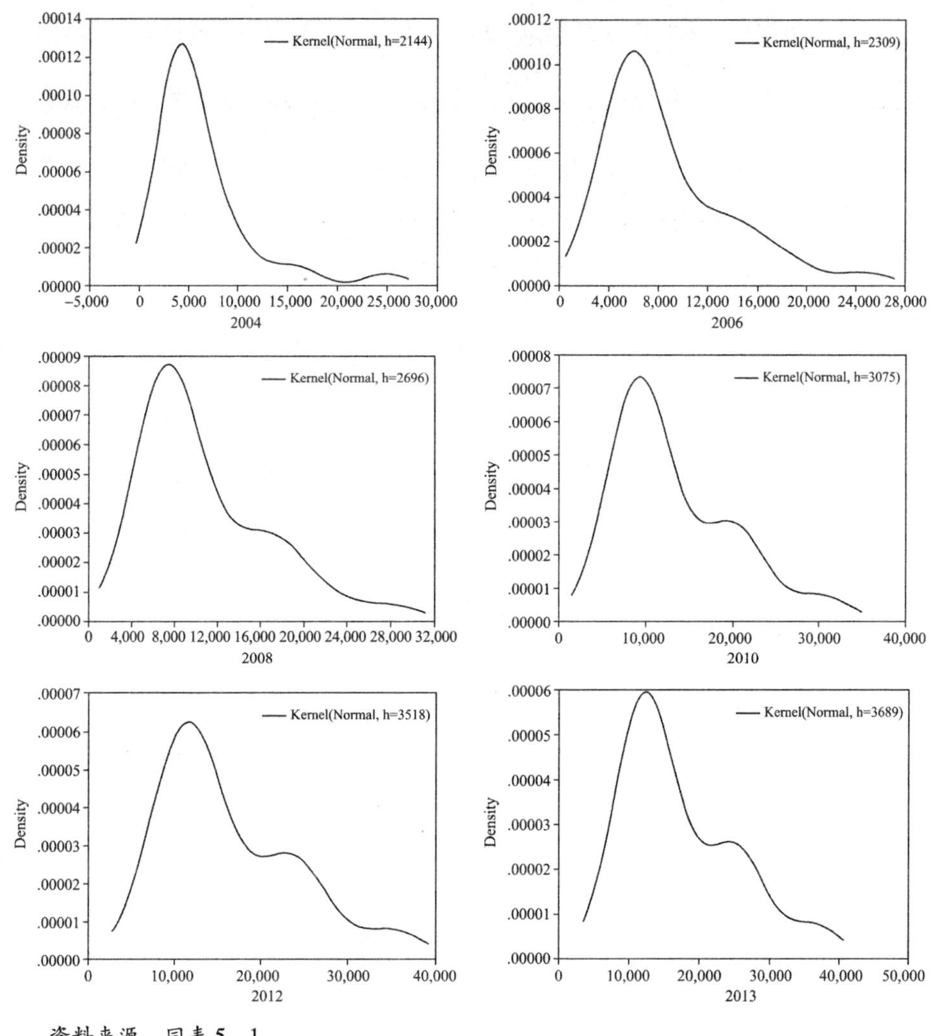

资料来源：同表 5－1。

图 5－4　1990～2013 年 10 个典型年份中国实际人均 GDP 核密度分布图

4. 绝对 β 趋同

绝对 β 趋同是假定所有地区在结构上是一致的并得到相同的技术，各地区仅在初始条件上存在差异，这样各地区趋向统一稳态水平和在稳态时具有相同的增长率。即落后地区比富裕地区增长更快，从长期看终究会赶上富裕地区。Barro and Sala－i－Martin（1995）提出了检验绝对趋同的计算公式：

$$\frac{1}{T}\ln\left(\frac{y_{iT}}{y_{i0}}\right)=\alpha+\beta\ln(y_{i0})+u_i \quad u_i\rightarrow iid \quad N(0,\ \sigma_u^2)$$

初期表示为0，期末表示为T；$I=1, 2, \cdots, N$，N为样本数量；y_{iT}为i地区t年份的人均GDP，$t=0$或T；$\ln\left(\frac{y_{iT}}{y_{i0}}\right)$为两时期人均GDP增长率；$\alpha$和$\beta$为估计参数。如果$\beta$估计系数为负并显著，说明不同地区间人均GDP的平均增长率在$(0, T)$时段与初始时期的人均GDP水平呈现负相关，落后地区的经济增长比发达地区要快，因而存在绝对β趋同。绝对趋同速度可以估计为$\gamma=-\ln(1+T\beta)/T$。

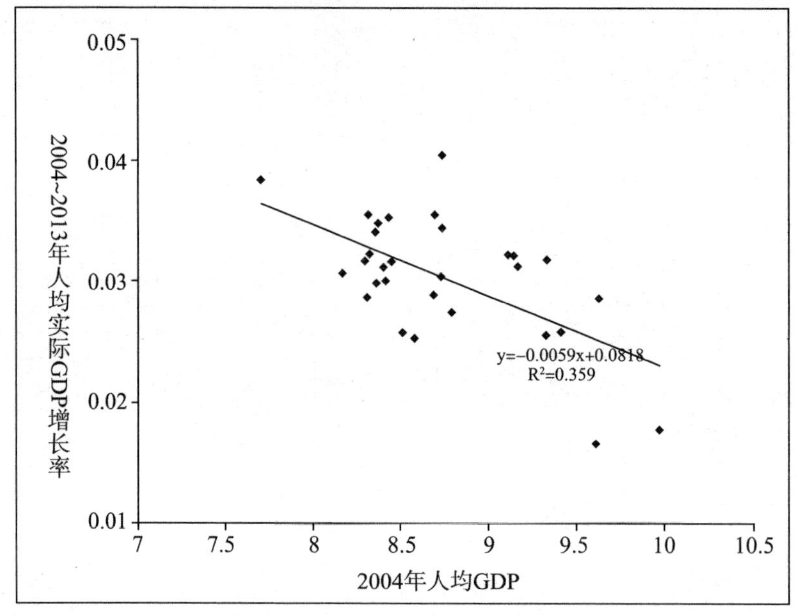

资料来源：同表5－1。

图5－5　2004～2013年中国经济发展水平绝对趋同

根据前面分析得出的2004年中国人均实际GDP地区差异转向缩小，以2004年为初期，以2013年为期末，计算中国人均实际GDP绝对趋同速度（见图5－5）。结果显示，$\beta=-0.0059$，即为负值且显著，进而计算$\gamma=-\ln(1+T\beta)/T=-\ln(1+31*(-0.0059)/31)=3.64$，即中国人均GDP绝对趋同速度是3.64%。

（二）经济增长趋同的影响因素解析

1. 经济要素空间格局变动

综合以上加权变异系数、泰尔指数分解、核密度分布、空间自相关指数等计算与分析，可以确定中国省际间经济差异呈现先增大后减小的倒“U”型变化，2004 年以来省际差距开始逐年减小，即出现增长趋同；四大板块内部的地区差距变动不尽一致，东部地区内部自 1990 以来一直呈现增长趋同，而西部地区内部自 2000 年以来出现显著的增长发散。

地区差距缩小是区域协调发展的重要表现，也是近年来中央区域政策追求的目标之一。考察其中原因，从已有研究文献看，多数学者认为，从长期发展的角度看，东西部地区差距缩小是很自然的。增长趋同或发散是多因素综合作用的结果，比如各地区资源优势和自身发展能力、技术进步及其空间扩散、地区间要素流动、中央区域经济政策的变化以及人口迁移和劳动力流动等，都会对区域经济差异的变化产生重要的影响。本书第四章产业发展格局、投资格局、外资外贸格局、公共财政格局等方面的变动分析表明，大多数经济要素空间格局变动的转折点基本在 2003 年或 2004 年，因此估计这些格局变动会与增长趋同具有内在联系。

表 5－1　中国 31 个省域实际人均 GDP 加权变异系数与部分经济指标的相关系数

中西部第二产业产值占全国比重	中西部转移支付占全国比重	工业加权空间基尼系数	中西部 FDI 占全国比重	中西部进出口额占全国比重	中西部全社会固定资产投资中外资和自筹及其他资金所占比重
-0.81**	-0.63**	0.41*	-0.41*	-0.74**	-0.41
N=24	N=16	N=21	N=23	N=24	N=20

注：**、*分别表示显著性水平为 0.01、0.05。
资料来源：同表 5－1。

笔者使用中西部第二产业产值占全国比重、中西部转移支付占全国比重、中西部 FDI 占全国比重、中西部进出口额占全国比重、中西部全社会固定资产投资中外资和自筹及其他资金所占比重等指标分别反映中西部工业化进程、向中西部转移支付力度、中西部利用外资能力、中西部进出口贸易水平、中西部资本市场化程度，使用工业加权空间基尼系数反映产业集聚与扩散。计算上述指标与实际人均 GDP 加权变异系数的相关系数（见表 5－1）。结果显示，加快中西部工业化进程、加大向中西部转移支付力度、提高中西部参与全球化程度等都会缩小中国区域经济差距，工业行业在全国空间范围分布越分散，区域经济差距也将越小；不过，中西部资本市场化程度与实际人均 GDP 加权变异系数的相关系数并不显著。可见，资金、技术等生产要素和产业活动逐渐从东部沿海向中西部加快转移扩散、中西部工业化和城镇化进程加快、中央财政转移力度加大等因素均为影响增长趋同的重要方面。

2. 东部地区结构性调整减速

近年来，随着国内外发展环境的变化，东部地区显示出增速放缓的趋势，降速的目的在于为转方式、调结构创造空间。即经济增长速度的下降作为一种“投入”，赢得的“产出”是经济增长质量提升和经济结构的良性变化。

首先，在需求结构上，东部地区投资和消费对增长的作用正发生新的结构变化。消费需求对增长的作用有所提升，东部地区普遍开始更重视投资对消费的拉动，围绕扩大消费需求和改善民生调整投资结构，改造社会环境和基础设施，以进一步刺激和吸引消费；同时努力扩大消费需求，社会消费品零售总额的增速已明显快于全国平均水平，更高于中西部地区。

其次，在收入分配结构上，提高中低收入居民收入比重，进而推动收入分配差距缩小，特别是提高低收入群体的收入和福利保障水平，东部地区无论是在能力上还是在实际力度上均显著高于中西部地区。收入分配结构性改变，不仅有利于公平程度的提升，而且有助于效率提高，更有助于刺激消费进而提高内需，刺激经济增长，因为收入分配结构性失衡都会降低社会边际消费倾向。

其三，在产业结构上，东部地区产业结构明显优于中西部地区，现阶段是能够也需要进一步加快三大产业结构高度提升进程。东部发达地区第三产业比重上升对经济增长具有显著的拉动作用，表明东部地区的经济增长已开始具有“后工业化”特征；中西部地区工业化水平的提升和相应的农业比重下降对经济增长具有显著的拉动作用，表明中西部地区已进入工业化中后期阶段。

其四，在工业制造业内部结构上，发达地区制造业内部“霍夫曼比例”显著高于欠发达地区，现阶段中国制造业发展的重点现代产业大都聚集在发达地区，包括装备制造业、船舶工业等，最具竞争力的企业大都集中在发达地区。发达地区推动战略性新兴产业创新和成长的能力也领先于欠发达地区。相应地，较发达地区在节能减排上面临的压力更为突出。

其五，发达地区面对的泡沫经济的调整压力更为严峻。东部地区拥有更大的市场规模，拥有更高的资本密集度和更活跃的市场交易及开放性，经济增长中存在投机性泡沫的可能性相对更大，如果技术创新乏力，缺少产业结构升级的有效空间，资本便极有可能涌入虚拟经济，使部分产业泡沫化、符号化。

总之，东部地区发展的重点已从规模扩张转变为结构转型，自然为中西部地区依赖资源优势和后发优势实现经济快速腾飞提供了巨大发展空间。这在一定程度上反映了中国的增长模式存在经济增速与平衡增长之间的权衡，即在2004 年之前为快速的增长率（且保证绝对贫困的减少）和不平等日益加剧，2005 年以来转向增速减缓和差距缩小。这一结论与 Fan 的观点（2009）是相似的。

3. 人口统计口径变化和劳动力流动

长期以来，中国各地区的人口统计是按照户籍人口统计的。2005 年以来，中国分省域人口数是根据 1% 人口抽样调查，充分考虑流动人口计算的数据。这一统计口径的变化，对人均 GDP 和区域发展差距变动的计算结果产生了重要影响。根据第六次人口普查数据计算全国 31 个省域常住人口与户籍人口的差值（见图 5 -6），可以看出，广东、上海、北京、浙江、天津、江苏等六个东部地区的省域，常住人口明显多于户籍人口；河南、四川、安徽、湖北、湖南、广西、重庆、贵州等八个中西部的省域，户籍人口明显多于常住人口。因此，按照常住人口计算的人均 GDP 地区差距应小于按照户籍人口计算的地区差距。即人口统计口径的变化也是导致 2005 年以来区域差距缩小的重要原因之一。

更重要的是，中国大规模的人口流动有助于校正扭曲的劳动力市场价格机制，提高资源利用效率，促进产业集聚，创造更多的就业岗位，从而降低区域发展差距。国内大部分学者认同劳动力流动缩小地区差距的观点，即通过劳动力地区间的流动来改变东部沿海地区与中西部地区间人均收入的分子与分母，进而缩小地区差距（樊纲，2005）。但是，也有一些学者提出，由于存在“资本追逐劳动的现象”，区域间的劳动力迁移可能缩小、也可能扩大地区差距，关键是取决于资本的外部性和拥挤效应的相对大小（许召元，2009）。笔者认为，如果产业由东部发达地区向中西部欠发达地区转移，会促使大量资本与技术和知识等高层次要素向欠发达地区转移（即要素集聚效应）、引起转入技术在欠发达地区产生乘数倍增效应（即技术外溢效应）、直接或间接地促进欠发达地区产业结构调整与优化（即产业升级效应）等，进而带动欠发达地区的快速发展，有助于增长趋同；但是，如果劳动力持续流向发达地区，会影响资本和产业难以向中西部欠发达地区转移，则阻碍地区增长趋同。

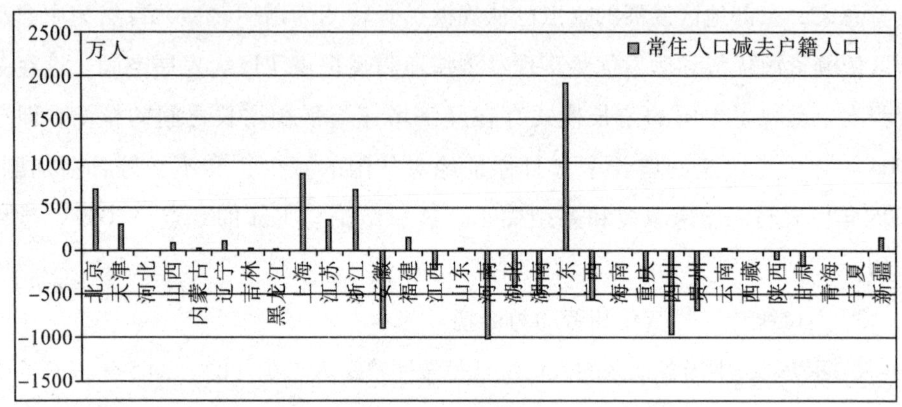

资料来源：根据全国第六次人口普查数据汇总绘制。

图 5－6　2010 年全国 31 个省域常住人口与户籍人口的差值

4. 空间自相关因素

Tobler 的地理学第一定律：Everything is related to everything else，but near things are more related than distant things①。即相邻事物之间的联系更多。Tobler 的地理学第一定律是空间自相关统计的核心理论，考虑地理事物的空间相关性正是考虑到地理学第一定律。Moran's I 指数是度量空间相关性的重要指数，其数值越高，说明空间上临近的区域间某一属性的相似性越强。利用 ARCGIS 软件，以 ROOK 法则建立空间权重矩阵，计算 30② 个省域实际人均 GDP 的空间自相关系数（见图 5－7）。可以发现，1990～2000 年期间 Moran's I 指数持续增大，表明地区的空间集聚性随着时间的推移有所强化，这在很大程度上是因为不平衡发展政策造成了东部省域的高水平聚集和中西部省域的低水平聚集。2009～2013 年，Moran's I 指数持续增大的态势得以扭转，在 0.34～0.37 之间小幅度波动。上述变动趋势一方面表明实际人均 GDP 所具有的显著空间正相关

① Miller Harvey J. Tobler's First Law and Spatialan Alysis. Annals of the Association of American Geographers，2004，94（2）：284－289.

② 大陆 31 个省域中未考虑海南省。

现象是稳定的，经济发展水平空间自相关的存在，恰恰集中反映了地理性因素、内生增长因素等的差别及其对区域经济发展的制约作用。这是一般的政策因素所难以抵消的。从某种程度上讲，空间自相关因素作为一种长期的扩大地区差距的力量而存在，空间自相关性的影响可能是区域间差距变动的一个不可忽视的因素。另一方面，2009 年以来 Moran's I 指数的下降在一定意义上反映出区位条件对区域差距的影响在减弱，区域协调发展战略的实施促进了中西部地区一批增长极的崛起并发挥了对区域经济发展的带动作用。

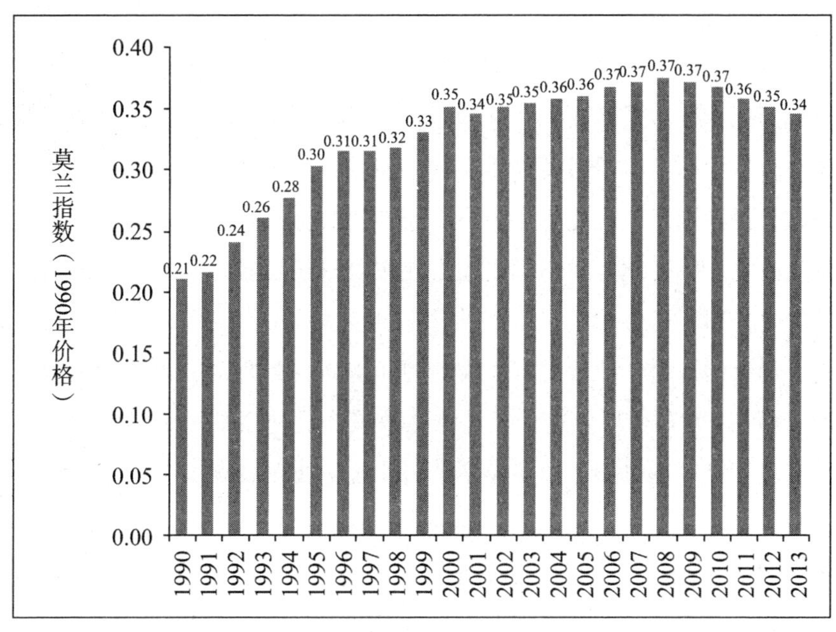

资料来源：同表 5 - 1。

图 5 - 7 1990 ~ 2013 年中国实际人均 GDP 空间自相关系数

5. 制度变迁因素

中国东部、中部、西部三大地带经济发展差距早在改革开放前就存在，从 Kanbur 和 Zhang（2003）等学者的研究看，新中国成立以来中国的地区差距总体变化趋势是“三落三起”，而且每一次起落均与当时的历史背景和经济政策有很大关系（袁冬梅，2012）。本章关注的是实施区域协调发展战略以来的区域差距变动，显然，2004 年以来的省际产出呈现收敛态势是一系列区域协调发展战略实施取得一定成效的重要表现。自 2000 年中国政府实施西部大开发政策后，西部区域性中心城市，例如重庆、西安、成都获得了长足发展，这得益于政策、当地完善的基础设施以及消费市场。然而，这些地区的成功并不能随即影响西部地区与东部地区经济增长的收敛趋势，往往具有一定时期的滞后效应。原因是西部地区基础设施建设不完善，产业向西部转移的成本太大，且西部地区人口少，市场潜力不足以支撑产业的规模发展，所以即使再优惠的政策也难以马上吸引东部地区大量企业“叛逃”至西部。

（三）区域协调发展战略和政策对经济增长趋同的效应估算

1. 方法模型

自从 Ashenfelter 和 Card（1985）首次使用差分内差分方法以来，该方法已被广泛地运用在政策效果评价。这种方法主要用于比较两个组别在两个时间段上的产出，其中一个组叫做处理组，这一组别在第 t 时点上发生了政策上的变化，也就是说经过了政策处理。另一个组叫做控制组，这个组别在 t 时点前后均不发生政策上的变化。我们可以通过比较处理组和控制组在 t 时点前后平均产出的变化来判断这种政策是否产生了效果。Meyer（1994）对差分内差分方法进行了细致的探讨，他假定有代表性的经济体（处理组）在 t 时刻发生了政策变动，而在 t 时刻前后，这个经济体在政策变化前后的经济行为均能被观察到。于是我们可以通过如下回归模型来估计这一处理效应：

$$y_{it} = \alpha + \beta d_t + e_{it} \tag{5-1}$$

这里的 y_{it} 是处理组中代表性个体 i（$i = 1, \cdots, N$）在 t 时刻（$t = 0$ 或 1）的产出，dt 是虚拟变量，在 $t = 0$ 时，它的值为 0，在 $t = 1$ 时，它的值为 1，e_{it} 是误差项，它的方差随着时间 t 的改变而改变。当 $E[e_{it} \mid d_t] = 0$ 满足时，β 可以用来衡量政策变化的效果。β 的值可以通过估计方程（5－1）来得到，也可以通过计算在 t 时刻前后平均产出的差分值来得到。通过这种简单的差分来评估政策变动的效应会带来潜在的识别问题，比如说在 $t = 0$ 和 $t = 1$ 之间，除了政策变动的效应会带来产出改变之外，其他许多因素都有可能引起产出变动。差分内差分方法的实质就是通过引入控制组而将其他因素也考虑进来。由于控制组仅仅受到其他因素的影响，这样我们就可以分离出其他因素的影响。差分内差分方程形式如下：

$$y'_{it} = \alpha + \beta_1 d_t + \beta_2 d^j + \beta d^j_t + e^j_{it} \tag{5-2}$$

这里的 j 代表两个组别，其中 $j=1$ 为处理组，$j=0$ 为控制组；d^j 是虚拟变量，当 $j=1$ 时，它的值为 1，当 $j=0$ 时，它的值为 0；d_t^j 也是虚拟变量，当 t 和 j 同时为 1 时，它取值 1，否则取值为 0。在这里 β 是最为关键的系数，因为它反映了政策变动的效果。参数 β_1 反映如果没有政策变动，两个组别的经济行为如何随时间变动，而参数 β_2 则反映处理组和控制组之间任何不随时间变动的差异。方程（5－2）中的一个关键假设条件就是当不存在政策变化时，$\beta=0$，这一假设"只有在控制组和处理组在性质上非常接近时是最为合理的"（Meyer，1994）。

本书的做法是选择东部地区十个省域作为控制组，中部六省、西部十二个省域及东北三省作为处理组。差分内差分要求控制组与处理组具有相同的性质，而在实际中要想找到两个完全同质的个体几乎是不可能的。国外一些学者在研究某一政策改变对一些发展中国家的影响时会选择另外一些发展中国家作为控制组（Henry，2008），为了控制控制组和处理组之间的异质性问题，他们通常会引入其他一些控制变量。为此，采用以下公式：

$$\triangle \mathrm{pcgdp}_{it}=\alpha_1\triangle \mathrm{pcgdp}_{i,t-1}+X\beta+\delta_1 d2002*\mathrm{d\_region}+f_i+v_{it} \qquad (5-3)$$

公式 5－3 中，X 是解释变量向量，由一系列控制变量组成；d2002 * d_region 为区域虚拟变量和时间虚拟变量的交叉项。区域虚拟变量 d_region 以东部十省域为 0，其他省域为 1。时间虚拟变量 d2002 以 2002 年及以后取值 1，2002 年之前取值 0，用它来控制区域协调发展战略提出以后的时间趋势对经济增长的影响。之所以取 2002 年，是因为自 1999 年开始实施区域协调发展战略，但实施效应往往具有一定时期的滞后。公式（5－3）中最重要的解释变量就是区域虚拟变量和时间虚拟变量的交叉项，因为它的参数估计值，实际上就是差分内差分的估计结果。估计结果 δ_1 表明中西部及东北地区的经济增长速度的变化在区域协调发展战略实施后是否明显高于其他区域经济增长的变化。如果 δ_1 的估计值显著大于 0，说明区域协调发展战略的实施显著地促进了中西部及东北地区的经济增长，有助于中西部及东北地区的经济发展向东部地区趋同，从而缩小了我国区域发展差距。

2. 变量选择

（1）因变量：实际人均 GDP 增长率（△pcgdp），采用公式 log（$\mathrm{pcGDP}_{i,t}$/

$pcGDP_{i,t-1}$）计算各省域实际人均 GDP 的增长率，即 t 年与 t－1 年实际人均 GDP 对数差。

（2）控制变量：初始实际人均 GDP（spgdp）：按照 1990 年价格计算的各省域人均 GDP。

物质资本存量（capital）：本文采用永续盘存法测算资本存量，计算方法是将第 i 省域第 t 年的资本存量表示为：$K_t = K_{t-1} - \delta K_{t-1} + I_t$，其中 I_t 是第 i 省域第 t 年当年的新增固定资产投资，K_t 是 i 省域 t 年固定资本存量，δ 为折旧率。其中，直接采用张军计算的 1952～2005 年全国 29 个省域（不包括重庆和四川）资本存量；2006～2012 年 29 个省域的资本存量采用上述公式计算；借鉴中国经济增长与宏观稳定课题组（2010）的方法，折旧率按 9.6% 计算；1990～2012 年重庆和四川的资本存量采用上述公式计算，其中固定资产价格指数来源于《中国国内生产总值核算历史资料（1991～2004）》和《中国统计年鉴 2013》。

人力资本存量（education）：人力资源的再配置对我国区域经济增长差距具有重要影响，比如，1982～1997 年人力资本和劳动力转移对经济增长率的贡献约为 44%，是经济增长贡献率最大的因素（蔡昉，2002）。在此，采用每万人在校大学生数表示人力资本存量。

交通设施（transport）：采用人均交通（铁路、公路和水路）里程加以衡量。

产业集聚（cluster）：由于集聚带来经济外部性和规模经济效应，为此，考虑每平方公里的工业产出，即经济密度，作为衡量产业集聚的指标。

政府经济行为（finance）：用财政支出占 GDP 的比重来表示，用它来表征政府支出对区域经济增长的影响。

政府规模（governance）：由于中国目前政治体制改革滞后，在地区经济增长过程中，中央政府及地方政府在一定程度上还发挥着主导作用。因此，选用政府规模作为重要的控制变量，进一步借鉴樊纲等（2007）的方法，采用国家机关、党政机关和社会团体年底职工人数（2003 年以后称之为公共管理、社会保障和社会组织人员）占当地总人口的比例度量政府规模。基础数据源自 1991～2013 年《中国劳动统计年鉴》。

3. 计量模型及回归结果

面板数据模型最常用的估计方法是固定效应模型和随机效应模型，当解释变量具有内生性时，这两种模型均不能保证得出无偏的参数估计，此时，工具变量法是更为合适的估计方法。方程（5－3）中出现了滞后被解释变量，模型的内生性问题不可避免地出现了。因此，使用系统GMM方法进行参数估计。实证结果如表5－2所示。为了增强回归结果的可靠性，对模型设定的合理性和工具变量的有效性分别进行AR（2）检验和Sargan检验，结果显示模型设立是合理的，使用的工具变量是合适的。

表5－2 经济增长趋同模拟的估计结果

模型解释变量	Model（1）	Model（2）	Model（3）
L1. Δpcgdp	0.1905 (9.70)***	0.2129 (8.75)***	0.1793 (6.16)***
lnspgdp	-0.1685 (-13.54)***	-0.1584 (-13.55)***	-0.1674 (-13.54)***
lncapital	0.0443 (8.64)***	0.0428 (9.98)***	0.0345 (8.83)***
lnhuman	0.0233 (8.60)***	0.0193 (7.38)***	0.0207 (7.21)***
lntransport	0.0248 (9.35)***	0.0265 (12.95)***	0.0231 (9.31)***
lncluster	0.0291 (3.98)***	0.02 (2.33)**	0.0316 (3.10)***
lnfinance		0.0126 (1.94)*	0.0129 (2.44)**
lngovernance			0.0449 (4.16)***
d2002	0.0158 (12.70)***	0.0169 (12.56)***	0.0181 (11.32)***
d_ region	-0.0626 (-3.92)**	-0.0776 (-6.30)***	-0.064 (-4.93)**
d2002 * d_ region	0.0168 (8.33)***	0.0186 (10.92)***	0.0163 (7.59)***

续表

模型解释变量	Model (1)	Model (2)	Model (3)
constant	-0.126 (-6.33)***	-0.1297 (-7.15)***	-0.3379 (-6.26)***
Observations	651	651	651
Abond test for AR (1)	0.0157	0.0056	0.0265
Abond test for AR (2)	0.1405	0.1147	0.0844
Sargan test	0.8821	0.8528	0.8746

注：括号中的数值是t统计值的绝对量；***、**和*分别表示在1%、5%和10%的显著性水平下通过显著性检验。

表5-2中控制变量的估计结果基本上符合经济学解释。第一，滞后一期被解释变量前面的系数为正，而且所有的系数均处于0和1之间，所有的系数都在1%的显著性水平下通过了显著性检验。这说明我国区域经济增长存在着明显的滞后效应，用动态面板模型显然要比静态面板模型更加适合于研究我国经济增长问题。第二，初始实际人均GDP前面的系数在所有的情况下显著为负，说明我国经济增长存在着条件β收敛，这一结论与先前大多数研究者得出的结论相同（林毅夫，刘培林，2003；蔡昉，2001；吴玉鸣，2004；刘生龙，2009）。第三，实物资本和人力资本对经济增长具有显著的正向影响，而且在所有的方程中均能够通过1%的显著性检验，说明中国区域经济增长仍处于投资拉动阶段且人力资本正在发挥促进经济增长的贡献。第四，交通基础设施的影响系数全部显著为正，表明交通对区域经济增长具有显著的正向促进作用，这一结果也证实了先前一些发展经济学家们的观点（Aschauer，1989；Cazzavillan，1993），再次说明加强基础设施建设有利于促进区域经济增长。第五，政府经济行为和政府规模同样具有显著的正向影响。第六，产业集聚也同样具有显著的正向影响，在产业结构较为先进和基础设施比较好的地区容易产生聚集效应，有利于促进劳动生产率的提高。

表5-2中最为重要的参数估计是衡量区域协调发展战略和政策对区域经济增长影响的差分内差分估计结果。这种政策变动的影响体现在区域虚拟变量与时间虚拟变量交叉项的参数估计上，即d2002*d_region前面的系数上。差分内差分变量前面的系数反映的是中西部及东北地区2002年前后经济增长率的变化是否比东部地区2002年前后经济增长率的变化更大一些。从估计结果来

看，d2002 * d_region 的估计系数在各个模型里的估计结果都显著为正，说明了自 1999 年逐渐实施的区域协调发展战略加速了中西部及东北地区的经济增长，使得中西部及东北地区与东部地区不断扩大的发展差距有所缓解。根据模型（5 - 3）中 d2002 * d_region 前面的系数，判断区域政策使得中西部及东北地区的经济增长速度相比于东部地区的经济增长速度增加了 1.63 个百分点。从 2002 年到 2012 年，东部地区的实际人均 GDP 增长率为 11.6%，而同期中西部及东北地区的实际人均 GDP 增长率为 11.8%。如果没有区域协调发展战略和政策的实施，中西部及东北地区的实际人均 GDP 增长率仅为 10.17%，低于东部地区。这意味着如果没有区域协调发展战略，中西部和东北地区与东部地区的人均 GDP 差距将进一步扩大，因此，区域政策在促进中国区域经济收敛方面发挥了至关重要的作用。

4. 差分内差分估计结果分析

为了检验区域协调发展战略和政策通过何种机制影响中西部及东北地区的经济增长，本书进一步使用差分内差分方法来估计区域协调发展战略和政策对其他一些影响经济增长的控制变量的影响。表 5 - 3 中给出了这些控制变量的差分内差分估计结果，它们包括资本存量（capital）、人力资本（human）、交通设施（transport）、产业集聚（cluster）、政府经济行为（finance）、政府规模（governance）和全要素生产率（TFP）①。

表 5 - 3 中最后一列给出了这些变量的差分内差分的结果，这些结果反映了区域协调发展战略和政策对中西部及东北地区变量的影响。可以看出，区域协调发展战略和政策使得中西部及东北地区 2002 年以来资本存量、人力资本存量、交通基础设施、政府经济行为、政府规模等相对于东部地区来说均有所改善；不过，中西部及东北地区的全要素综合生产率并没有在 2002 年以来得到相对改善。也就是说，区域政策这一制度因素对区域经济增长趋同的作用机理表现在制度能够影响实物资本、基本设施建设等硬环境以及人力资本、政府行为、政府规模等软环境，从而提高区域的经济绩效；但是未能促进中西部及东北地区全要素生产率的提高。

① 借鉴刘生龙(2009)的计算方法，采用公式 TFP = GDP 增长率 - 0.5 * 资本增长率 - 0.5 * 就业增长率，估算 TFP。

表 5 - 3　　经济增长趋同控制变量的差分内差分估计结果

控制变量	处理组 1990 ~ 2001	处理组 2002 ~ 2012	处理组 前后变化	控制组 1990 ~ 2001	控制组 2002 ~ 2012	控制组 前后变化	差分 内差分
lncapital	0.096	0.192	0.096	0.123	0.134	0.011	0.085
lnhuman	0.102	0.111	0.009	0.099	0.089	-0.010	0.019
lntransport	0.027	0.089	0.062	0.026	0.04	0.014	0.048
lncluster	0.009	0.027	0.018	-0.002	0.016	0.018	0.000
lnfinance	0.103	0.347	0.244	0.057	0.27	0.213	0.031
lngovernment	0.106	0.145	0.039	0.138	0.128	-0.010	0.049
TFP	0.042	0.012	-0.030	0.058	0.03	-0.028	-0.002

注：除 TFP 之外，控制变量均用增长率来解释，计算时用当期值减去滞后一期值之后再比上滞后一期值，表中的数值均为各个控制变量实际的平均增长率（1990 年 = 100）。

二、对区域居民收入增长趋同的效应评估

（一）城乡居民收入增长趋同判断

1. 变异系数

变异系数是刻画经济变量离散程度的相对指标，它是一组数据的标准差与均值之比。变异系数越小，代表相关变量的离散程度越低；反之，变异系数越大，说明相关变量的离散程度越大。因为变异系数的简单和直观，在此采用变异系数衡量全国 31 个省域单元的收入不平等程度。计算结果显示，中国省际城镇居民实际人均可支配收入（1990 年价格）的变异系数在 0.18 ~ 0.27 之间波动，总体上经历了“显著上升（1990 ~ 1994 年）—平稳（1995 ~ 2001 年）—升降交替（2002 ~ 2013 年）”的变动过程；1990 年以来没有出现明显的趋同现象。中国省际农村居民实际人均纯收入（1990 年价格）的变异系数在 0.4 上下波动，经历了“上升（1990 ~ 1995 年）—下降（1996 ~ 1998 年）—上升（1999 ~ 2006 年）—下降（2007 ~ 2013 年）”四个阶段，即呈现“M”型变动轨迹，2006 年为近期农村居民收入地区差异趋向收敛的转折点，变异系数由 2006 年的 0.445 持续降至 2013 年的 0.374。与实际人均 GDP、农村居民实际人均纯收入的区域差异相比较，城镇居民实际人均可支配收入的区域差异要明显偏小（见图 5 - 8）。

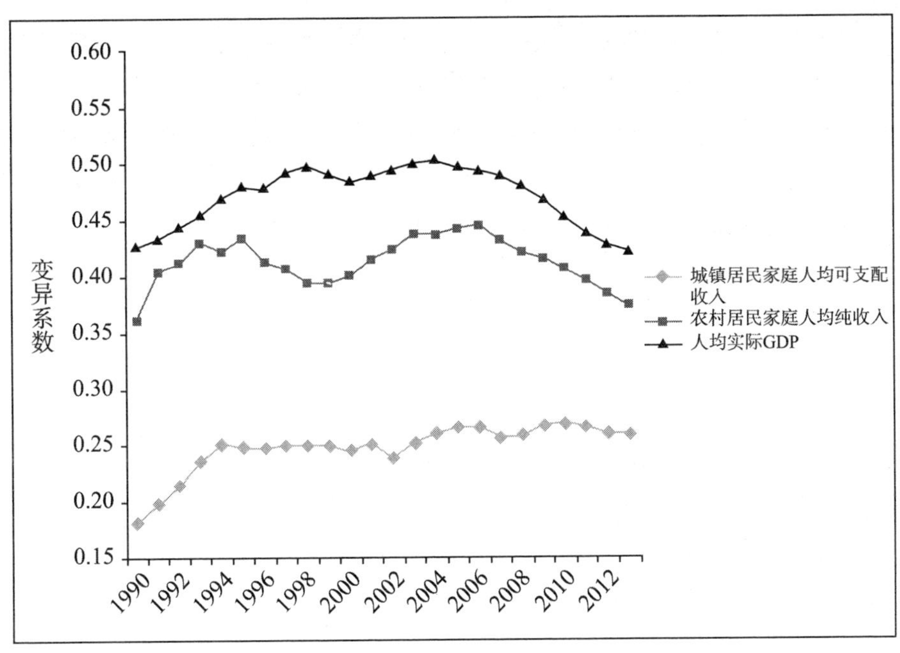

图5－8　1990～2013年中国城乡居民实际收入变异系数

2. 农村居民收入地区差距的来源结构分解

自1994年以来，我国在计算农村居民总收入时，按收入来源将其分为工资性收入、家庭经营纯收入、财产性收入及转移性收入四部分。工资性收入主要源于农村居民外出从业所得。家庭经营纯收入主要是农村居民从事第一产业获得的收入。农民将土地、房屋出租或一些民间收藏品出售所得属于财产性收入，其中政府对被征用土地的农民的补偿在财产性收入的增加中起着重要作用。而粮食直接补贴和农村最低生活保障等这些政府的转移支付是低收入群体转移性收入的重要财产来源。为此，根据这四项收入来源对1994～2013年期间农村居民收入的地区差距进行分解。通过计算四项实际收入（1990年价格）的变异系数，研究发现（见图5－9）：第一，在2001年之前，工资性收入的变异系数最大，其次是财产性收入；2002年以来，除个别年份（如2003年）外，均表现为财产性收入的变异系数最大。第二，工资性收入的地区差距呈现显著的下降趋势，同时考虑到工资性收入在农民收入中的占比较高，比如2013年绝大多数省域的农民工资性收入占农村居民纯收入的比例在40%以上，因此，工资性收入差距的下降在一定程度上抑制了中国农村居民收入地区差距的扩大，缩小工资性收入是缩小农民收入地区差距的关键。第三，由于土地等要素价格的巨大地区差距，财产性收入的地区差距呈现波动上升的态势，2004～2013年远高于其他收入类型的地区差距；但是，财产性收入差距的缩小难以在短期内实现。第四，家庭经营纯收入的地区差距最低，故通过缩小家庭经营纯收入差距以减小农民收入地区差距的作用将不明显。

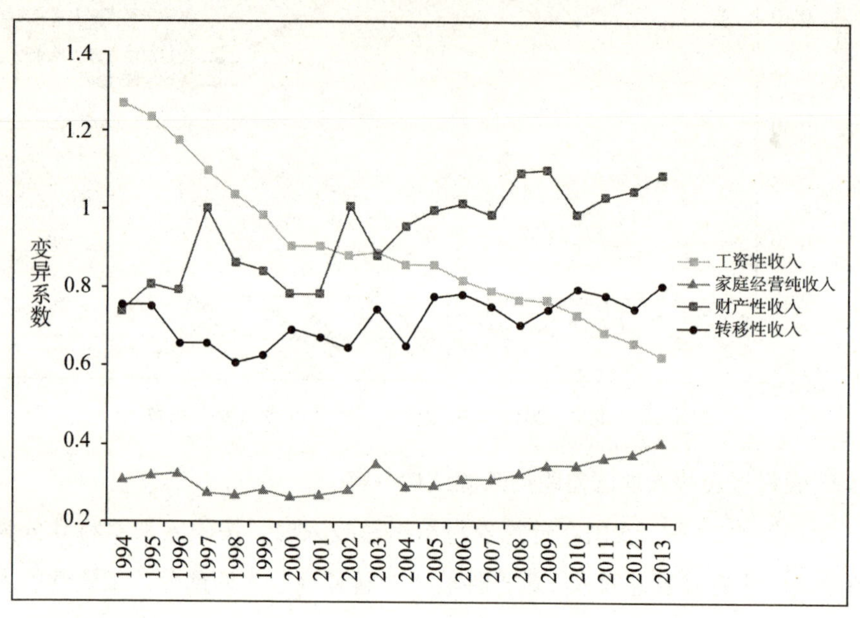

图5－9　1994～2013年中国31个省域农村居民四种收入的变异系数

进一步利用变异系数的分解方法（Shorrocks，1980），将四种收入来源对全部收入来源的变异系数CV^2进行分解。设Y_i^k为第i地区（$i=1, 2, \cdots, n$）的第k种收入来源（$k=1, 2, \cdots, K$），Y^k为各地区第k种收入来源的向量，Y为各地区全部收入来源的向量，则第k种收入来源对全部收入来源的变异系数CV^2可用公式进行分解：$CV^2=\frac{\sigma^2(Y)}{\mu^2(Y)}=\Sigma_{k=1}^{K}\frac{cov(Y^k, Y)}{\mu^2(Y)}$。第$k$种收入来源对$CV^2$的贡献份额$S_k^*$可用公式计算：

$$S_k^*=\frac{cov(Y^k, Y)}{\mu^2(Y)}/\frac{\sigma^2(Y)}{\mu^2(Y)}=\frac{cov(Y^k, Y)}{\sigma^2(Y)}$$

式中，$\mu^2(Y)$表示向量$\bar{y}$的平方，$\sigma^2(Y)$表示向量的方差，$cov(Y^k, Y)$表示向量Y^k与向量Y的协方差。

四种收入来源的分解结果表明，对变异系数 CV^2 贡献最大的是工资性收入，其贡献份额在60%以上，2013 年达到 70.6%，即工资性收入的地区差距是影响农村收入地区差距的最重要因素；在 2008 年之前贡献份额位居第二位的是家庭经营纯收入，但是 2009～2013 年转移性收入的贡献份额上升并超过了家庭经营纯收入（见图5－10）。从趋势看，家庭经营纯收入的贡献份额在不断下降，大约从 20 世纪 90 年代中期的 30% 下降至 2013 年的 4.8%；转移性收入和财产性收入的贡献份额均明显上升。这说明我国农村发展已进入了一个新的阶段，在工资性收入影响趋于稳定、家庭经营纯收入影响不断下降的同时，财产性收入和转移性收入越来越成为影响农村居民收入地区差距的重要因素。不过，近期两者的贡献份额仍远远低于工资性收入的贡献份额。

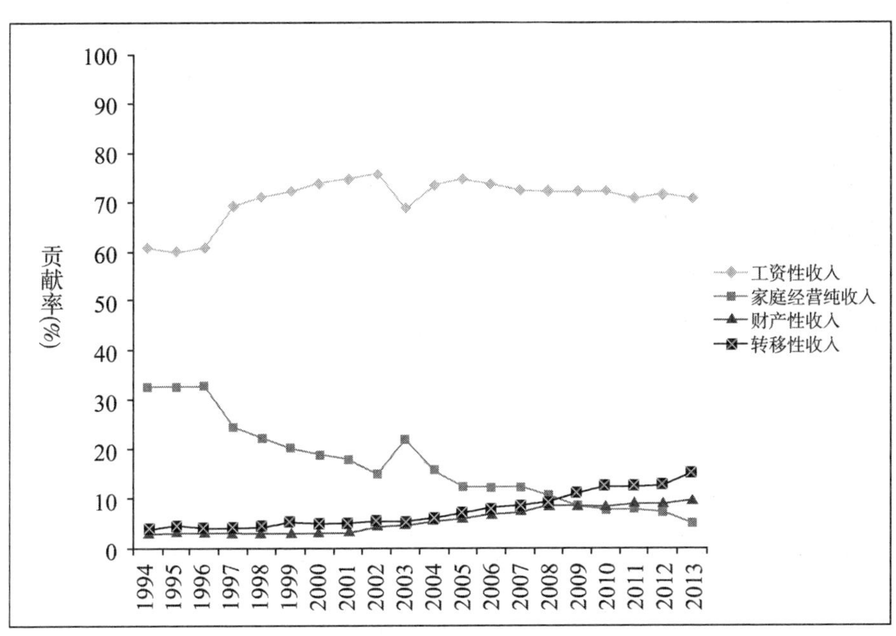

图 5－10　1994～2013 年中国农村居民四种收入来源对地区差距的贡献率

3. 农村居民收入的核密度估计

类似于经济发展水平的核密度分析，同样采用高斯核（Normal）函数揭示农村居民实际人均纯收入增长分布，窗宽的选择同样为 $h = cN^{-0.8}$，其中点 x 的取法是，把各年的农村居民实际人均纯收入分成 200 份，x 依次取值为 $x_j = x_{min} + (x_{max} - x_{min}) * j/200$，$j = 0, 1, \cdots, 199$；利用软件 Eviews6.0 绘图，横轴表示农村居民实际人均纯收入，纵轴表示密度，绘制 1990 年、1995 年、2000 年、2005 年、2010 年、2013 年等六个典型年份 Kernel 密度图（见图 5－11），从中揭示出农村居民实际人均纯收入增长分布演进具有四个明显特征：（1）1990 年、2000 年和 2013 年的核密度估计图呈负偏态。这表明低于平均收入水平的相对贫困省域占多数、高于平均收入水平的相对富裕省域占少数的整体收入分布格局没有发生根本改变。（2）从位置看，1990～2013 年期间，密度分布曲线呈现整体向右平移的趋势，直观地反映出各省域经济体的收入较快增长。（3）随着时间的推移，曲线逐渐扁平化，即波峰高度持续降低，则意味着省域经济体之间的绝对差异有所加大，分布日益分散，而集中程度有所下降。（4）从形状看，1990～2005 年间，表现出较为明显的双峰趋同或者多峰趋同，但是 2010 年和 2013 年分布图表现出由双峰模式向单峰模式转变的趋势。双峰模式代表着部分省域在低水平上集中，另一部分省域在高水平上集中，向单峰模式的转变意味着中国农村居民人均纯收入不再具有明显的两极分化或多极分化现象，即“两俱乐部趋同”或“多俱乐部趋同”现象逐渐消失。

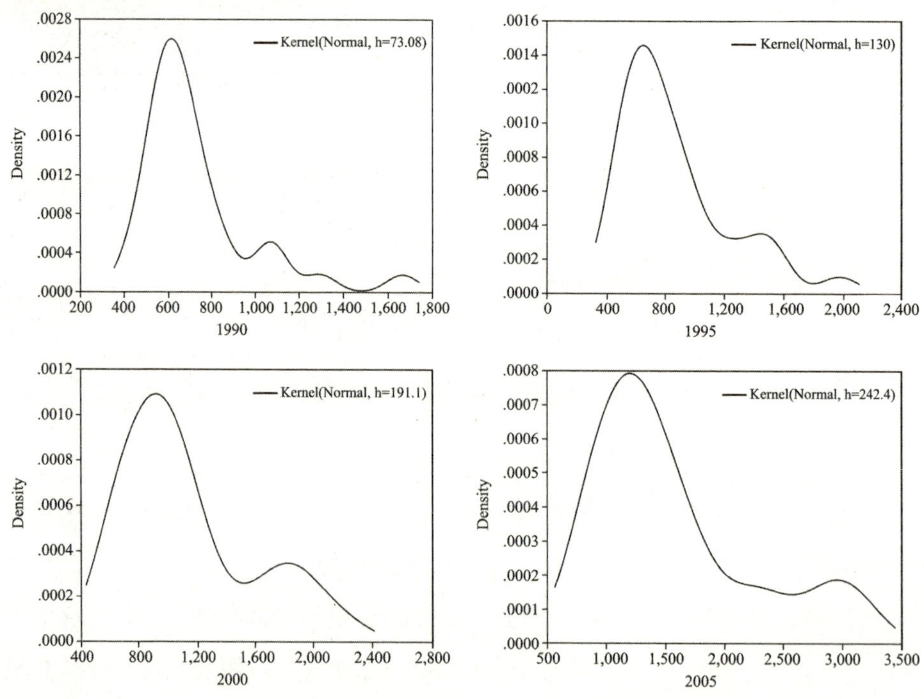

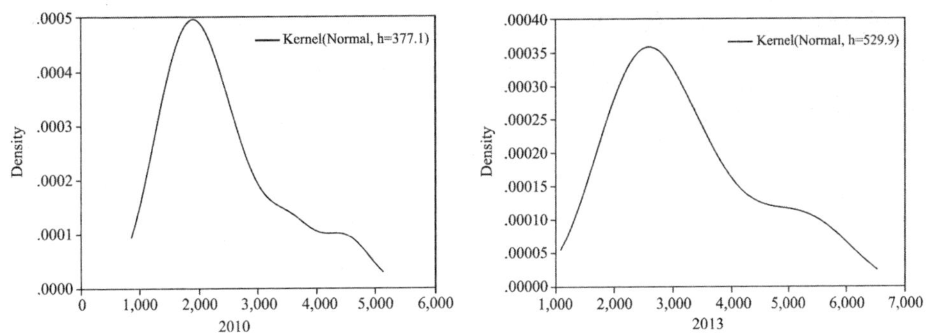

图 5－11　1990～2013 年 6 个典型年份中国农村居民实际人均纯收入核密度分布图

（二）农村居民收入增长趋同的影响因素解析

收入分配问题是经济发展过程中的一个重要伴生问题，特别是在我国体制转轨的背景下，它既具体体现为经济成果的分配方式和公平性，又直接或间接影响经济增长的动力、持续性和社会和谐。农村居民收入水平地区差距的长期变动与收入水平、工业化、城镇化、制度变迁、地理区位等诸多因素密切相关。下面着重分析这些因素对中国农村居民收入增长趋同的影响。

1. 地区收入水平

库兹涅茨（Kuznets，1955）提出了关于居民之间收入差异的倒“U”型假

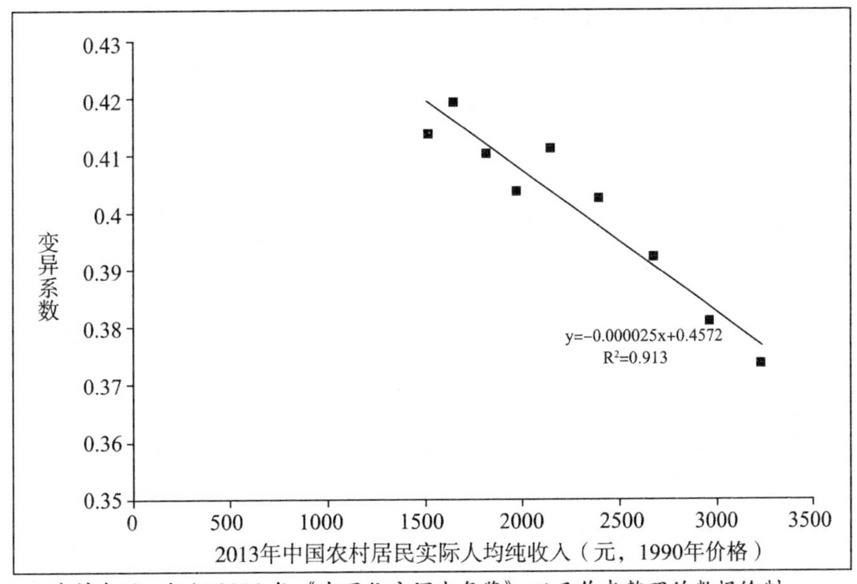

资料来源：根据 2014 年《中国住户调查年鉴》以及作者整理的数据绘制。

图 5－12　2005～2013 年中国农村居民收入变异系数与人均纯收入的关系

说，即收入差距会随着收入水平的提高，先扩大，后稳定，最后缩小。以中国农村人均纯收入 Y（元，用原始 CPI 缩减，统一成 1990 年价格）为横坐标，以同期农村人均纯收入的变异系数为纵坐标，做散点图，如图 5－12 所示。对图中 CV 与 Y 的关系，采用回归方程进行模拟，拟合优度达到 0.91，可见，2005 年以来伴随着中国农村居民人均纯收入的增长，农村收入的地区差距呈现缩小态势。

2. 地区工业化水平

大量研究表明，工业化或乡镇企业是影响中国农村居民收入地区差距的重要因素。必须指出的是，并非是工业化本身，而是各地区工业化的不均衡，促进了农村居民收入地区差距的扩大（缩小）。一般认为，农民生产经营非农业特别是乡镇企业的工资性收入是中国农村地区收入差距扩大的主要原因，即工业化进程是导致农村区域差距扩大的主要原因。但国际经验表明，农村非农化是差距促减的，特别是劳动密集型的中小企业有利于收入均等化（Kuznets，1979），中国台湾在 1964～1980 年间劳动密集型产业所起的作用也是差距促减的（朱云鹏，1997）。对于农村非农化对中国农村居民收入地区差距的特殊性，张平（1998）认为是由于乡镇企业工资的不平衡和非农产业的就业机会不平等，特别是后者扩大了工资性收入地区差距。从短期看，由于中国各地区工业化基础和推进速度存在差异，在一定时期内，特别是在工业化初中期阶段，工业化通常由较发达地区率先发动，然后再逐步向其他地区推进，这种不均衡的工业化空间格局无疑会促进农村居民收入地区差距的扩大。但从长期看，随着工业化的不断推进和空间格局的变化，工业化最终将成为促进地区差距缩小的重要力量。这是因为，随着工业化由发达地区向落后地区的转移扩散，落后地区可以通过发挥后发优势，加快其工业化进程，并以更快的速度追赶发达地区，从而缩小与发达地区的收入差距。

3. 地区城镇化水平

城镇化水平也是影响中国农村居民收入地区差距变动的重要因素。不过，并非是城镇化本身，而是城镇化的不均衡，促进了农村居民收入地区差距的扩大（缩小）。城镇化过程可分为初期、中期、后期三个阶段，通常表现为一个拉平的“S”型曲线（Northam，1975）。一般认为，当城镇化率处于 30%～

70%的区间，就进入了快速推进的中期阶段，其中30%～50%的区间为加速时期；50%～70%的区间为减速时期。由于各地区发展水平的差异，城镇化的空间格局往往呈现不均衡的特征。在城镇化的初中期阶段，发达地区因城镇化加速较早，其城镇化推进速度往往快于落后地区，由此导致地区间城镇化的差距扩大。这种城镇化推进的空间不均衡特征将加剧农村居民工资性收入地区差距的扩大。然而，随着城镇化水平的不断提高，发达地区将率先进入城镇化减速阶段，而落后地区仍处于城镇化加速阶段，这时落后地区城镇化速度将超过发达地区，地区间城镇化水平差距将趋于缩小。这表明，在城镇化的中后期阶段，城镇化推进的空间均衡特征，将有利于农村居民收入地区差距的缩小。也就是说，随着城镇化的不断推进，城镇化对农村居民收入地区差距的影响将逐步由"差异促增"向"差异促减"转变。

4. 地区外向型经济

众多研究认为外向型经济对区域经济增长和收入增长具有促进作用。根据国际贸易理论，贸易自由可以充分发挥比较优势、带来更大的规模经济、提高效率、获取技术等等，从而促进区域经济的发展和区域收入的增加（Helpman and Krugman，1985；Rodrik，1988）。根据国际直接投资理论，伴随直接投资而来的资本、技术、税收收入、生产力外溢等因素可以有效促进地区经济发展和收入的增加（De Mello，1997）。因此，可以推断开放程度越高的地区工资水平也越高。不过，传统的贸易理论认为，对外开放给相对落后地区带来了较好地发挥其比较优势的机会，比如丰富的劳动力资源，从而使得相对落后地区的收入水平得到较大的提高，区域收入水平差距缩小（Dunn and Mutti，2000），即Heckscher-Ohlin贸易理论的要素价格趋同定理（Factor Price Equalization Theorem）。

5. 制度变迁因素

分析各省域农村实际人均收入综合差异在1996～1998年出现下降的原因，一些学者认为是1993年实施《大力发展中西部地区乡镇企业的决定》政策的滞后效应；另有部分学者将此期间农村收入差距的缩小解释为中国1995年开始实行粮食价格支持政策的影响，这项在全国范围内实行的政策，无疑会对中西部地区的农民更有益处，落后地区从粮食价格支持政策的实施中获得了更大的收益（Zhang，2005；万广华，2008）。2000年以来中央开始实施西部大开发战略和促进中部崛起战略，以及通过减免农业税、加大财政转移等措施，促进了中西部地区农村经济快速发展和农村居民收入水平的提高，进而缩小了与东部地区在收入水平上的差距。近期农村居民收入出现趋同的时间（2007 年）迟于经济发展水平趋同的时间（2004 年），可能在于区域政策对区域经济发展产生相对快速的影响，但对收入差距的影响往往有较长时期的滞后效应。

6. 空间自相关因素

首先，从全局自相关看，30 个[①]省域农村居民实际人均纯收入（按照 1990 年价格）莫兰指数在 1990 ~ 1996 年期间呈现持续攀升趋势；1997 ~ 2013 年基本保持在 0. 52 ~ 0. 55 之间，即呈现显著的空间正相关（见图 5 – 13）。其次，从局部自相关看，东部地区的江苏、上海、浙江一直是农村居民人均纯收入“高—高”集聚区域；西部地区的西藏、青海、云南、贵州则一直是农村居民人均纯收入“低—低”集聚区域。与经济发展水平的空间自相关类似，农村居民人均纯收入的空间正相关也集中地反映了地理性因素、内生增长因素等的差别和对收入差距的制约作用。

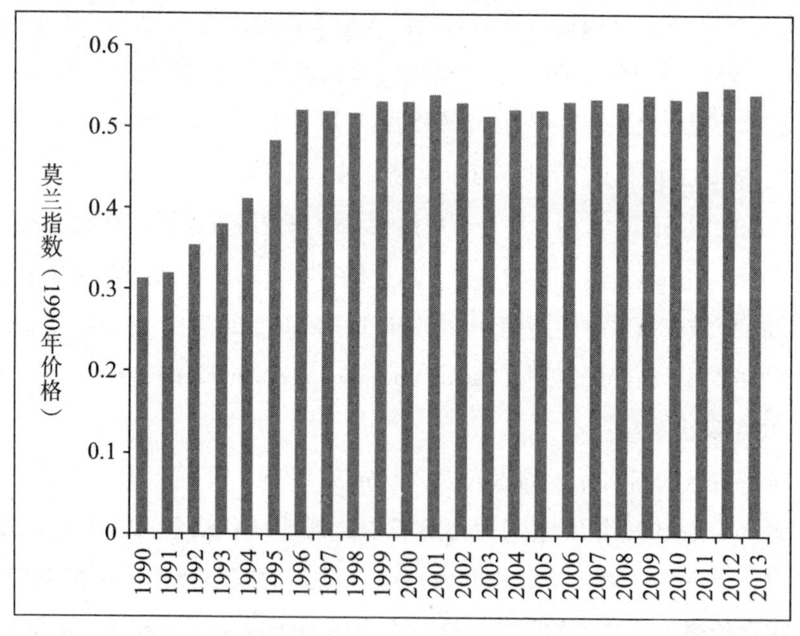

图 5 – 13　1990 ~ 2013 年中国 30 个省域农村人均纯收入的空间自相关系数

① 大陆 31 个省域中未考虑海南省。

（三）区域协调发展战略和政策对农村居民收入增长趋同的效应测算

1. 方法模型

为了全面揭示收入地区差异的决定因素，还需要从收入增长的角度找出其根本性的原因。近年来比较流行的方法是基于收入决定方程对收入差距进行分解，但是本书侧重于探讨区域协调发展战略和政策对农村收入增长趋同的影响，故依旧采用差分内差分方法。

2. 变量选择

（1）因变量：农村居民实际人均纯收入增长率（△pcincome），采用公式 log（$pcINCOME_{i,t}/pcINCOME_{i,t-1}$）计算各省域农村居民实际人均纯收入的增长率，即 t 年与 $t-1$ 年实际人均纯收入对数差。

（2）控制变量：初始农村居民实际人均纯收入（spincome），按照 1990 年价格计算的各省域农村居民实际人均纯收入。

物质资本存量（capital）：计算方法同“区域协调发展战略和政策对经济增长趋同的效应估算”中的资本存量。

人力资本存量（education）：在人均纯收入的决定因素中，以受教育程度为代表的人力资本因素一直是影响收入不平等的重要解释变量。理论上，教育不仅在微观层面上能够使得个人的收入得到提高，并且在宏观层面上通过提高一国的人力资本水平促进经济增长；从收入分配的角度看，教育的普及与受教育程度的提高能够缓解贫困，改善收入分配状况。在此采用农村每百名劳动力中初中文化程度人数来反映农村劳动力素质，数据来源于 1991 ~ 2013 年《中国农村统计年鉴》。虽然农村劳动力具有初中文化程度比重并不能准确度量地区农村居民人力资本，但可以作为一个控制变量，主要用来减少遗漏变量偏误。

工业化进程（industralization）：采用工业增加值占 GDP 比重表示工业化程度。

城镇化进程（urbanization）：采用城镇人口占总人口比重表示城镇化率。在具体处理时，如果 j 省域 i 年份城镇化率缺失，则采用其他若干年份城镇化率与非农业人口比重比值的平均值、i 年 j 省域非农业人口比重，计算得到 i 年 j 省域的城镇化率。

外贸依存度（trade）：采用进出口额占 GDP 比重来衡量，表征不同地区农村居民在对外开放中的参与程度与受益程度。

区域虚拟变量（d_region）：东部地区地理位置优越，气候条件适宜，自然资源比较丰富，有发展对外贸易的便利条件，有较大的市场优势、科技优势、信息优势及吸引外资的资金优势等。这些都使得它与其它地区的生产力发展水平存在差异，那么生活在其中的农民自然会比其它地区的农民获得的收入高。在此，采用区域虚拟变量表示地理位置、自然条件、自然资源和基础设施，东部为0，中西部及东北地区为1。

时间虚拟变量：根据前面分析，1995年和2006年为农民收入地区差距变动的转折点，故设置两个虚拟变量，其中d2007表示2007年以来为1，其余年份为0；d9506表示1995～2006年为1，其余年份为0。

3. 计量模型及回归结果

同样采用系统GMM方法进行参数估计。实证结果如表5－4所示。为了增强回归结果的可靠性，对模型设定的合理性和工具变量的有效性分别进行AR（2）检验和Sargan检验，结果显示模型设立是合理的，使用的工具变量是合适的。

表5－4中控制变量的估计结果基本上符合经济学解释。第一，三个模型中滞后一期被解释变量前面的系数全部为负，而且全部在1%的显著性水平下通过显著性检验。这说明我国农村居民收入增长存在着明显的滞后效应，宜采用动态面板模型研究我国农村居民收入增长趋同问题。第二，初始农村实际人均纯收入前面的系数在所有的情况下显著为负，说明我国农村居民收入存在着条件β收敛。第三，实物资本和人力资本对农村居民收入增长均具有显著的正向影响，这与理论预期完全一致。第四，工业化对我国的农村居民收入增长具有显著的正向促进作用，这一结果证实了区域间工业化差距所造成的非农就业机会的差距是导致地区间农村居民收入差距的重要原因，不断推进工业化进程有利于农村劳动力向非农产业转移和获得非农产业的较高报酬。第五，经济开放度对农村居民收入增长具有显著的正向促进作用，即外向型经济不仅有利于区域农村居民收入水平的提高，而且有利于区域农村居民收入水平差距的减少。第六，城镇化进程对农村居民收入增长不具有显著的正向影响，这与理论预期不一致。分析其中原因，可能因为城镇化发展成果更多地惠及了城镇居民，而非农村居民。

表5-4　　农村居民收入增长趋同模拟的估计结果

模型解释变量	Model (1)	Model (2)	Model (3)
L1. Δpincome	-0.1502 (-11.14)***	-0.1493 (-11.02)***	-0.1495 (-9.98)***
lnspincome	-0.2483 (-13.27)***	-0.2434 (-11.36)***	-0.2514 (-11.61)***
lncapital	0.1125 (17.01)***	0.1103 (16.21)***	0.1138 (16.47)***
lnhuman	0.022 (3.85)***	0.0397 (3.05)***	0.0222 (3.34)***
lnindustralization	0.0467 (2.37)**		0.0489 (2.39)**
lnurbanization		0.0053 (0.13)	-0.0012 (-0.09)
lntrade	0.0063 (1.19)	0.0119 (2.86)***	0.0102 (1.64)*
d2007	0.0143 (2.30)**	0.0066 (0.93)	0.0126 (1.76)*
d9506	0.0081 (1.42)	0.003 (0.44)	0.0065 (1.03)
d_region	-0.0714 (-3.53)***	-0.0625 (-2.79)***	-0.0701 (-2.91)***
d2007 * d_region	0.0239 (5.24)***	0.0297 (6.44)***	0.0242 (4.92)***
constant	1.6618 (13.81)***	1.7141 (14.07)***	1.6787 (11.22)***
Observations	651	651	651
Abond test for AR (1)	0.1190	0.1214	0.1179
Abond test for AR (2)	0.3177	0.3609	0.3214
Sargan test	0.7988	0.7907	0.7965

注：括号中的数值是t统计值的绝对量；***、**和*分别表示在1%、5%和10%的显著性水平下通过显著性检验。

表5-4中最为重要的参数估计是衡量区域协调发展战略和政策对农村居

民收入增长影响的差分内差分估计结果。这种政策变动的影响体现在区域虚拟变量与时间虚拟变量交叉项的参数估计上，即 d2007 * d_region 前面的系数。该系数反映的是中西部及东北地区 2007 年前后农村居民收入增长率的变化是否比东部地区 2007 年前后农村居民收入增长率的变化更大一些。从估计结果来看，d2007 * d_region 的估计系数在各个模型估计结果都显著为正，说明区域协调发展战略加速了中西部及东北地区的农村居民收入增长，使得中西部及东北地区与东部地区不断扩大的收入差距有所缓解，中西部及东北地区的农村居民收入增长速度相比于东部地区高 2.42 个百分点。

4. 差分内差分估计结果分析

为了检验区域协调发展战略和政策通过何种机制影响中西部及东北地区的农村收入增长，进一步地使用差分内差分方法来估计区域政策对其他影响收入增长的控制变量的影响。表 5 – 5 中给出了这些控制变量的差分内差分估计结果，它们包括资本存量（capital）、人力资本（human）、工业化程度（industralization）和外贸依存度（trade）。

表 5 – 5 中最后一列给出了这些变量的差分内差分的结果，这些结果反映了区域协调发展战略和政策对中西部及东北地区影响农村居民收入增长的控制变量的影响。从中可以看出，区域协调发展战略和政策对农民收入增长趋同的作用机理表现在：制度促使中西部及东北地区工业化程度、对外开放程度等有所改善，进而影响收入增长趋同，但没有促使中西部及东北地区的资本存量、人力资本存量得到相对改善。

表 5 – 5　　农村居民收入增长趋同控制变量的差分内差分估计结果

控制变量	处理组 1990～2006	处理组 2007～2012	处理组 前后变化	控制组 1990～2006	控制组 2007～2012	控制组 前后变化	差分 内差分
lncapital	0.11	0.23	0.12	0.12	0.13	0.15	–0.03
lnhuman	0.03	0.01	–0.02	0.02	0.09	0.00	–0.02
lnindustralization	0.01	0.01	0.00	0.01	0.04	–0.02	0.02
lntrade	–0.01	0.05	0.06	0.02	0.02	0.00	0.06

注：控制变量均用增长率来解释，计算时用当期值减去滞后一期值之后比滞后一期值，表中的数值均为各个控制变量实际的平均增长率（1990 年 = 100）。

三、对区域基本公共服务增长趋同的效应评估

（一）基本公共服务增长趋同判断

从国内外文献来看，有关地区间公共服务差距问题的研究文献可以分为四个方面：一是通过探讨教育、卫生、医疗等非现金收入（Non - cash Subsidies）或实物转移（In - kind Transfers）来研究收入不平等问题，如 Rolf Aaberge 等认为公共服务以非现金收入的形式缓解了收入不平等。二是有关财政均等化的议题，如 Ace - moglu 等指出，不能一味地强调公共财政覆盖的范围，而是要考虑公共支出才是有效的。三是有关公共服务政策的地区差异问题研究，认为公共服务政策在不同地区间存在多样性和差异性，并导致政策效果差异。四是通过构建评价指标体系来评估我国公共服务省际差距状况。任强（2009）、魏后凯（2012）、胡鞍钢（2013）等使用变异系数分析中国各地区人口、教育、科技、文化、卫生、环境保护、基础设施建设、人类发展指标的差距。受数据所限，在此使用第四章表 4 - 9 中的 14 项指标①，计算各项指标的变异系数，从而综合度量并分析中国基本公共服务的地区差距及其变动趋势。

1. 变异系数

首先，收集整理 31 个省域 1996 ~ 2012 年 14 项三级指标的历史数据；然后对各三级指标进行标准化处理以消除量纲的影响；继而计算各项标准化处理后数据的变异系数；进一步采用局部差异的均方差方法确定各三级指标的权重，进而合并为二级指标的变异系数；最后将基本生存服务、基本发展服务和基本环境服务三个二级指标的权重视为均等，求得基本公共服务综合水平的省际差异。结果显示，中国基本公共服务综合水平地区差异的变动幅度相对较小，在 0. 21 ~ 0. 34 范围内波动；2007 年以来出现较为明显的下降趋势，由 2007 年的 0. 334 波动降至 2012 年的 0. 297，即基本公共服务水平地区差距呈现缩小态势，逐渐趋向地区间均等化（见图 5 - 14）。因此，如果基本公共服务地区差距继续保持下降态势，可以判断，基本公共服务整体水平出现趋同的时间（2008 年）

① 根据第四章表 4 - 9 中 17 项指标的数据可得性，没有使用城乡居民基本养老保险覆盖率、城镇医疗保险参保率、城市用水普及率三项指标。

迟于区域经济增长趋同出现的时间（2002 年），迟于农村居民收入增长出现趋同的时间（2007 年）。

通过比较基本生存服务、基本发展服务、基本环境服务的地区差距，可以发现，基本发展服务的地区差距最大，基本生存服务和基本环境服务的地区差距相对较小。就三大项基本服务近期趋同速度（2012 年变异系数与 2007 年变异系数的差除以 2007 年变异系数）而言，基本生存服务和基本环境服务的趋同速度较快，分别下降了 11.9% 和 8.15%，基本发展服务仅下降了 5%。分析其中原因，主要在于教育、医疗卫生、社会保障的均等化是关系社会民生发展的最主要方面，在 2005 年之前呈现地区差距明显上升的态势，进入“十一五”以来中国通过不断加大公共教育和公共卫生投入促使基本发展服务的地区差距有所下降。

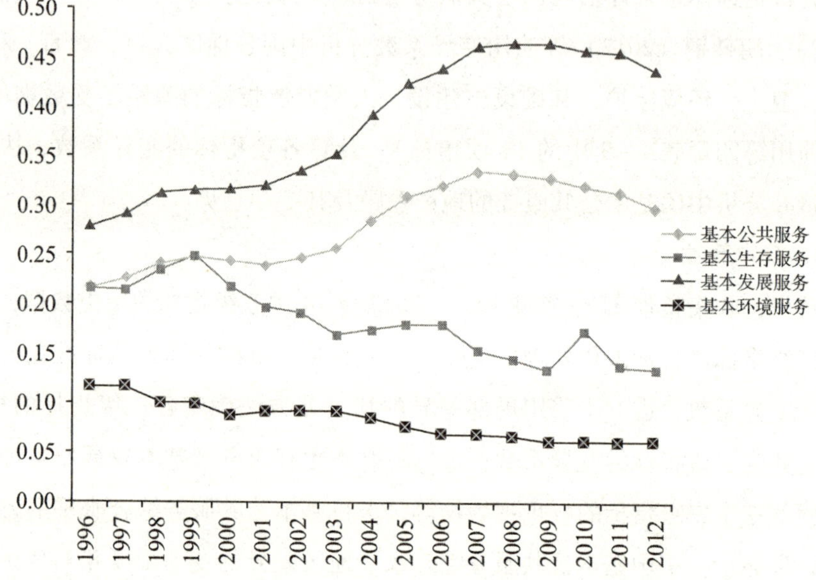

资料来源：根据 1997 ~ 2013 年《中国统计年鉴》数据计算得到。

图 5 - 14　1996 ~ 2012 年中国 31 个省域基本公共服务地区差距变动趋势

2. 地区基本公共服务水平增长绝对趋同

为探讨地区基本公共服务水平增长趋同状况，笔者借鉴联合国人类发展指数（HDI）的测量方法计算 1996 ~ 2012 年各省域①基本公共服务水平，基本思路是根

① 西藏的数据不全，因此没有包括。

据每个评价指标的上限、下限阈值来计算单个指标指数（即无量纲化），指数分布在0和100之间，再按照每个指标的权重最终合成基本公共服务水平指数。此种方法测算的指数不仅横向可比，而且纵向可比；不仅可以比较各省域综合发展相对位次，而且也可以考察每个省域综合发展的历史进程。在各指标无量纲化时，城镇登记失业率、普通中学师生比、单位工业增加值废水排放量、万元产值能耗等四项逆向指标处理为正向指标。在确定各指标权重时，由于熵值法能够克服人为确定权重的主观性以及多指标变量间信息的重叠，被广泛应用于社会经济等研究领域，为此，使用熵值法确定各指标的权重。

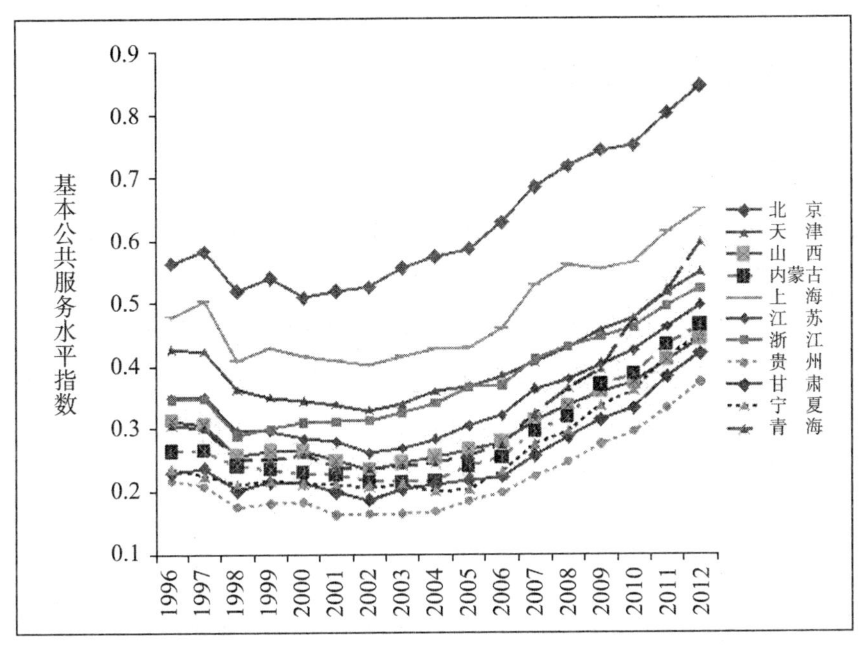

图5-15 1996~2012年中国部分省域的基本公共服务水平指数

计算结果如图5-15所示，自1996年以来，北京、上海、浙江、天津、江苏（均位于东部地区）的基本公共服务水平一直分列全国前五位；宁夏、贵州、甘肃、山西、内蒙古（均位于西部地区）的基本公共服务水平则位居末五位。可见，中西部地区与东部地区在基本公共服务享有水平方面存在明显差距，其主要原因在于各地基本公共服务水平及发展速度受到当地经济发展的深刻影响。从变动趋势看，自2005年以来大多数省域的基本公共水平指数呈现出不同程度的提高；从提升速度看，位居末五位的宁夏、贵州、甘肃、山西、内蒙古在2005～2012年期间分别提高了120%、102%、92%、66%和92%，位居前五位的北京、上海、浙江、天津、江苏在2005～2012年期间分别提高了44%、51%、43%、49%和63%，即基本公共服务水平偏低的省域在2006年以来提高的速度更快。纵向比较30个省域（不包括西藏），2005年以来青海的基本公共服务水平提升幅度最大，由2005年的0.26增长到2012年的0.60，2012年基本公共服务水平仅次于北京和上海，位居全国第三位。显然，2005年以来宁夏基本公共服务水平增速最快，青海基本公共服务水平增幅最大，是与国家加大对西部地区转移支付力度密不可分的。

（二）区域基本公共服务增长趋同的影响因素解析

1. 地区经济发展水平和地方财政收入

自1994年财政体制改革以来，我国财政分权体制呈现出收入上移而支出责任下转的特点。我国地方政府承担了提供绝大部分基本公共服务的责任，地方政府财政能力的差距成为影响基本公共服务地区差距的主要原因。比如赵怡虹（2009）的研究结果表明，经济发展不均衡所引致的地方税收能力差异，是导致基本公共服务水平地区不均等的主要原因；曾宝福（2010）同样认为区域经济发展水平和财政支付能力是影响基本公共服务水平地区差距的重要因素；胡鞍钢（2013）等学者的研究结论是各个地区的基本公共服务水平与地区经济发展水平呈现中等相关，基本公共服务进步程度与经济发展速度并不相关。

理论上，基本公共服务均等化程度主要取决于公共服务供给能力和政策导向等因素。地方政府作为各地区基本公共服务的主要提供者，其财政状况直接影响到基本公共服务的提供能力。考察1990～2012年全国31个省域的人均财政收入状况，结果发现，存在着显著的地区差距，变异系数始终保持在0.7以上，高于同期经济发展水平的变异系数；并且1995～2004年呈现持续上升态势，2005年以来显示出持续下降趋势。这表明，地方政府在提供基本公共服务能力上存在显著差距，不过2005年以来这种差距随着经济发展水平差距的缩小而呈缩小趋势。按照1990年价格，1995年人均财政收入最高的是上海市，达到1606元，最低的是西藏，仅90元，二者相差18倍；2012年上海市的人均财政收入达到17016元，西藏仅为2055元，二者仍相差8倍。巨大的财政收入差距无疑是实现地区基本公共服务均等化的最直接的制约因素。图 5 – 16 显示了人均地方财政收入水平每提高 1 万元，将促使基本公共服务水平指数提高 0. 211。

另外，影响基本公共服务供给的另一重要因素是政府偏好。我国各级政府对如基础教育、基础设施等软硬公共品遵循自上而下的决策模式，由于偏重对 GDP 的政绩考核模式，各级政府对道路、桥梁等硬公共产品的供给更加偏爱，以便增加本地区吸引外资和发展经济的能力，而对基础教育、社会保障、公共卫生和基础医疗等软公共品的供给缺乏足够的动力，因此各地区对于公共物品的偏好也是影响各地基本公共服务水平及其增长的重要因素。

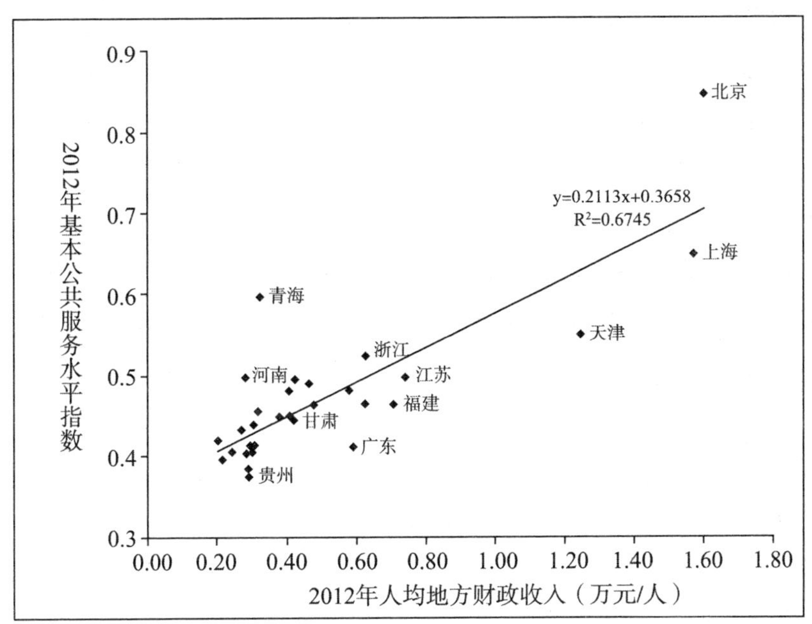

图 5 – 16　2012 年中国 31 个省域人均地方财政收入和基本公共服务水平指数关系图

2. 中央对地方财政补贴

基本公共服务的地区差异主要受地方政府的财政收入能力影响，但是随着 1994 年以来分税制的实施，中央政府的财政能力大幅提升，而地方政府的财政收入比重相对下降。中央政府通过转移支付弥补地方政府能力的不足，从而中央对地方转移支付的地区差距在很大程度上影响了各地区基本公共服务均等化的实现。不过，关于我国转移支付制度对基本公共服务均等化的作用，经验研究并没有得出一致性的结论。有些学者认为中央转移支付在均等省际财力差距中起到了一定的均衡作用（曹俊文和罗良清，2006），转移支付对小学和高中教育均等化具有显著的正向影响（陈秀山，2012）。但是，更多学者研究后提出，专项转移支付和税收返还扩大地区间的发展差距的作用超过了财力性转移支付缩小地区发展差距的作用（江新昶，2007）；中央转移支付不仅没有实现地区间增长公平，反而具有拉大地区增长差距的效应（褚敏，2013）；转移支付制度的设计主要是基于政治考虑而不是经济考虑，同时存在转移不规范、不透明等诸多缺陷，因而转移支付的效果大打折扣（郭庆旺，2008）。

3. 对外开放程度

从基本公共服务需求要素看，各地区对外开放程度、城镇化率、工业化水平、市场化程度等对基本公共服务的需求影响是十分显著的。对外开放水平意味着本地外资企业的增加。从理论看，外资企业往往选择那些区位条件好、基本公共服务质量好的地区。对外开放促进外资进入，带动本地企业的发展、就业和经济增长，地方政府拥有更多的财政收入用于政府各种支出，本地区的基本公共服务特别是投资环境就会逐步改善。因此，对外开放差异程度越大，基本公共服务均等化程度越小。

4. 城镇化水平

长期以来，基于政府的财力约束和基本服务提供的规模效应，我国基本公共服务特别是优质教育、优质医疗卫生等基本公共服务的供给主要集中在城市地区。因此，各省域城镇化进程可能是导致其基本公共服务水平及其增长的重要因素。

（三）区域协调发展战略和政策对基本公共服务增长趋同的效应测算

1. 模型和变量选择

为了全面揭示基本公共服务地区差距的决定因素，还需要从增长的角度找出其根本性的原因，故在此依旧采用差分内差分方法。

（1）因变量：基本公共服务水平指数增长率（△basicservice），采用公式 log（$basicservice_{i,t}/basicservice_{i,t-1}$）计算各地区基本公共服务水平指数的增长率，即 t 年与 $t-1$ 年基本公共服务水平指数的对数差。

（2）控制变量：使用实际人均 GDP（pcgdp）作为人均财政收入的代理变

量，使用各省域人均净转移支付①（transfer）测度转移支付的地区差异，使用城镇化率（urbanization）度量城镇化水平，使用进出口额占 GDP 比重（trade）测度对外开放程度；使用国家机关、党政机关和社会团体年底职工人数（2003 年以后称之为公共管理、社会保障和社会组织人员）占当地总人口的比例（governance）度量政府规模。使用三个虚拟变量，其中区域虚拟变量 d_region 以东部十个省域为 0，其他省域为 1；时间虚拟变量 d2008 以 2008 年及以后取值 1，1997～2007 年取值 0；d2008 * d_region 为区域虚拟变量和时间虚拟变量的交叉项。

2. 计量模型结果分析

同样采用系统 GMM 方法进行参数估计。实证结果如表 5-6 所示。为了增强回归结果的可靠性，对模型设定的合理性和工具变量的有效性分别进行 AR（2）检验和 Sargan 检验，结果显示模型设立是合理的，使用的工具变量是合适的。

表 5-6 中大多数控制变量的估计结果符合经济学解释。从模型的结果来看，模型（2）至模型（4）中滞后一期被解释变量前面的系数为负，而且在 1% 的显著性水平下通过显著性检验。这说明我国基本公共服务水平增长存在着明显的滞后效应，可以采用动态面板模型研究基本公共服务水平增长趋同问题。四个模型均显示出初始基本公共服务水平对基本公共服务水平增长率的影响为负，且在 1% 水平显著，即基本公共服务水平存在着条件 β 收敛。四个模型中人均 GDP 对基本公共服务水平增长的影响均显著为正，其中模型（4）表明我国在 1997～2012 年期间人均 GDP 每增长 1 个百分点，带来地区基本公共服务水平增长 0.503 个百分点。该结果证实了前文的经验判断，即经济发展水平导致的税收收入差距是影响基本公共服务水平的主要因素，经济越发达的地区可以获得越多的税收收入，因而有能力提供更高水平的基本公共服务，较大程度地满足居民公共服务需求。四个模型中外贸依存度的系数均显著为负，说明对外开放程度的提高，反而抑制基本公共服务水平增长。这一结论可以解释为贫困与富裕地区为吸引外资而进行的地区间财政竞争可能在总体上导致基本公共服务供给的减少，从而制约地区基本公共服务水平增长。模型（1）、模型（2）、模型（4）中转移支付收入的系数符号一致，全部为正，说明旨在弥补财

① 即中央财政补助收入减去上解中央支出。

政能力差异、有助于实现基本公共服务均等化的主要手段——转移支付制度，的确起到均衡地方政府财力、减弱经济发展水平对公共服务均衡化制约的作用。模型（1）、模型（3）和模型（4）中城镇化水平的系数均显著为负，同样说明城镇化水平提高，抑制地区基本公共服务水平增长。这一结论与部分学者的研究结果是一致的，比如任重（2012）提出“基本公共服务供给水平与城镇化水平之间存在相互促进与制约的关系，但实际情况表明全国有超过半数的省、直辖市基本公共服务供给与城镇化水平脱节”。模型（2）、模型（3）和模型（4）中政府规模的系数均显著为正，说明政府规模的扩大有助于促进地区基本公共服务水平增长。

表 5－6　　　　基本公共服务增长趋同模拟的估计结果

模型解释变量	Model（1）	Model（2）	Model（3）	Model（4）
L1. Δservice	−0.0343 （−1.49）	−0.0644 （−4.51）***	−0.0683 （−2.92）***	−0.0414 （−1.73）*
lnsp_ service	−0.7261 （−29.8）***	−0.6997 （−29.66）***	−0.6994 （−28.03）***	−0.7179 （−27.47）***
lnpcgdp	0.5172 （26.34）***	0.482 （22.52）***	0.5068 （29.84）***	0.5032 （26.29）***
lngovernance		0.0418 （2.25）**	0.0710 （3.19）***	0.032 （1.57）
lnurbanization	−0.05201 （−4.55）***		−0.0597 （−5.35）**	−0.0497 （−4.39）***
lntransfer	0.0477 （4.26）***	0.0525 （5.04）***		0.0453 （3.79）***
lntrade	−0.8279 （−16.04）***	−0.7547 （−19.3）***	−0.6583 （−22.48）***	−0.8069 （−16.07）***
d2008	0.0134 （2.97）***	0.0138 （2.70）***	0.0231 （3.09）***	0.0137 （3.00）***
d_region	−0.1449 （−3.65）***	−0.1206 （−3.27）***	−0.0922 （−2.11）**	−0.1359 （−3.51）***
d2008 * d_region	0.0001 （0.02）***	0.0048 （0.56）	0.0044 （0.46）	−0.00017 （−0.02）

续表

模型解释变量	Model (1)	Model (2)	Model (3)	Model (4)
constant	0.81 (9.57)***	0.1751 (1.87)*	0.294 (2.32)**	0.393 (4.14)***
Observations	496	496	496	496
Abond test for AR (1)	0.0011	0.0030	0.0005	0.0013
Abond test for AR (2)	0.5028	0.2160	0.3170	0.4119
Sargan test	0.9220	0.9221	0.8858	0.9182

注：括号中的数值是t统计值的绝对量；***、**和*分别表示在1%、5%和10%的显著性水平下通过显著性检验。

最后，模型（4）中 d2008 * d_region 的系数不显著，说明区域协调发展战略和政策在2008年以来并没有发挥促进地区间基本公共服务均等化的重要作用。四个模型中 d2008 的系数显著为正，说明2008年以来基本公共服务水平的增长速度快于2008年之前；d_region 的系数显著为负，说明东部地区基本公共服务水平增长快于中西部及东北地区。

主要参考文献

[1] 安康，韩兆洲，舒晓惠. 中国省域经济协调发展动态分布分析 – 基于核密度函数的分解[J]. 经济问题探索，2012(1)：20 – 25.

[2] 安体富，贾晓俊. 地方政府提供公共服务影响因素分析及均等化方案设计[J]. 中央财经大学学报，2010(3)：1 – 6.

[3] 蔡昉，万广华. 中国转型时期收入差距与贫困[M]. 北京：社会科学文献出版社，2006.

[4] 曹俊文，罗良清. 转移支付的财政均等化效果实证分析[J]. 统计研究，2006，23(1)：43 – 45.

[5] 曾宝福. 中国区域基本公共服务均等化：变化趋势与影响因素[D]. 华南理工大学，2010.

[6] 陈强. 高级计量经济学及 Stata 应用[M]. 北京：高等教育出版社，2014.

[7] 陈秀山. 区域协调发展目标·路径·评价[M]. 北京：商务印书馆，2013.

[8] 褚敏,靳涛.分税制后的中央转移支付有效率吗? ——基于中央转移支付对地区间增长公平与效率的检验[J].上海财经大学学报,2013,(15)2:71-79.

[9] 董艳梅.中央转移支付对欠发达地区的财力均等化效应研究[J].经济理论与经济管理,2013(10):61-70.

[10] 豆建民,刘欣.中国区域基本公共服务水平的收敛性及其影响因素分析[J].财经研究,2011(10):37-47.

[11] 樊纲.既要扩大“分子”也要缩小“分母”——关于在要素流动中缩小“人均收入”差距的思考[J].中国投资与建设,2005(6):16-18.

[12] 贺灿飞.中国制造业地理区位:区域和产业差异[M].北京:科学出版社,2010.

[13] 洪国志,胡华颖,李郇.中国区域经济发展收敛的空间计量分析[J].地理学报,2010(12):1548-1558.

[14] 洪俊杰,刘志强,黄薇.区域振兴战略与中国工业空间结构变动——对中国工业企业调查数据的实证分析[J].经济研究,2014(8):28-40.

[15] 洪兴建.一个新的基尼系数子群分解公式——兼论中国总体基尼系数的城乡分解[J].经济学季刊,2008(1):307-324.

[16] 洪兴建.中国地区差距极化与流动性[J].经济研究,2010(12):82-96.

[17] 胡鞍钢.国家“十一五”时期公共服务发展评估[J].中国行政管理,2013(4):20-24.

[18] 胡畔.任重道远:从基本公共服务供给看新型城镇化[J].城市发展研究,2012,(19)7:29-35.

[19] 江新昶.转移支付、地区发展差距与经济增长[J].财贸经济,2007(6):50-57.

[20] 李新光,胡日东.中国农村地区居民收入收敛的空间计量实证检验[J].上海经济研究,2014(1):90-103.

[21] 刘慧.中国农村居民收入:区域差异变化的因子解析[J].地理学报,2008(8):799-806.

[22] 卢冲,刘媛,江培元.产业结构农村居民收入结构与城乡收入差距[J].中国人口·资源环境,2014,24(3):147-150.

[23] 马慧强,韩增林,江海旭.我国基本公共服务空间差异格局与质量特征分析

[J]. 经济地理,2011,31(2):212-217.

[24] 万广华. 经济发展与收入不均等:方法和证据[M]. 上海:上海人民出版社,2006.

[25] 王小鲁,樊纲. 中国地区差距的变动趋势和影响因素[J]. 经济研究,2004(1):33-44.

[26] 王业强,魏后凯. 产业特征、空间竞争与制造业地理集中——来自中国的经验证据[J]. 管理世界,2007(4):68-77.

[27] 武立超,林子辰,关悦. 中国地区公共服务均等化的测度及影响因素研究[J]. 数量经济技术经济研究,2014(8):72-84.

[28] 许召元,李善同. 区域间劳动力迁移对地区差距的影响[J]. 经济学(季刊),2009(1):53-76.

[29] 尹恒,康琳琳,王丽娟. 政府间转移支付的财力均等化效应:基于中国县级数据的研究[J]. 管理世界,2007(1):48-55.

[30] 袁冬梅,魏后凯,于斌. 中国地区经济差距与产业布局的空间关联性——基于 Moran 指数的解释[J]. 中国软科学,2012(12):90-102.

[31] 赵怡虹,李峰. 中国基本公共服务地区差距影响因素分析——基于财政能力差异的视角[J]. 山西财经大学学报,2009(8):15-22.

[32] Barro, R. and X. Sala-i-Martin. Convergence[J]. Journal of Political Economy, 1992, 100:223-251.

[33] Baumol, W. Productivity Growth, Convergence and Welfare: What the Long-Run Data Show[J]. American Economic Review, 1986(76):1072-1085.

[34] Dunn, R. and Mutti J. International Economics, London and New York: Routledge, 2000.

[35] Fan, S, R. Kanbur, and X. Zhang. Regional Inequality in China: An Overview. In: Regional Inequality in China: Trends, Explanations and Policy Responses, Routledge, 2009.

[36] Henry, P. B. Capital Account Liberalization, Real Wages, and Productivity. NBER Working Paper, 2008, No. 13880.

[37] Kanbur, R. and Zhang, X. Fifty Years of Regional Inequality in China: A Journey Through Central Planing, Reformand Openness[J]. Review of Development Eco-

nomics,2005,9(1):87 - 106.

[38] Mankiw, N. G. ,Romer D. and Weil. D. A Contribution to the Empirics of Economic Growth[J]. Quarterly Journal of Economics,1992(107):407 - 437.

[39] Meyer, B. D. Natural and Quasi Experiments in Economics. NBER Technical Working Paper,1994, Vol. 170.

[40] Orley Ashenfelter, David Card. Using the Longitudinal Structure of Earnings to Estimate the Effect of Training Programs[J]. Review of Economics and Statistics,1985,67(4):648 - 660.

[41] Quah D. Twin Peaks:Growth and Convergence in Models of Distribution Dynamics[J]. The Economic Journal,1996(106):1045 - 1055.

[42] Barro. R. J. Economic Growth in a Cross Section of Countries[J]. The Quarterly Journal of Economics,1991,106(2):407 - 443.

[43] Shorrocks, A. F. Decomposition Procedures for Distributional Analysis: A Unified Framework Based on the Shapley Value[J]. Journal of Economic Inequality,2012,11(1):99 - 126.

[44] Wan, G. and Z. Zhou. Income Inequality in Rural China: Regression - based Decomposition Using Household Data[J]. Review of Development Economics, 2005,9(1):107 - 120.

第六章

未来中国区域发展差距趋势预判

缩小地区发展差距、实现基本公共服务均等化，是中国区域协调发展战略的核心问题。地区间发展差距的趋势预判，是研究和制定未来区域政策乃至中长期国民经济建设和社会发展计划的重要基础与依据。本章基于第三、第四、第五章实证分析与模型检验的主要结论，进一步分析未来影响区域差距缩小或扩大的各种因素，利用经济计量模型预判“十二五”期末区域发展差距的变动趋势，为区域政策的实施与完善以及机制体制创新等提供决策依据。

一、影响未来区域差距变动的因素分析

（一）促进区域差距进一步缩小的主要因素

1. 东部地区率先进入经济增长新常态

首先，中国经济由高速向中速转变。一国经济增长既受宏观政策和短期需求变化的影响，更取决于特定发展阶段的潜在增长水平，准确把握经济所处的发展阶段是判断中国经济长期走势的基本前提。从国际经验来看，工业化程度是一国经济发展阶段的重要判断标准。《中国工业化进程报告（1995～2010）》显示，到2010年“十一五”结束，中国的工业化进程已经基本走完了工业化的中期阶段，“十二五”开始步入工业化的后期阶段。基于工业化的规律，进入工业化后期以后，经济发展速度将会逐步放缓。从发展条件来看，土地、劳动力等生产要素成本全面上升导致全球化红利日渐减弱，人口老龄化趋势也使

人口红利逐渐衰退，再加上经济发展方式粗放所积累的结构性矛盾已十分突出，环境污染、产能过剩、房地产风险等都制约着经济的进一步快速增长。从现实看，中国经济在经历30多年的年均10%左右的高速增长之后，正进入到“常态增长”阶段，经济增速在8%以下、7%以上运行。截止到2014年第二季度，以季度观察的中国GDP同比增长率，已经连续13个季度低于改革开放35年的平均年增长率（9.8%）；东部十省域的经济增长率降至5.8%～10.3%，中部六省的经济增长率降至6.1%～9.5%，西部十二省域降至7.4%～10.9%，东北三省降至4.8%～7.2%；另外，经济增长下滑最为严重的是河北和黑龙江，两省的经济增长率降至5%以内，而天津、重庆、贵州、青海、新疆、西藏等省域仍保持经济增长率高于10%（见图6－1）。面对经济下行，如何挖掘增长潜力和稳定宏观经济？通过户籍制度改革、大幅度减少行政审判权、打破国有企业垄断、形成混合所有制和企业自由进入的机制，意味着资源进行重新配置，必然能够显著提高TFP，进而提高潜在增长率（蔡昉，2014）。

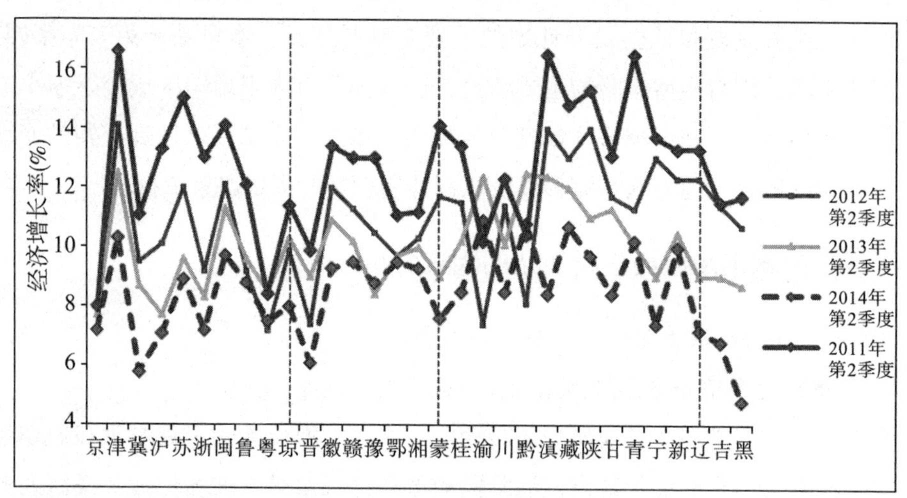

资料来源：国家统计局网站。

图6－1　2014年中国31个省域经济增长回落

其次，经济发展由数量扩张向质量提升转变。从经济运行来看，目前中国经济在相对低的增长速度下运行良好，规模与质量、速度与效益的关系正在达到一种新的平衡，经济由数量扩张向质量提升转变。尽管经济增速回落，但企业亏损程度没有像以往随着经济回落出现激增，反而有所下降。自2012年5月以来，工业企业亏损额占主营业务收入维持在0.8%左右，既低于1997年来1.4%左右的历史均值，也略低于2003年以来快速增长时期0.9%的平均水平。在经济增速回调的较长时间内就业总体稳定，没有出现大规模失业问题。党的十八大提出了全面建成小康社会、人均收入倍增等一系列举措，明确指出中国经济到了从量变到质变的阶段，未来经济增长将更注重提高质量。这表明中国未来将寻求更有质量的增长，并把普通民众的现实经济利益与国家经济成长紧紧挂钩。

第三，经济引擎由投资拉动为主向消费拉动为主转变。投资拉动型增长模式是一种不可持续的发展模式，长期依赖该模式会导致经济过剩、投资效益递减甚至环境污染。正确的选择是在启动投资的同时，有效地启动消费，将经济的可持续增长建立在依靠消费需求有效增长的基础之上，最终使中国的经济增长模式转向消费拉动型的经济增长模式。从社会再生产来看，投资需求形成的是中间产出，标志着生产能力和生产规模提高的速度，而消费需求吸收消化的是最终产出，是真正意义上的需求，它是社会再生产的起点和终点，只有消费需求的规模扩大和结构升级，才能使生产能力、生产规模的扩大和提高建立在坚实的基础之上。展望未来，随着收入和社会保障水平的不断提高，中等收入群体的不断壮大，城乡居民将有更多的可支配收入用来消费，消费将超过投资成为推动经济发展的重要动力。2014年中国人均GDP已达到7485美元，正处于消费升级转型的重要阶段，教育、娱乐、文化、交通、通讯、医疗保健、旅游休闲等将成为主流需求。

第四，经济推力由政府主导向市场主导转变。经济改革、体制改革的关键是正确处理政府和市场的关系。国内外的历史经验表明，有效的市场通常对应着有效的政府，反之亦然。政府应当在外部性强、自身具备优势、能够给企业和市场带来补充支撑效应的领域发挥作用。这样，随着市场和企业的成长，政府的作用也会相应增长。政府发挥作用的合理范围也随着经济增长阶段和经济形势的变化而变化。在经济发展的较低阶段，政府在外部性突出、确定性较强的领域，如基础设施建设领域，发挥重要作用，为企业发展创造有利条件，支持经济的高速增长。而当大规模基础设施建设时期结束，更多依靠产业升级和创新驱动的时候，政府就会减少对经济活动的直接参与，主要致力于培育有利于创新的制度和政策环境。在某些特殊情景如应对金融危机冲击时，政府有必要采取一些行政措施，但转入常规增长后，就会把本应由市场和企业来办的事情交还给企业和市场。

因此，总体上支撑中国经济平稳较快发展的基础并未发生根本性变化，中国仍处于城镇化、信息化、工业化和农业现代化进程中，中国经济增长的动力和潜力依然较大。中国经济进入“新常态”，在本质上是经济结构重构和增长动力重塑的过程，产业升级和创新是向中高端水平跃升的两项主要任务。东部沿海地区将率先逐步适应新环境，率先从高速增长向高效增长阶段跃升，实现更高层次的开放发展，发挥拉动国家经济增长的重要引擎和特殊“稳定器”作用。

2. 中西部进入工业化和城镇化加速阶段

2012 年，全国、沿海及内陆地区的城镇化率分别达到 52.6%、60.7% 和 45.0%。从工业化和城镇化发展阶段看，东部地区整体处于工业化后期的前半阶段并即将进入后半阶段，工业化和城市化趋于完成，将从工业经济向服务经济转型，从而导致其经济增速趋缓；中西部多数省域处于工业化中期的后半阶段，像西藏、新疆仅处于工业化初期的后半阶段，云南、甘肃、贵州和西藏等四省域的城镇化率不到 40%。因此，从增长规律看，东部地区因发展水平和基数处于高位，其增长速度将放慢，从工业经济向服务经济转型的过程中将给中西部地区提供良好的发展机遇；中西部地区因发展水平和基数较低，正处于快速增长时期，其经济增速有条件超过东部地区。

展望未来，东部地区在向服务经济转型的过程中，仍旧面临着产能过剩、要素价格持续上涨、污染严重、中等收入增长陷阱、贸易能力发展空间受限等一系列问题。而解决这些问题主要依靠东部地区积极地发展服务业，连接东部和中西部省域，形成良好的内循环。中部地区积累了一定的经济基础，并在承接东部地区产业转移上具有优势。中部省域对外贸易增长前景巨大，是扩大内需最具潜力的地区，未来中部省域或将成为我国经济发展的火车头。西部地区整体经济水平仍处于相对落后状态，但在过去 10 年中的基础设施建设已经初有成效，居民生活水平也得到了显著提高。考虑到我国整体生态环境情况取决于西部环境保护，预计未来西部各省域不会和东部一样走大规模的工业化道路，而将成为我国能源基地和环境保护屏障，通过向西开放，起到全国西部能源纽带的连接作用，将自然资源有效转化为现实财富和生产能力，促使西部发展再上一个台阶。

3. “一带一路”建设产生外溢效果和四大区域内动效果

“一带一路”建设和长江经济带建设均将有助于促进中西部经济增长。自2013年9月中国政府分别提出建设“丝绸之路经济带”（简称“一带”）和“21世纪海上丝绸之路”（简称“一路”）构想后，2014年中国正在编制《丝绸之路经济带和21世纪海上丝绸之路建设战略规划》，规划建设孟中印缅经济走廊、中巴经济走廊，打造中国——东盟自贸区升级版，以推动“丝绸之路经济带”和“21世纪海上丝绸之路”建设。建设“一带一路”有利于中国加快向西开放，构建中国区域性开放格局和开放型经济新体制，使沿海地区曾经有过的开放效应在西部地区复制，进而引起中国区域发展格局的变动。国家高度重视发挥西部地区在丝绸之路经济带建设中的主力军作用，具体到西部各省域高度重视参与丝绸之路经济带建设，比如陕西提出建设丝绸之路经济带新起点与桥头堡，甘肃提出建设丝绸之路经济带黄金段，青海省提出建设丝绸之路经济带战略基地与重要支点，宁夏提出要建设丝绸之路经济带的重要支点与节点，新疆提出建设丝绸之路经济带核心区，重庆最早开通渝新欧列车并提出建设丝绸之路经济带新起点的概念与设想，四川省强调要在建设长江经济带和丝绸之路经济带中营造主动作为、抢抓机遇的良好发展氛围。因此，西部各省域在参与“一带一路”建设中进行的商品、要素与人员交流，都将产生一定的外溢效果。

推进“一带一路”建设不仅有利于增强中西部地区自我发展能力，而且更有利于推动沿海内陆沿边优势互补、良性互动，促进产业链分工合作，带动中西部地区跨越式发展，提高综合经济实力。比如建设丝绸之路经济带中诸多铁路通道的建设与完善，将把西北与沿海珠江三角洲、长江三角洲与京津冀地区的铁路连接在一起，使沿海制造产品能够通过大通道向西输送，并使沿海地区成为丝绸之路经济带建设的重要腹地；沿海企业可以顺应时势变化，规避市场风险，把西部乃至中亚地区作为沿海企业产业转移的新区域，在新的区域开放空间延续企业的生命周期，并不断发掘新的市场潜力。

中部地区处在向西、向东开放的过渡区域，也处在丝绸之路经济带的延伸线上，可以直接面对丝绸之路经济带建设。中部各省都积极参与丝绸之路经济带建设的论证，个别省域尝试了开通丝绸之路经济带列车，力图建立与中亚诸国广泛的经贸联系。这些都表明，中部各省并不愿意在丝绸之路经济带建设中缺位。

东北地区距离丝绸之路经济带主通道具有一定距离，但是，在内蒙古发掘出草原丝绸之路的概念后，东北各省尤其是吉林、黑龙江也都积极寻求对外开放新定位，寻求与丝绸之路经济带建设接轨。吉林甚至提出打造珲春—长春—白城—阿尔山—乔巴山—欧洲铁路通道，立足于建设经蒙古、俄罗斯通往欧洲的线路，希望在国家开放新优势塑造中发现更多市场机会。

4. 长江经济带建设促进东中西部经济联动发展

长江经济带建设涉及上海、江苏、浙江、安徽、江西、湖北、湖南、四川、重庆、云南、贵州等十一个省域，有长三角、长江中游、成渝等三大城市群，是中国重要的发展轴线。长江经济带首次正式纳入国家发展战略实践始于20世纪90年代，随着浦东开发、三峡工程建设等重大决策的相继实施，国家提出发展“长江三角洲及长江沿江地区经济”战略构想，其侧重点是从流域经济发展的战略高度，强调以浦东开放开发、三峡建设为契机，发挥上海的辐射带动作用，依托沿江中心城市建设长江经济带。2014年长江经济带第二次上升为国家发展战略，侧重点是从打造中国经济升级版的战略高度，“谋划区域发展新棋局”，强调“由东向西、由沿海向内地，沿大江大河和陆路交通干线”，推进中国东部沿海地区——内陆地区梯度发展。建设长江经济带的战略重点包括建设长江综合立体交通走廊、长江产业集聚走廊、长江新型城镇集聚走廊和生态城市带、长江生态走廊，构建长江沿海—沿江—沿边全方位开放新格局，以及构建长江经济带协同发展体制机制。建设长江经济带有利于发挥长三角城市群的龙头作用，通过产业、资本、技术向中西部转移，推进中部崛起和西部大开发，优化经济结构，构建东、中、西联动发展的经济增长新格局。尤其是通过实施东西双向开放战略，将长江经济带建设成横贯东中西、连接南北方对外经济走廊，促进东部沿海地区深度开放，促进长江上中下游联动开放发展、沿海—沿江—沿边协同开放发展，促进中国和巴基斯坦、印度、缅甸等周边国家合作发展，促进长江经济带—丝绸之路经济带联动发展。

（二）导致区域差距进一步扩大的潜在风险

1. 东部地区在自然禀赋、制度变革、结构优化和要素升级等方面的比较优势明显

第一，东部地区具有相对优越的自然条件和现实经济基础。自然资源禀赋条件和地理区位条件的空间差异性是区域差异或区域经济差距最初始的、最直接的原因，是区域协调发展难以回避的现实背景。东部地区地势平坦，平原分布面积广，耕地资源丰裕，气候适宜，水资源丰富，生态环境脆弱度相对较低（见表6-1），相对于中西部地区具有明显的交通和区位优势，这些为东部地区提供了更多的发展机会和更大的发展空间。更重要的是，随着经济增长，制度是否有效成为一国或地区实现经济增长和发展的关键因素，西部在所有制结构制度、市场制度、对外开放制度等方面与东部地区存在明显落差，制度的不平衡造成了东部“先行者利益”格局的固化和东西部差距的扩大。

表6-1　中国各省域的生态环境脆弱度

脆弱等级	省域及指标值							
极强脆弱	宁夏	西藏	青海	甘肃	贵州	山西	陕西	新疆
	0.8353	0.8329	0.8045	0.7821	0.7153	0.6927	0.6613	0.6537
强度脆弱	四川	河北	内蒙古	云南	河南	安徽	吉林	
	0.6285	0.6204	0.6186	0.5925	0.5893	0.538	0.5248	
中度脆弱	湖北	广西	辽宁	黑龙江	江西			
	0.4766	0.4507	0.44	0.4314	0.4137			
轻度脆弱	湖南	福建	山东	江苏	浙江	广东		
	0.3418	0.3123	0.2575	0.2072	0.2017	0.1647		

资料来源：刘维隆．西部大开发中如何搞好环境保护工作．见：第二届全国环境保护优秀调研报告文集．北京：中国环境科学出版社，2003.

第二，东部地区加速工业经济转型，大力发展高端产业和战略性新兴产业。在第三章分析得出，自2005年以来，在影响西部、中部和东北地区与东部的相对差异中，第二产业人均增加值的相对差异的贡献率仍偏高，即制造业的地区差异造成了目前的区域差距格局，第三产业人均增加值的相对差异的贡献率不断提升。对于落后地区来说，制造业的差距可以通过加大投资进行弥

补，但是这些新兴行业上的差距则很难通过简单的扩展来缩小，这些行业的弱质性将成为落后地区未来缩小整体经济差距的瓶颈。第三产业（主要是社会服务业、金融保险业、房地产业）的地区间变动更为剧烈，预示了将来更为扩大化的区域差距。

第三，随着中国高速铁路的快速建设，未来中国将逐步进入高铁时代。从长远意义看，主要服务客运的高铁有助于加速大城市之间的人员流动和思想交流，促进城市的研发活动和知识溢出，促进中国长期的经济发展。但是，在短期内，高铁在推进全国和区域一体化的同时，也将促进要素和产业向经济发展程度高的中心城市和城市群地区集聚，使沿线的中小城市丧失原有的优势，即产生“虹吸效应”，由此加剧中心和边缘的空间分异，造成新的区域发展不协调。

第四，东部信息化快速推进。东中西部在信息资源获取、掌握及运用信息技术水平方面的差距已经拉开，形成了“数字鸿沟”。广大中西部地区在信息化方面存在明显劣势。要缩小中西部与东部地区经济发展水平上的差距，逐步实现增长趋同，要求中西部地区必须加强区域信息化建设，实现以信息化带动区域发展战略的对策。

第五，依据新经济地理学理论，东部沿海地区人口众多而且稠密，加之地理上靠近国外市场的便利，使得东部地区的消费市场容量大于中西部地区，在发展制造业方面具有中西部地区没有的市场优势。只要中国出口导向的制造业持续增长，产业向东部地区集聚的趋势还将继续，直至其拥挤效应超过规模效应。

因此，中国经济在寻求向新常态过渡的新动力，制度变革、结构优化和要素升级是经济发展的根本动力，制度变革包括法律法规、标准规则、政府等组织、市场机制、宏观政策等有形制度、文化制度等无形制度，以及各种制度的实施机制，结构优化包括产业结构优化（新型工业化、产业转型升级等）、区域结构优化（新型城镇化、区域经济一体化等）、消费结构优化（消费结构升级）等，要素升级包括技术进步、人力资本提升和信息化等（李佐军，2015）。东部地区在上述三大发展根本动力上具有显著优势。

2. 中西部地区在产业层次、市场空间、科技创新等方面的制约因素依旧

显著

虽然中西部地区具有资源丰富、要素成本低、市场潜力大等优势，但从区域经济差距的形成机理看，中西部地区在产业转移、产业结构、市场空间、科技创新、制度变迁等方面仍处于劣势。

第一，目前中部承接产业转移的规模尚小。虽然地区之间的产业梯度差必然引发区域产业转移，进而带动经济产业结构升级；中央政府也采取了鼓励东部发达地区企业进入中西部地区投资的一系列区域政策，东部地区向中西部地区转移的产业数量和规模在不断扩大；但是大规模产业转移现象尚未发生（范剑勇，2004；陈计旺，2007；陈秀山，2008；赵伟，2009；贺曲夫，2012），以产业转移为目的的投资并没有达到预期的规模，现实的产业转移趋势与政策预期并不一致。相反，中国制造业仍然集中于东部沿海地区，无法向中部地区转移，进而推动了区域经济差距不断扩大。导致这一“产业转移粘性”现象的因素可以归纳为劳动力自由流动、物流成本和交易成本过高、西部制度环境不佳、东部产业集群的存在、区域能力结构差异、产业转移力等若干方面（成祖松，2012；孙志燕，2014）。

第二，西部地区产业结构相对单一，基本上都是以资源密集的重化工业为主，资源和能源消耗多，产业链条短，综合配套能力弱，产业集群化水平低，市场竞争力提升缓慢，抗外部冲击能力差。如西北的甘肃、青海、宁夏、新疆、内蒙古等省域，采掘和原材料加工等传统产业占工业总产值的比重超过70%，且多集中于石油、煤炭、冶金等领域，经济发展受资源性产品价格的影响很大。受内外需求不足、部分行业产能严重过剩、财政金融风险加大等因素影响，西部地区经济发展将会面临更多困难。

第三，西部地区缺乏广阔的市场空间。人口是组成市场的最主要因素，西部地区人口密度低、人均收入水平低及传统的消费习惯，使国内外投资缺乏广阔的本地市场，市场营销成本提高，进而投资者不愿投资西部。再从市场地理条件来看，西部地区多为山脉、沙漠、戈壁，地理条件形成的自然障碍影响了市场的连续性，市场条块分割现象严重，难以形成市场规模效益；而且，西部地区的人们受教育程度低，市场观念薄弱，满足于自给自足、不追求奢华的消费习惯更难开辟西部市场。市场狭小导致经济发展缺乏集聚效应。

第四，中西部地区科技开发及应用能力相对落后，经济发展中的科技动力不足。中西部地区在科技创新平台建设、创新专项扶持资金、创新成果应用等方面与东部存在显著差距，这在一定程度上造成了中西部地区成为科技创新“洼地”。

第五，西部地区自身弱势的地理条件、较差的各项基础设施、较落后的制度供给，导致西部大开发战略及政策效应发挥的要素强度明显低于东部率先发展政策，在效果上难以达到东部沿海地区的发展态势。

最后，欠发达地区大多集中在中西部地区，欠发达地区存在着人口、资源、环境、经济、社会等问题交织的情况，形成不同程度的相互影响，不同的类型区在空间出现重叠，如生态脆弱地区一般也是欠发达地区，老工业基地中分布着大量的资源型城市。这加大了缩小经济发展差距的难度。另外，西部地区是中国贫困面最广、贫困程度最深的区域。按照国家扶贫标准，西部地区扶贫对象占全国一半以上，贫困发生率高，解决城乡居民收入区域差距过大、贫困人口脱贫致富等问题难度大。

3. 东北地区缺乏内生动力和发展活力

英国《经济学人（The Economist）》于 2015 年 1 月 3 日刊登题为“The North - East Back in the Cold”一文，指出黑吉辽三省 2014 年前三个季度 GDP 增速在中国 31 个省域中位居最后五位，其 6% 的增速较全国水平落后 1.4 个百分点；并分析导致经济下滑的原因在于计划经济思维根深蒂固、受制于地理位置、严重恶化的人口趋势等三个方面。的确，虽然自 2003 年以来国家多次出台振兴东北老工业基地的方案，但是东北地区仍面临着严重的发展活力不足问题：经济市场化程度低，未来需要进一步推进简政放权激发市场活力；所有制结构单一，国有经济比重过大，缺乏竞争活力；重工业占比过高，产业结构调整缓慢；企业设备和技术老化；资源型城市主导产业衰退，后续产业青黄不接；人口老龄化严重与人力资本流失，缺乏创新动力以及对外开放程度极低等。这将制约未来东北地区难以在短时间内摆脱“区域性塌陷”。

二、经济发展水平省际差距的趋势预判

前已述及，中国区域经济增长的省际差距、农村居民收入的省际差距、基本

公共服务水平的省际差距均已出现缩小趋势，未来会不会继续呈现出下行趋势，即遵循倒“U”型曲线最高点后期向下弯曲？这个问题的探索需要对区域差异的发展趋势进行科学合理的预测。一些学者对收入及差距发展趋势问题进行了探索性的尝试，如李云峨和周云波（2007）使用指数平滑法和ARMA模型对城乡收入差距进行了10年趋势预测，认为在现有政策保持不变的情况下，城乡收入差距可能在2009年达到顶峰然后开始缩小，长期来看城乡收入差距会趋于缩小；杨竹莘（2007）利用灰色系统GM（1，1）模型对中国收入分配差距进行预测，结果显示2010年基尼系数可能接近0.5，收入分配差距依然会呈扩大趋势，但幅度会平稳缓慢；张俊霞等（2010）运用主成分回归预测方法对居民收入分配差距进行了预测，认为2008~2015年居民收入分配差距仍然会继续扩大，考虑到实际分配中的一些不确定因素，实际差距可能比预测结果还要严重；此外，靳贞来（2006）和张菲（2010）采用联立方程模型对城乡居民收入差距进行预测，毛文晋（2006）、杨秀花（2010）和杨伟锋（2011）采用趋势外推法对城乡居民收入差距进行预测，以及张丽（2006）和许红（2009）采用增长率推算法对农民收入进行预测等。可以看出，学者的研究领域主要集中在城乡居民收入差距预测和居民收入总体差距预测上；在预测方法上，主要采用ARMA模型、指数平滑法和灰色GM（1，1）模型预测等，但不同方法大相径庭，缺乏严格筛选和界定，导致预测结果存在很大偏差。本部分主要运用二次指数平滑法和ARMA模型分别对经济发展水平、农村居民收入、基本公共服务水平的变异系数进行预测，以观察省域间差距的未来变动趋势。

（一）基于ARMA模型的人均GDP省际差距预测

自回归滑动平均模型（Auto - Regressive and Moving Average Model，ARMA）是研究时间序列的重要方法。ARMA模型在时序数列预测中精确度较高，将因变量相对它的滞后值及误差项和它的滞后值建立模型，把随时间推移的时序数列看作随机序列，体现原始时序数据在时间上的延续，既有自身变动规律，又受外部因素影响。ARMA模型由自回归模型AR和滑动平均模型MA组合而成，ARMA（p，d，q）模型公式如下：

$$y_t = \alpha_1 y_{t-1} + \alpha_2 y_{t-2} + \cdots + \alpha_p y_{t-p} + \varepsilon_t - \delta_1 \varepsilon_{t-1} - \delta_2 \varepsilon_{t-2} - \cdots \delta_q \varepsilon_{t-q}$$

式中，y_t为时间序列；p和q分别为自回归和移动平均阶数，根据偏自相关函数图和相关函数图截尾阶数确定；α_i和δ_j分别为自回归和移动平均参数；y_{t-i}和ε_{t-j}分别为时间序列y_t和随机误差项ε_t的滞后项。ARMA 模型预测适合平稳时间序列预测，若原序列不平稳，经过d阶差分以后变为平稳序列，则模型为 ARMA（p，d，q），d为y_t的单整阶数。

首先，对 1990 ~ 2013 年加权变异系数 CV 进行单位根检验，判断序列的平稳性。CV 序列值单位根检验结果，ADF 统计值为 -0.22，不小于显著性水平 1%、5%、10% 的 ADF 临界值，因此不能拒绝零假设，CV 时间序列具有非平稳性。为此，对 CV 进行一阶差分得到 D（CV），该一阶差分序列平稳性检验结果显示，ADF 值为 -3.65，在 5% 的显著性水平拒绝零假设，即具有平稳性，可进行滞后期预测。其次，通过对 D（CV）的自相关系数和偏自相关系数的观察，初步确定移动平均阶数q为 2，自回归阶数p为 1，故使用 ARMA（2，1，1）进行预测，得到检验结果（见表 6-2）。

表 6-2　　D（CV）序列使用 ARMA（2，1，1）预测输出结果

Variable	Coefficient	Std. Error	t - Statistic	Prob.
C	-0.011	0.008	-1.422	0.172
AR（1）	0.894	0.074	12.137	0.000
MA（1）	-0.528	0.208	-2.532	0.021
MA（2）	-0.456	0.228	-1.998	0.061
R - squared	0.696	Mean dependent var		-0.001
Adjusted R - squared	0.645	S. D. dependent var		0.009
S. E. of regression	0.006	Akaike info criterion		-7.374
Sum squared resid	0.001	Schwarz criterion		-7.175
Log likelihood	85.110	Hannan - Quinn criter.		-7.327
F - statistic	13.725	Durbin - Watson stat		2.107
Prob（F - statistic）	0.000			

模型参数估计量能够通过 t 检验，全部特征根的倒数在单位圆内，残差序列通过 Q 检验，说明模型能够进行预测。为了检验模型的预测效果，用模型对 2010 ~ 2013 年实际人均 GDP 加权变异系数进行预测，发现预测值与实际值误差百分比均小于 5%（见表 6-3 和图 6-2），说明拟合效果较好，预测较精

确，可以用 ARMA（1，1，2）模型对 2014～2015 年省际间发展差距进行预测。从预测情况看，2014 年和 2015 年实际人均 GDP 变异系数将分别降至 0.416 和0.408。也就是说，只要充分利用现阶段中国区域协调发展的各种有利条件，区域发展差距将呈现不断缩小趋势，区域协调发展的基本态势有望趋于稳定。

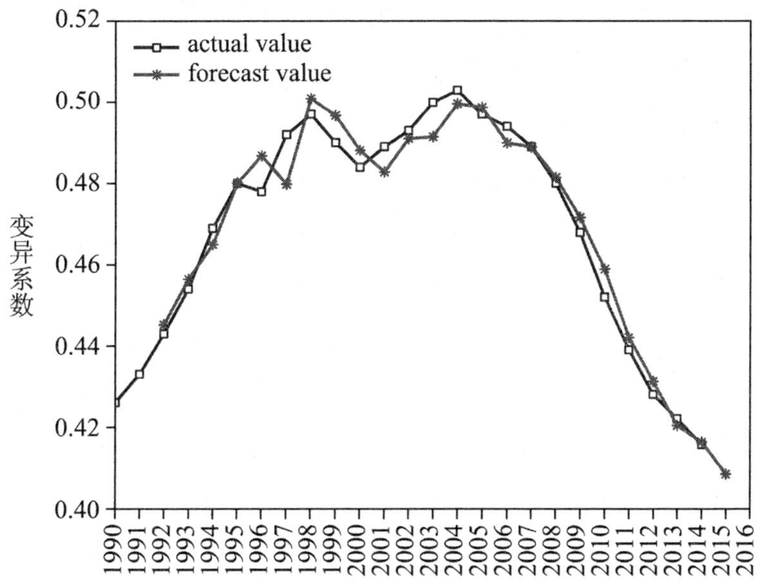

图 6－2　基于 ARMA 模型的 1990～2015 年实际人均 GDP 加权变异系数预测值和实际值

表 6－3　　　　实际人均 GDP 加权变异系数预测

年份	2010 年	2011 年	2012 年	2013 年	2014 年	2015 年
实际值	0.452	0.439	0.428	0.422		
预测值	0.459	0.442	0.431	0.420	0.416	0.408
误差百分比（%）	1.41	0.71	0.70	－0.51		

（二）基于二次指数平滑法的人均 GDP 省际差距预测

指数平滑法是时间序列预测中使用较为普遍的一种方法，通过对过去值和当前值的加权平均以及权数调整消除数据的摇摆影响，得到平滑的时序预测值。根据平滑次数不同，可分为单指数平滑、二次指数平滑和多参数平滑等，其中二次指数平滑法比较适合带有线性趋势且周期性表现又不是很明显的时序，对于预测区域差异趋势较适用。二次指数平滑法的预测模型：

$$F_{t+k}=a_t+b_tk$$

$$a_t=2S_t^{(1)}-S_t^{(2)}$$

$$b_t=\frac{a}{1-a}\cdot(S_t^{(1)}-S_t^{(2)})$$

式中，F_{t+k}为 $t+k$ 期预测值；k 为未来预测的期数；a_t和 b_t为模型参数；$S_t^{(1)}$ 和 $S_t^{(2)}$ 分别为第 t 期的一次和二次指数平滑值，公式为：

一次指数平滑值：$S_t^{(1)}=aY_t+(1-a)S_{t-1}^{(1)}$

二次指数平滑值：$S_t^{(2)}=aS_t^{(1)}+(1-a)S_{t-1}^{(2)}$

式中，$S_t^{(1)}$ 和 $S_t^{(2)}$ 分别为 t 期一次和二次指数平滑值；a 为平滑系数，取值一般在 0.1～1 之间；Y_t 为实际值；$S_{t-1}^{(1)}$和 $S_{t-1}^{(2)}$分别为 $t-1$ 期一次和二次指数平滑值，初始值一般取时序数列前三项简单平均数，即 $S_1=(Y_1+Y_2+Y_3)/3$。

在实际预测时，以 1990～2011 年 CV 为原始数据，利用 2012～2013 年 CV 作为预测误差检验数据。结合预测误差值最小化和 2012～2013 年相对误差最小化原则，经过反复测算，最终确定平滑系数 a 为 0.18，此时平均预测误差率为 0.038，相对较小；2012 年和 2013 年相对误差分别为 0.95% 和 -0.016%，相对较小。通过对 a_t和 b_t的计算，可以得出二次指数平滑预测模型公式为：$F_{t+k}=0.464-0.002K$，根据模型公式对 2014 和 2015 年 CV 预测，结果分别为 0.420 和 0.419。

总结 ARMA 模型和二次指数平滑法对实际人均 GDP 省际差距的预测，两种方法的侧重点不同，二次指数平滑法侧重原序列的线性趋势，ARMA 模型同时考虑原时序数列的规律性和外部扰动因素，因而两种方法对同一序列趋势预测值略有偏差。但是，两种方法都是在对实际值检验后进行预测的，检验是为了确保较高的精确度和拟合度，故对 2014～2015 年预测值是可信的。所以，可以得出基本结论：2014 年和 2015 年实际人均 GDP 省际差距将继续保持缓慢下降趋势，取两种方法预测值的均值，即 2014 年和 2015 年变异系数将分别降至 0.418 和 0.414，2015 年比 2012 年下降 3.2%。

三、农村收入水平省际差距的趋势预判

（一）基于 ARMA 模型的农村居民收入省际差距预测

首先，对 1990～2013 年农村居民实际人均纯收入变异系数 CV 进行单位根检验，判断序列的平稳性。CV 序列值单位根检验结果，ADF 统计值为 -2.2，不小于显著性水平 1%、5%、10% 的 ADF 临界值，因此不能拒绝零假设，CV 时间序列具有非平稳性。为此，对 CV 进行一阶差分得到 D（CV），该一阶差分序列平稳性检验结果显示，ADF 值为 -4.83，在 5% 的显著性水平拒绝零假设，即具有平稳性，可进行滞后期预测。其次，通过对 D（CV）的自相关系数和偏自相关系数的观察，初步确定移动平均阶数 q 和自回归阶数 p 均为 1，故使用 ARMA（2，1，1）进行预测，得到参数和检验结果（见表 6-4）。

表 6-4　　D（CV）序列使用 ARMA（2，1，1）预测输出结果

Variable	Coefficient	Std. Error	t - Statistic	Prob.
C	-0.0099	0.0097	-1.0298	0.3168
AR（2）	0.6932	0.0705	9.8286	0.0000
MA（1）	0.9973	0.1677	5.9465	0.0000
R - squared	0.6028	Mean dependent var		-0.0018
Adjusted R - squared	0.5587	S. D. dependent var		0.0113
S. E. of regression	0.0075	Akaike info criterion		-6.8114
Sum squared resid	0.0010	Schwarz criterion		-6.6622
Log likelihood	74.5197	Hannan - Quinn criter.		-6.7790
F - statistic	13.6612	Durbin - Watson stat		2.0622
Prob（F - statistic）	0.0002			

模型参数估计量能够通过 t 检验，全部特征根的倒数在单位圆内，残差序列通过 Q 检验，说明模型能够进行预测。为了检验模型的预测效果，使用模型对 2010～2013 年农村收入变异系数进行预测，发现预测值与实际值误差百分比均小于 5%（见表 6-5），说明拟合效果较好，预测较精确；而且 1990～2013 年拟合值与实际值的误差都非常小（见图 6-3）。因此，可以使用 ARMA（2，1，1）模型对 2014～2015 年农村居民收入的地区差距进行预测。从预测

情况看，2014 年和 2015 年农村居民收入的变异系数将分别降至 0.366 和 0.359（见表 6-5）。也就是说，农村收入地区差距将呈现不断缩小趋势。

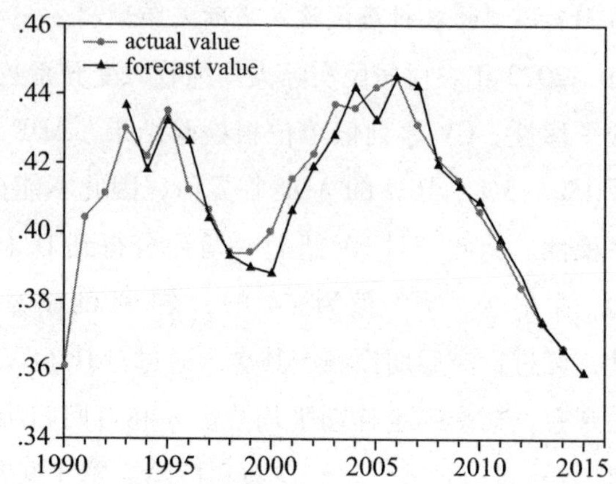

图6-3　基于 ARMA 的 1990～2015 年农村居民收入变异系数预测值和实际值

表 6-5　　农村居民收入变异系数预测

年份	2010 年	2011 年	2012 年	2013 年	2014 年	2015 年
实际值	0.406	0.396	0.384	0.374		
预测值	0.409	0.398	0.388	0.374	0.366	0.359
误差百分比（%）	0.59	0.50	0.86	0		

（二）基于二次指数平滑法的农村居民收入省际差距预测

同样，运用二次指数平滑法对农村居民收入变异系数进行预测，结合预测误差值最小化和 2012～2013 年相对误差最小化原则，经过反复测算，最终确定平滑系数 a 为 0.22，此时平均预测误差率较小，为 0.022；2012 年和 2013 年相对误差较小，分别为 2.35% 和 -0.04%。通过对 a_t 和 b_t 的计算，可以得出二次指数平滑预测模型公式为：$F_{t+k}=0.411-0.001K$，根据模型公式对 2014 和 2015 年 CV 进行预测，结果分别为 0.372 和 0.371。

同样，综合以上两种预测方法，可以认为，2014 年和 2015 年农村居民收入将呈现继续下降趋势；进一步计算 ARMA 模型预测和二次指数平滑法预测的均值，得出农村居民收入的变异系数将达到 0.369 和 0.365，2015 年比 2012 年下降 5.1%，即农村居民收入的省际差距下降速度快于经济发展水平的省际差距。

四、基本公共服务水平省际差距的趋势预判

由于基本公共服务水平变异系数的历史数据仅有17个样本，难以采用ARMA模型进行模拟，故仅仅运用二次指数平滑法进行趋势预判。同样，结合预测误差值最小化和2011～2012年相对误差最小化原则，经过反复测算，最终确定平滑系数 a 为0.58，此时平均预测误差率较小，为0.046；2011年和2012年相对误差较小，分别为5.48%和0.53%。通过对 a_t 和 b_t 的计算，可以得出二次指数平滑预测模型公式为：$F_{t+k}=0.323-0.001K$，根据模型公式对2013～2015年CV预测，结果分别为0.295、0.294和0.292。因此，基本公共服务省际差距将缓慢缩小，2013～2015年分别仅比2012年下降0.9%、1.3%和1.7%，即基本公共服务省际差距的缩小速率远低于农村居民收入和经济发展水平的省际差距。

《2009年世界发展报告：重塑世界经济地理》中指出，在国际层面上，只有经济增长区域的生活水平才呈现出先分化、后趋同的模式；生活水平在分化后逐渐趋同，趋同趋势最早出现在家庭基本消费领域，随后出现趋同趋势的是基本公共服务领域，最后出现趋同现象的是工资和收入领域。但是，总结前面的趋势预判，基本结论是我国经济增长省际差距 > 收入省际差距 > 基本公共服务省际差距，2012～2015年农村居民收入趋同速度 > 经济发展水平趋同速度 > 基本公共服务趋同速度。似乎与国际尺度的研究结论不尽一致。笔者反思，这可能恰恰印证了第五章实证结论，即区域协调发展战略和政策实施的增长趋同效应，首先表现在经济增长，而后表现在农村居民收入，以及目前尚未发挥出促进基本公共服务增长趋同的重要作用。

主要参考文献

[1] 白永秀，王颂吉. 丝绸之路经济带的纵深背景与地缘战略[J]. 改革，2014(3)：64－73.

[2] 蔡昉. 挖掘增长潜力与稳定宏观经济[J]. 中共中央党校学报，2014(4)：79－86.

[3] 陈计旺. 影响东部地区产业转移的主要因素分析[J]. 生产力研究，2007

(5):99 - 101.

[4] 陈秀山,徐瑛. 中国制造业空间结构变动及其对区域分工的影响[J]. 经济研究,2008(10):104 - 116.

[5] 成祖松. 我国区域产业转移粘性的成因分析:一个文献综述[J]. 经济问题探索,2013(3):183 - 190.

[6] 范剑勇. 市场一体化、地区专业化与产业集聚趋势——兼谈对地区差距的影响[J]. 中国社会科学,2004(6):39 - 51.

[7] 贺曲夫,刘友金. 我国东中西部地区间产业转移的特征与趋势——基于2000 ~ 2010 年统计数据的实证分析[J]. 经济地理,2012(12):85 - 90.

[8] 洪源,杨司建,秦玉奇. 民生财政能否有效缩小城乡居民收入差距?[J]. 数量经济技术经济研究,2014(7):3 - 20.

[9] 李瑞琴. 农村居民收入的省际差距:1978 ~ 2012 年[J]. 改革,2014(4):120 - 131.

[10] 李娅,伏润民. 为什么东部产业不向西部转移:基于空间经济理论的解释[J]. 世界经济,2010(8):59 - 71.

[11] 李云峨,周云波. 中国城乡收入差距未来发展趋势的预测[J]. 山西财经大学学报,2007(10):14 - 18.

[12] 李佐军. "三大发动机"才是经济发展的根本动力[N]. 中国经济时报,2014 - 12 - 16,A01 版.

[13] 刘生龙,胡鞍钢. 交通基础设施与经济增长:中国区域差距的视角[J]. 中国工业经济,2010(4):14 - 23.

[14] 陆铭. 中国区域经济发展[M]. 上海:上海人民出版社,2011.

[15] 齐慧. 高铁串起"区域经济圈"[A]. 经济日报,2014 - 07 - 09,第 8 版.

[16] 钱力. 农村居民收入区域差异发展趋势预测——基于二次指数平滑法和ARMA 模型分析[J]. 中央财经大学学报,2014(7):78 - 72.

[17] 孙志燕. 中国制造业空间布局的新趋势及对策建议[J]. 区域经济评论,2014(4):10 - 13.

[18] 王一鸣. 在中高速增长阶段向中高端水平跃升[J]. 宏观经济管理,2014(10):4 - 6.

[19] 吴传清. 建设长江经济带的国家意志和战略重点[J]. 区域经济评论,2014

(4):45-47.

[20] 武力超,林子辰,关悦. 我国地区公共服务均等化的测度及影响因素研究[J]. 数量经济技术经济研究,2014(8):72-86.

[21] 夏永祥. 以长江经济带建设促进东中西部地区协调发展[J]. 区域经济评论,2014(4):47-48.

[22] 薛嘉春,韩建雨. 我国居民收入差距发展趋势研究——基于 ARIMA 模型的预测分析[J]. 当代经济研究,2011(12):79-84.

[23] 岳利萍,白永秀. 从东西部地区差距评价西部大开发战略实施绩效——基于主成分分析法的视角[J]. 科研管理,2008(5):84-88.

[24] 赵瑾. 以开放促转型:新时期国际重大战略机遇期与我国对外开放重点[J]. 国际贸易,2013(4):12-19.

[25] 赵伟,张萃. 市场一体化与中国制造业区域集聚变化趋势研究[J]. 数量经济技术经济研究,2009(2):18-32.

[26] Dahiya,R. C. and Alan J. Adaptive Exponential Smoothing Models for Reliability Estimation[J]. IEEE Transactions on Reliability,1974,23(5):332-334.

[27] Pyatt, G. On the Interpretation and Disaggregation of Gini Coefficients[J]. Economic Journal,1976,(86):243-255.

[28] Il Houng Lee, Murtaza Syed, and Xin Wang. Two Sides of the Same Coin? Rebalancing and Inclusive Growth in China. IMF Working Paper No. 13,2013.

[29] Berg, Andrew, and Jonathan D. Ostry. Inequality and Unsustainable Growth: Two Sides of the Same Coin?. IMF Staff Discussion Note, 2011/11/08.

[30] Barro, Robert J. Inequality and Growth in a Panel of Countries[J]. Journal of Economic Growth,2000,5(1):5-32.

第七章

进一步促进中国区域协调发展的政策取向

区域协调发展战略和政策对区域经济发展及收入的空间格局已经产生重要的塑造作用和深刻影响，尤其是新阶段以来区域政策的实施有助于改善中西部地区的物质资本和人力资本积累、交通基础设施状况以及政府经济行为，有助于促进中西部工业化进程和提高对外开放程度，有助于培育新的经济增长极，在缩小与东部地区的差距、实现区域协调发展方面发挥了重要的促进作用。但是，未来影响区域发展差距变动的因素众多，且相互交织，如果继续保持经济增长、收入增长及基本公共服务增长的趋同趋势，则迫切需要继续完善与区域发展总体战略相适应的区域政策和区域管理体制。

一、国外促进区域协调发展的区域政策

（一）欧盟区域政策与结构和凝聚基金

区域政策始于20世纪30年代西方国家对欠发达地区的开发，兴于20世纪60年代发展中国家的赶超实践。欧盟是目前世界上一体化程度最高的超国家组织，具有相对完善和深化的政策体系。作为全球范围内重要的财富与经济重心，欧盟各成员国发展模式各不相同，经济与社会差异非常明显。自20世纪50年代就开始实施区域发展政策，经历了凝聚与区域政策的起源阶段（1957~1988年）、从项目到方案阶段（1989~1993年）、巩固和加倍努力阶段（1994~1999年）、取得更大成功阶段（2000~2006年）、关注增长与就业阶段（2007~2013年）等

五个发展阶段。在各个发展阶段中，不同的结构基金（Structural Funds）和凝聚基金（Cohesion Funds）有效地支持了欧盟区域政策的执行和推进，主要用于帮助欧盟成员国中较贫困国家和比较落后地区的发展，旨在降低欧盟各国之间收入、财富及机会方面的地区差异。结构基金包括欧洲社会基金和欧洲区域发展基金，凝聚基金用于支持欧洲相对贫困的区域、资助环境保护政策以及为形成跨欧洲运输网络提供资助，结构和凝聚基金的主要实施方式包括：（1）以拨款或低息贷款对落后地区新的或现有的产业进行投资，给予税收减免，给予特殊的折旧政策，等等；（2）将公共支出用于基础设施建设，如落后地区的道路、港口和住房建筑等项目；（3）为落后地区企业提供可降低生产成本的补贴，对多使用劳动力的企业给予补助，以鼓励采用劳动密集型的生产技术，从而增加就业；（4）对新企业的设立地点进行控制，尽可能使企业不集中在繁荣的拥挤地区，而是转向在落后地区设立企业。

欧盟区域经济政策的设计和实施具有以下特点。首先，是以其系统的分区制度为前提的。欧盟委员会统计局设计了一套通用的国家地域分类框架，把整个欧盟的区域划分为三个层次的分区（NUT），每个成员国被分为一个或多个一级分区（NUTS－1），每个一级分区又被分为若干二级分区（NUTS－2），并进一步被分为多个三级分区（NUTS－3）。其次，欧盟理事会是欧盟区域经济政策的核心决策者，决定各项区域经济政策的设立、预算额度、实施期限等内容。同时，相当部分的政策资金在各成员国之间的分配状况也由欧盟理事会事先决定。欧盟各项区域经济政策的实施主体主要包括欧盟委员会、各成员国及各级地方政府，此外，诸如欧洲投资银行等相关机构也承担一定的区域经济政策实施功能。再次，欧盟委员会是欧盟各项区域经济政策主要的协调和实施主体。欧盟委员会每7年制定一次区域经济政策实施纲要，落实欧盟理事会关于各项区域经济政策的决策，同时为欧盟及其成员国区域经济政策的实施提供指导。此外，欧盟委员会还针对欧洲区域差异、区域融合等状况，不定期发布“欧洲经济和社会整合报告”，这对欧盟及其成员国区域经济政策的实施具有非常重要的指导作用。在此基础上，欧盟委员会负责对各成员国或具体项目进行拨款、启动项目。最后，严格的监督机制是欧盟区域经济政策得以有效实施的重要保障。欧盟要求各成员国针对不同的区域政策基金设立独立的管理机构，负责对项目进行监督和管理，在部分地区，甚至需要设立地区层级的管理机构，欧盟委员会监督各成员国的监督管理是否到位。

（二）美国区域政策与问题区域导向

美国作为当代经济最发达的资本主义国家，也曾经面临区域经济不平衡的困扰。从20世纪30年代起，美国的区域经济政策经历了四次演变。第一次，20世纪30年代以开发落后地区为先导的区域经济政策，主要指向提高西南部等落后地区经济发展，援助方式是传统的财政转移支付、政策优惠条件；第二次，20世纪60年代通过供给和需求刺激相结合的方式提升地方环境的公共干预，供给方面主要通过改善基础设施和促进公共研究机构，需求方面是为现有企业开辟新的市场，包括建立出口加工区、扶持出口和公共购买项目等；第三次，20世纪70至90年代充分利用市场机制来改善地方经济发展，政府主导的区域经济政策逐渐弱化，为公共干预政策赋予私营部门的面目；第四次，20世纪末以培育产业集群为先导的区域经济政策，产业集群开始作为一种新的政策思路被联邦政府和地方州政府广泛采纳，取代传统产业政策来刺激集群所在地区的技术创新和提升区域竞争力，使之成为繁荣区域乃至国家经济的新动力。

美国的区域经济政策一直是问题区域导向，自区域政策产生以来就开始注重区域问题的定位和区域划分，如经济开发署（Economic Development Administration，EDA）负责对问题区域的援助和确定问题区域框架，经济分析局（Bureau of Economic Analysis，BEA）负责区域分析与区域划分；区域问题的存在和演变是区域经济政策制定和演进的客观决定因素。并且，在解决问题区域过程中，保证政府的统一管理，特别是在对落后地区的划定、资助方式及评价标准等方面享有绝对的财政权利。区域政策在实施过程中，具有五个突出特点：一是建立健全区域开发法律制度和管理机构；二是通过财政转移支付、差别化的税收政策、投资金融政策支持欠发达地区经济发展；三是加强对落后地区的水利设施、全国公路网、全国信息网络等基础设施建设；四是以科技投入和军工布点加强落后地区产业基础；五是利用教育、科研和职业培训政策提高落后地区人口素质。美国区域政策对中国区域政策的制定与实施具有重要借鉴意义，比如注重分析宏观经济环境对区域经济政策的制约作用，选择适宜的区域经济政策；准确定位区域问题并划分问题区域，制定针对性的区域经济政策；

从比较优势到竞争优势再到网络创新优势的路径，构建区域经济的内生增长动力。

（三）英国区域政策与关注多重目标

英国区域政策的发轫与发展，分为早期的区域政策（1928 ~ 1945 年）、向发展地区和增长地区倾斜的区域政策（1945 ~ 1970 年）、向城市倾斜的区域政策（1970 ~ 1980 年）、区域选择性援助的区域政策（1980 年至今）四个阶段。特别是 1980 年以来，区域政策目标重点转向发展内城区的服务业、推动高新技术产业、重化工业向潜在萧条区集聚，以调整和优化整个产业布局。1980 年以前，英国区域政策工具及其操控主体不断发生变化，存在两种不同的意识形态倾向：认为市场机制必然导致区域发展不平衡，必须通过政府政策加以修正的市场批判主义；主张更充分地发挥市场机制的作用，以提高政府的政策效率的市场经济主义。两者随着政府的更迭错落地贯穿于 80 年代以前的英国区域政策工具中，直到 80 年代以后，政策工具上的市场经济主义导向才相对稳定地居于主导地位。

长期以来，缩小人均收入差距不是英国区域政策的目标，多重目标的共存和经济社会目标的冲突问题在英国区域政策实施中一直存在。如为改变因地理分布集中的主要出口产业出现了持续的生产过剩现象和大量失业人员，1928 年英国政府成立了产业转移委员会（Industrial Transference Board），其职责不仅是要减少煤炭采掘区域的贫困问题（社会目标），而且还要在全国区域内重新配置劳动力来提高其效率（经济效率目标）。1944 年颁布的巴罗报告（Barlow Report）进一步扩展了政策的目标，还包括环境目标（如产业在地理分布上的平衡来减轻伦敦地区的交通堵塞和人口过密等）和政治目标（为了国防和战略目标的产业分布）。20 世纪 90 年代初期将政策重点转向内生增长，简单强调了经济效益目标，以牺牲社会目标为代价；但是，随着英国在 90 年代逐渐从经济衰退中复苏，90 年代中后期以来区域政策将重点从效率又转向了关注公平，社会、政治和环境等多元目标逐渐增长。

（四）日本区域政策与解决“过密”“过疏”区域问题

日本区域发展经历了从非均衡发展战略到均衡发展战略的过程，在这一战略演变过程中，区域政策主要围绕不断解决日本区域发展中所呈现的“过密”

和“过疏”区域问题而展开，并在不断解决这一矛盾问题过程中去探索未来区域空间格局及其区域发展政策方向。无论是区域空间格局的变化、对问题区域和交通基础设施建设的重视，还是最终区域发展战略对区域可持续发展、区域特色发展的重视，都是围绕解决“过密”“过疏”区域问题而进行深化探讨所得出。不同于其他国家的是，日本政府在解决区域问题及问题区域时采取的主要区域政策工具是全国综合开发规划。日本政府通过五次综合开发规划不断尝试去解决区域发展中的“过密”“过疏”问题，而且从其区域政策所呈现出的特点发现问题，其区域政策空间结构经历了点—线—面—网络的变化，空间形态逐渐向一体化方向发展；在解决问题区域过程中，高度重视交通基础设施建设、问题区域治理等要素，这些又都是实现区域经济一体化发展的核心元素。因此，日本政府的区域政策变化轨迹就是一个逐渐迈向区域经济一体化的过程，虽然目前区域经济一体化仍不完善，但其正按照区域经济一体化的道路前进。

二、中国促进区域协调发展的政策取向

国内外的理论和实践都充分证明，发挥区域比较优势可以更多地依靠市场机制解决，而缩小地区差距则必须更多地依靠政府的宏观调控才能解决。制定区域战略和政策的目的是为了解决区域问题，而目前中国区域问题的集中表现就是地区差距过大问题（范恒山，2014）。相比于西方国家促进区域协调发展的区域政策，中国区域政策和区域管理体制还不能完全适应区域协调发展的总体战略要求，存在五大关键缺陷：（1）没有设置合理、职能明确的区域管理机构，目前在我国无论是国家发展和改革委员会、建设部还是国土资源部都只具有管理区域事务的部分职能，而不是真正意义上的区域管理机构；（2）缺乏细化区域、找出问题区域的程序，不存在可供区域政策利用的标准区域与问题区域划分框架，目前中国各项区域措施的实施是以行政区划作为标准的，既没有确定标准区域的划分标准，也没有形成明确的、系统的、针对问题区域的区域划分；现有的区域政策的空间尺度划分过于松散，没有形成科学完整的空间体系；（3）促进区域协调发展、缩小区域差距的政策体系还不健全，国家对落后地区的经济援助是通过财政转移支付来实现的，没有专门针对问题区域解决区

域问题的发展基金，也没有为问题区域服务的针对性较强的贷款工具；（4）国家战略性区域规划过于强调政策优惠而忽视发展定位；（5）缺乏有效的监督与评估机制，区域经济法制工作薄弱。以上造成区域政策的制定与执行脱节，区域政策之间还缺乏协调，不能发挥已有区域政策的效力。鉴于此，建议未来中国区域政策升级应沿着以下方向调整。

（一）区域政策体系化、规范化

未来区域政策应当建立完备的政策体系和空间尺度划分体系。一方面，将区域发展总体战略和主体功能区战略有机结合，指导我国区域发展宏观布局，综合新区、改革试验区建设和区域规划等政策，并配合产业政策、财政政策和金融政策等手段，形成完备的区域政策体系。中央政府应牢牢把握区域政策的制定权。不仅要根据各地区的不同情况制定不同的区域发展政策，而且要根据各地区的情况制定区域财政政策、区域金融政策、区域土地政策、区域人口政策、区域资源政策、区域环境政策等。另一方面，合理划分区域政策调控的空间尺度，建立“四大板块—跨省—省内跨市”的空间尺度体系，实现区域政策调控空间的精细化和规范化。此外，有必要借鉴欧盟的经验，尽快建立统一规范的区域发展水平评价体系，在此基础上，将全国31个省域按照发展水平的层次划分，并根据国民经济和社会发展规划的周期，每五年调整一次，为界定受益区域、制定区域协调发展政策奠定基础。

（二）区域政策精准化、有效性

区域政策是在适应形势和环境变化的需要下不断创新和完善的，总的方向是不断提高政策的精准性和增强实施的有效性。一是进一步注重区域政策的整体衔接。把握好不同地区国家战略性区域规划间的整体联系，使之在体现各自特色的同时相互衔接、有机统一，共同体现好国家总体战略导向和政策要求。二是更加注重政策组合。注重区域政策制定和实施过程中财税、金融、投资、土地等各项政策的衔接，最大限度地发挥区域政策的功效，既要注重在解决同一问题上形成政策合力，又要注重运用组合政策来解决除缩小地区差距之外的其他问题，如化解产能过剩、抑制生态环境恶化等问题。三是更加注重空间优化。在细化区域政策的空间尺度的过程中，更加注重跨区域、次区域发展，更加注重跨界结合部发展，更加注重依托重点流域、重要通道的经济区带的发展，更加注重以城市群为主的多中心网络开发格局。与此同时，进一步强化符合条件的重点地区的试验平台建设，充分发挥其在探索促进区域协调发展道路中的示范带动作用。四是注重区域政策和政策文件的落实、评估和修编，增强区域规划和政策实施的有效性。加强区域规划和政策文件的中期评估和修订，增强区域政策的鲜活性和实用性，强化区域规划和政策文件的可持续执行力；健全规制，把实施国家重大区域发展战略纳入地方政府政绩评价和干部考核机制，提高区域规划的约束性；注重已出台的区域规划和政策文件贯彻实施与环境变化、需求变动的衔接，结合中期评估进行修订。

（三）政策机制市场化、多元化

我国区域政策效应的发挥应更加依赖市场机制的协调，更加依赖地方自主发展和市场机制实现区域经济健康有序发展。具体来说，一方面，激发市场主体活力，打破行业垄断和地区封锁，清理和废除妨碍区域统一市场和公平竞争的各种规定和做法，建设统一开放、竞争有序、互利共赢的市场体系，实行统一的区域市场监管制度，推进区域市场一体化进程；另一方面，积极发挥市场机制的协调和配置作用，减少行政手段对经济活动空间分布的外生干预，推动地方政府打破行政区划壁垒，加强区域统筹规划和共同治理中的分工合作及利益协调等，利用市场的力量推动生产要素顺畅流动、要素空间配置效率提高、区域产业布局优化以及实现区域经济协调发展和生活水平趋同。

国外经验表明，重视当地政府、企业与居民在区域发展中的主体作用，他们是发展单元与主要力量。由于区域内生发展利益保留在区域内部，区域发展成为当地居民的责任和福利。因此，区域政策的制定在体现国家战略意图的同时，应更加关注地方自主性的发挥，引入地方政府、企业和社会团体等多元主体共同参与政策的研究制定，调动各类主体的积极性，保障区域政策的有效落实。

（四）政策协调机制化、长效化

落实区域政策不可避免地要协调区域关系，区域关系的有效协调离不开权威性协调机构的统筹和长效化协调机制的保障。为此，建议借鉴发达经济体构建区域发展管理机构的经验，进一步明确政府职责的定位，设立权威、综合的区域协调发展专门管理机构，改变管理主体职能不明确、政出多门、机构职能交叉重叠、资金多头分散、缺乏统一协调管理机制和稳定资金渠道等状况，从组织上推动区域矛盾的解决，保障国家区域战略、规划和政策的顺利实施。与此同时，建立长效化的区域协调机制，推动区域良性互动向纵深发展。具体来说，一是建立有利于区际良性互动的体制框架：加强区域行政管理体制创新，推动行政区和经济区融合；推动建立多层次的区际合作协调机制，促进在重大区域问题上的协商解决；推进重大跨地区项目的合作共建；推动形成区际间的对口协作和发达地区对欠发达地区的对口帮扶机制。二是健全有利于区际良性互动的利益平衡机制：推进形成区际利益平衡机制，促进区际良性互动和协调发展；建立跨地区投资、产业转移等重大事项利益分享机制，促进区际间产业有序承接转移和“飞地经济”加快发展；以跨省、跨流域为重点探索市场化的生态补偿机制，引导上下游地区协调发展、一体发展；健全稀缺资源、重要农产品等的价格形成和补偿机制，有效平衡输出地和输入地利益关系。三是形成有利于区际良性互动的法律环境，加强法律手段和经济手段的有机配合，发挥地区比较优势，促进地区间的合理分工，实现优势互补、互利共赢。

（五）其他政策配合协同实施

推进区域协调发展，不仅仅是制定并实施区域政策，还需要其他方面制度创新的配合协同。

首先，为实现兼顾效率与平衡的区域发展战略，户籍和土地制度必须成为下一轮改革的重点（陆铭，2014；蔡昉，2014）。很多学者均大力呼吁利用“移民就业”的方式来促成区域之间的平衡发展（陆铭，2008，2010；魏后凯，2009；袁志刚，2010；肖金成，2011；陈耀，2013），并且得到了世界银行相关研究成果（《重塑世界经济地理》，2009）的有力支持。因此，应继续发挥东部地区的经济地理优势，吸引资源和经济活动进一步向东部地区集聚。在市场力量的作用下，伴随产业的地区集聚发生符合经济规律的人口自由迁移。在这一过程中，政府要做的是减少对市场的不合理干预，恢复市场在资源配置中的基础性作用，加快产业转移和全面的户籍和土地制度改革，实现生产要素特别是劳动力在城乡和地区间的自由流动，释放制度红利、提升全要素生产率、促进经济增长（都阳，2014），提高产业经济与劳动人口的空间匹配度，推动我国地区发展不平衡问题的有效解决。

其次，充分发挥经济聚集、劳动力流动和专业化等市场力量的作用，推进区域经济一体化。《2009 年世界发展报告：重塑世界经济地理》指出，地区经济发展的毗邻效应要求政府在决策过程中遵循推进经济一体化的原则。经济发展的不平衡和循环性意味着落后地区很难赶上富裕地区的步伐。然而，溢出效应却暗示着人们完全有可能逾越这个障碍。要想利用经济聚集带来的短期效益来实现经济发展趋同的长期效益，经济一体化不失为最有效而且最现实可行的途径。在将经济一体化原则付诸实践的过程中，人们不仅要找出最利于实现经济区域聚集、促进各地生活水平趋同的市场力量和政府政策，而且要认识到市场力量的作用因经济地理条件的不同而强弱有别。

第三，严格实施主体功能区制度，进一步突出主体功能规划和制度对区域发展的战略引导作用。加快建立国土空间开发保护制度，科学划定生产、生活、生态空间开发管制的界限，统一行使所有国土空间开发的用途管制，严格按照主体功能区定位推动区域经济发展。尽快制定实施与主体功能区制度相配套的政策体系，有效化解主体功能区规划具体实施中的问题和矛盾，确保这一制度能够切实发挥作用。比如，大多数定位为生态功能的地区，尽管国家不断增加对生态功能区的补偿，但在这些地区始终会存在财政转移支付规模与实际需要之间的缺口；大多数县域被划为承担农产品生产及加工和生态涵养的功能，而“壮大县域经济”主要靠发展工业。这些难点问题能否得以解决，直接关系到主体功能区战略的成败和区域协调发展。

第四，建立覆盖全国的以中央财政支持为主的最低生活保障制度。贫困地区是整个区域协调发展大局中的“短板”，中国还有 2000 多万尚未脱贫或尚未解决温饱问题的居民，绝大多数居住在西部，且多居住在交通不便、土地贫瘠或干旱、生态脆弱的山区或深山区中，靠“开发式”扶贫难以解决他们的现实问题。根据收入水平、劳动力赡养能力、当地基本消费水平确定低保标准，并据此确定享受低保的户数和人口，建立规范的无“体制泄漏”的低保体系，使之成为贫困人口的生命线和保险阀。

主要参考文献

[1] 蔡昉. 挖掘增长潜力与稳定宏观经济[J]. 中共中央党校学报,2014(4):

79 - 86.

[2] 陈栋生. 东西互动、产业转移是实现区域协调发展的重要途径[J]. 珠江经济,2008(4):85 - 89.

[3] 陈栋生. 深化区域合作,推进经济转型和协调发展[J]. 贵州社会科学,2012(1):42 - 44.

[4] 陈喜强,谢如鹤,张仁寿. 区域经济合作与发展中的相关前沿问题研究 - 区域经济合作与区域经济发展理论研讨会综述[J]. 经济研究,2008(8):157 - 160.

[5] 陈耀. 新时期我国区域协调发展的着力点[J]. 中国国情国力,2013(2):12 - 14.

[6] 都阳,蔡昉,屈小博等. 延续中国奇迹:从户籍制度改革中收获红利[J]. 经济研究,2014(9):4 - 14.

[7] 樊士德,姜德波. 劳动力流动、产业转移与区域协调发展——基于文献研究的视角[J]. 产业经济研究,2014(04):103 - 110.

[8] 范恒山. 促进区域协调发展:基本方向与重点任务[J]. 经济研究参考,2014(13):62 - 68.

[9] 范剑勇. 产业集聚与中国地区差距研究[M]. 上海:上海人民出版社,2008.

[10] 郭静. 发达国家区域发展政策工具创新及启示[J]. 宏观经济管理,2014(9):90 - 92.

[11] 胡俊超. 区域经济协调发展的路径依赖[J]. 特区经济,2006(6):286 - 288.

[12] 姜文仙. 中央政府推动区域协调发展战略:动因、时机与方式[J]. 中国区域经济,2013(1):1 - 9.

[13] 陆铭,陈钊. 为什么土地和户籍制度需要联动改革? ——基于中国城市和区域发展的理论和实证研究[J]. 学术月刊,2009(9):78 - 84.

[14] 陆铭,陈钊. 在集聚中走向平衡——城乡和区域协调发展的“第三条道路”[J]. 世界经济,2008(8):57 - 61.

[15] 陆铭,向宽虎. 破解效率与平衡的冲突——论中国的区域发展战略[J]. 经济社会体制比较,2014(4):1 - 17.

[16] 陆铭. 十字路口的中国经济:什么决定中国经济的未来[M]. 北京:中信出版社,2010.

[17] 罗伯特 J. ,罗杰 R. ,布莱恩 H. 朱启贵[译]. 区域经济发展分析与规划战略

[M].上海:格致出版社,上海人民出版社,2012.

[18] 世界银行.2009年世界发展报告:重塑世界经济地理[M].北京:清华大学出版社,2009.

[19] 王永钦,张晏,章元等.中国的大国发展道路——论分权式改革的得失[J].经济研究,2007(1):4-16.

[20] 魏后凯.引导沿海产业向中西部转移是统筹区域发展的重要举措[N].人民日报,2006-02-25.

[21] 魏后凯.中国国家区域政策的调整与展望[J].发展研究,2009(5):22-27.

[22] 肖金成.完善区域政策促进区域协调发展的思考和建议[J].宏观经济研究,2008(2):12-17.

[23] 徐现祥,王贤彬,高元骅.中国区域发展的政治经济学[J].世界经济文汇,2011(3):26-58.

[24] 阎世平,陆善勇,李欣广等.宏观经济,区域经济一体化与区域发展——国际区域经济合作与产业发展论坛综述[J].经济研究,2010(7):152-156.

[25] 杨国才.区际产业转移的学术论争、实践流变与趋势预判[J].江西社会科学,2014(6):51-57.

[26] 杨龙.中国区域政策研究的切入点[J].南开学报(哲学社会科学版),2014(2):88-102.

[27] 杨晓,师萍,高煜.我国区域发展面临的困境及促进区域协调发展的政策分析[J].科学学与科学技术管理,2011(3):104-109.

[28] 杨荫凯.促进区域协调发展战略部署5亮点[J].中国投资,2014(1):96-97.

[29] 喻新安,杨兰桥,刘晓萍.区域经济学:建立和完善跨区域城市发展协调机制[N].光明日报,2014-03-15,07版.

[30] 袁惊柱.中国与欧盟区域政策比较分析[J].调研世界,2011(3):28-31.

[31] 袁志刚,绍挺.土地制度与中国城市结构、产业结构选择[J].经济学动态,2010(12):28-35.

[32] 袁志刚.新的历史起点:中国经济的非均衡表现与走势[J].学术月刊,2008(11):70-78.

[33] 张冬霞.美国区域协调发展的政策分析[J].广东经济,2013(6):20-22.

[34] 张可云.欧盟区域政策的制度基础与中国区域政策未来方向[J].湖湘论

坛,2010(3):59-65.

[35] 张可云.中国区域政策研究与实践缺陷和未来方向[J].湖湘论坛,2009(3):44-47.

[36] 张力,夏露林.美国区域经济政策的演变机理及其对我国的启示[J].当代经济,2010(5):114-117.

[37] 周绍杰,王有强,殷存毅.区域经济协调发展:功能界定与机制分析[J].清华大学学报(哲学社会科学版),2010(2):141-148.

[38] 周毅仁.加强完善宏观管理,促进区域协调发展[J].宏观经济管理,2014(1):28-29.

[39] 邹俊.欧盟地区政策研究:制度安排与政策工具[A].复旦大学博士论文,2007.